《"一带一路"共建国家社会保障研究报告》
—— 学术委员会与编写委员会 ——

- **学术委员会主任委员：**
  李培林（中国社会科学院）

- **学术委员会委员：**

  童　星（南京大学）　　　邓大松（武汉大学）

  朱光磊（南开大学）　　　陈振明（厦门大学）

  包国宪（兰州大学）　　　鲍　静（中国行政管理杂志社）

  米加宁（哈尔滨工业大学）　何文炯（浙江大学）

  刘帮成（上海交通大学）　何艳玲（中国人民大学）

  林闽刚（南京大学）　　　章文光（北京师范大学）

  赵新峰（首都师范大学）　丁建定（华中科技大学）

  杨翠迎（上海财经大学）　王增文（武汉大学）

编写委员会
- **主　编：** 汤兆云
  副主编： 梁发超　和　红

2024

"一带一路"共建国家社会保障研究报告

汤兆云 主编

华中科技大学出版社
http://press.hust.edu.cn
中国·武汉

内 容 简 介

本报告以"一带一路"共建国家社会保障的发展状况为研究对象,聚焦主要共建国家养老保障、卫生保障、儿童政策、社会福利以及人口与发展政策等领域的发展现状,并对其发展趋势进行研判和展望,重点突出学术性、现实性和国际性。报告结合统计数据、管理实践,探讨"一带一路"共建国家社会保障改革的重点、热点和难点,比较"一带一路"共建国家社会保障的共同性与差异性,以期从学理上寻找社会保障制度建设发展的普遍规律,为促进"一带一路"共建国家社会保障合作和交流提供参考。

图书在版编目(CIP)数据

"一带一路"共建国家社会保障研究报告. 2024 / 汤兆云主编. -- 武汉:华中科技大学出版社,2025.1.
ISBN 978-7-5772-1616-4

Ⅰ. D57

中国国家版本馆 CIP 数据核字第 2025H6P783 号

"一带一路"共建国家社会保障研究报告(2024)　　　　　　　　　　　　汤兆云　主编
"Yi Dai Yi Lu" Gongjian Guojia Shehui Baozhang Yanjiu Baogao（2024）

策划编辑:张馨芳　钱　坤	
责任编辑:贺翠翠	
封面设计:廖亚萍	
版式设计:赵慧萍	
责任校对:余晓亮	
责任监印:周治超	
出版发行:华中科技大学出版社(中国·武汉)	电话:(027)81321913
武汉市东湖新技术开发区华工科技园	邮编:430223
录　　排:华中科技大学出版社美编室	
印　　刷:武汉科源印刷设计有限公司	
开　　本:787mm×1092mm　1/16	
印　　张:16　插页:2	
字　　数:360 千字	
版　　次:2025 年 1 月第 1 版第 1 次印刷	
定　　价:98.00 元	

本书若有印装质量问题,请向出版社营销中心调换
全国免费服务热线:400-6679-118　竭诚为您服务
版权所有　侵权必究

总 序

PREFACE

童 星[①]

共建"一带一路"("The Belt and Road")是共建"丝绸之路经济带"和"21世纪海上丝绸之路"的简称。共建"一带一路"高质量发展是习近平主席基于建设美好世界、破解发展中国家可持续发展之困、探寻人类现代化发展道路等现实问题而提出的国际合作倡议,这一倡议的提出有助于破解全球发展失衡、贫富差距加大、生态问题凸显等问题。共建"一带一路"的战略目标是要推动包括亚欧非大陆在内的世界各国,形成一个政治互信、经济融合、文化包容的利益共同体、命运共同体和责任共同体。"一带一路"倡议的核心内涵是坚持共商、共建、共享原则,促进基础设施建设和互联互通,加强经济政策协调和发展战略对接,促进协调联动发展,实现共同繁荣,共同构建人类命运共同体。截至2023年6月,"一带一路"倡议已经吸引了152个国家和32个国际组织参与其中,联合国大会和安理会多次将其纳入相关决议,共建"一带一路"逐渐从理念转化为行动,从愿景转变为现实,正在打造成为顺应经济全球化潮流的最广泛国际合

---

① 作者简介:童星,南京大学社会风险与公共危机管理研究中心主任、江苏省社会风险研究基地主任,兼任全国哲学社会科学规划基金学科评审组成员、国家减灾委员会专家委员会委员、中国社会保障学会首届副会长和现任监事、中国社会学会社会发展与社会保障专业委员会顾问。

作平台，让共建"一带一路"更好地造福各国人民。习近平主席在党的二十大报告中指出，"共建'一带一路'成为深受欢迎的国际公共产品和国际合作平台"，并提出了"推动共建'一带一路'高质量发展"的要求。中国在追求实现自身现代化的同时，坚定历史自信，增强历史主动，同共建各方共同努力，推动共建"一带一路"高质量发展，必将为促进世界经济增长、增进各国人民福祉、推动构建人类命运共同体做出更大贡献。

社会保障（Social Security）作为现代社会的一项基本社会经济制度和民生福利的基本制度保障，对于一个国家经济社会的良性健康发展和长治久安具有重要意义。国际劳工组织有一句名言：没有社会安定，就没有社会发展；没有社会保障，就没有社会安定。"一带一路"共建国家间社会保障领域的学习、交流与合作既是共建"一带一路"的应有之义，也是"一带一路"倡议贯彻以人民为中心的发展思想的集中体现。国际劳工组织和联合国亚洲及太平洋经济社会委员会发布的《亚太经济社会概览》报告指出，尽管亚太地区大多数国家的社会经济地位迅速上升，但社会保障体系仍较为薄弱，大约一半的地区人口没有社会保障覆盖，只有少数国家拥有覆盖范围相对广泛的社会保障制度。再加上目前世界经济运行中的短期问题和长期矛盾交织叠加，扩大和完善社会保障以减少贫困和不平等，成为"一带一路"共建国家共同的选择。

在"一带一路"共建国家中，由于历史背景、文化传统、现实国情各不相同，各国社会保障的思想理念、模式选择与发展程度必然存在差别，但也面临共同的挑战和需要解决的问题。例如，各国都不同程度地出现人口老龄化、生育率下降、家庭规模小型化和家庭结构核心化等社会结构性问题，以及贫富差距、城乡差距扩大等利益结构性问题，因而完全可以也应当在养老、医疗、就业、住房、教育等社会保障政策和社会福利、慈善公益服务实务领域相互交流、相互学习、相互借鉴。还要看到，社会保障制度起源于最早进入工业化进程的欧洲发达国家，它们的历史背景、文化传统、现实国情同"一带一路"共建国家的差异甚大，"一带一路"共建国家如何结合本国国情使社会保障制度落地，助推本国的经济社会发展和民生福祉提升，完全可以也应当相互交流、相互学习、相互借鉴。例如，面对人口达峰及老龄化问题给全球经济社会发展带来的诸多影响，变革养老保障体系、延长工作年限、适应灵活就业、推动产业升级等措施已成为多国政府的选项，当然就可以学习借鉴、取长补短。"一带一路"共建国家共同把社会保障制度建设好，一定有助于实现共同的社会安定，有助于实现共同的发展繁荣。应当看到，各国具有差别性的社会保障政策和实务，没有优劣之分，仅有是否适合本国国情之别。差别性发展道路是一些国家社会保障制度发展道路的突出特征。各国社会保障模式的选择受到经济发展状况、社会结构状况、政治体制状况、文化传统等多种因素的影响，同一项社会保障政策的实施效果也会受到以上几种因素的影响。

本研究报告包含一个总报告和五个专题报告，着重从养老保障、卫生保障、儿童政策、社会福利以及人口与发展政策等板块全面系统地反映了"一带一路"共建国家社会保障发展状况及其最新成果。本研究报告重点突出，从各板块中精选近期各国社会保障改革的重点、热点和难点进行深入探讨，反映了较强的时代特征；比较"一带一路"共建国家社会保障建设的共同性与差别性，以期从学理上寻找社会保障制度建设发展的普遍规律；政策与实务相结合，既反映了社会保障制度政策的发展沿革，又分析了现实中存在的突出问题，并提出了具体的政策建议。

《"一带一路"共建国家社会保障研究报告》为年度连续出版物，每年聚焦相关主题。愿该研究报告越办越好！

是为序！

2024 年 8 月

目录

— 总报告 —

003 "一带一路"共建国家社会保障最新动态——就业政策与区域合作方案
（和　红　潘舒媛）

— 专题报告 —

"一带一路"共建国家养老保障系列

022 "一带一路"共建国家养老服务体系的建设实践与镜鉴启示
（王焕芝　林舒琪）

038 "一带一路"深度老龄化国家养老模式发展趋向研究
（韩金成）

"一带一路"共建国家卫生保障系列

058 新加坡、马来西亚基本公共卫生服务的管理及其改革
（汤兆云　陈万铭）

077 "一带一路"共建国家公共卫生政策最新发展
（王惠娜　甘巧玲）

"一带一路"共建国家儿童政策系列

092 "一带一路"共建国家儿童福利发展挑战与优化路径探析
（雷晓康　郑冰茹　王明慧　雷悦橙）

108 "一带一路"共建国家儿童福利政策发展与改革
（梁发超　林小敏）

124 "一带一路"共建国家流浪儿童救助体系
（周碧华　许冠标）

139 俄罗斯儿童福利政策的发展演进及对中国的启示
（韩　艳　张可昕）

"一带一路"共建国家社会福利系列

156 奥地利、匈牙利社会住房制度研究
（汤兆云　周　游）

175 "一带一路"公共产品助推东南亚贫困治理的类型学分析
（陈　辉　丁嘉琳）

"一带一路"共建国家人口与发展政策系列

186 泰国生育政策发展与改革研究
（纪晓光）

198 土耳其人口变动与经济社会发展
（晏月平　廖佳俊）

232 "一带一路"共建国家国际减贫合作研究——以中国援缅甸减贫合作项目为例
（田洁玫）

244 《"一带一路"共建国家社会保障研究报告（2025）》征稿启事

245	附件一:《"一带一路"共建国家社会保障研究报告（2025）》选题建议
246	附件二：征稿回执单
247	附件三：论文写作体例

总报告

GENERAL REPORT

"一带一路"共建国家社会保障最新动态
——就业政策与区域合作方案

和 红　潘舒媛

[摘　要]　本研究分四个部分探讨"一带一路"共建国家就业保障最新动态。第一部分从全球视角着手，对"一带一路"共建国家人口发展状况进行探讨。第二部分在全面分析全球就业状况的基础上，聚焦"一带一路"共建国家劳动力人口变化趋势。第三部分重点关注"一带一路"建设中阿拉伯地区的失业困境，详细分析了问题的成因，并分析了各国采取的方案和措施。第四部分聚焦"一带一路"倡议的核心组成部分——中巴经济走廊，深入探讨了其在区域经济中的地位以及对就业的积极推动作用。

[关键词]　"一带一路"；失业；就业；区域合作

2023年是习近平主席提出共建"一带一路"倡议的第十年。在全球化进程不断深化的今天，"一带一路"倡议以其独特的地位和重要的作用，成为促进国际经济合作与发展的强大引擎。这一倡议不仅是中国对外开放的重要战略之一，也是推动全球经济复苏和增长的关键力量。通过加强基础设施建设、深化贸易往来、拓展投资合作等，"一带一路"倡议正在构建更加紧密的经济联系网络，为世界的和平与发展注入新的动力。

一、"一带一路"共建国家人口动态与特点

自工业革命席卷全球以来，人口问题便逐渐崭露头角，成为国际大趋势变迁中的核心议题，其基础性、全局性和战略性的重要地位不言而喻。随着后工业社会的深入发展与现代数字智能技术的突飞猛进，全球人口在社会生活、生产方式和技术创新等多个维度都经历了显著变化，这些变化共同推动了全球人口发展进入一个重大变革的

作者简介：和红，华侨大学政治与公共管理学院副教授，主要从事社会保障研究；潘舒媛，华侨大学政治与公共管理学院研究生，主要从事社会保障研究。

时代。目前，全球人口在人口比例、年龄结构、生育率、城镇化水平、人口素质、迁徙流动、族裔多元化以及人口健康等多个方面，均呈现出鲜明的现代化特征。这些特征不仅反映了人口发展的现代趋势，更在发展趋势上展现出与以往截然不同的新面貌，为全球人口发展注入了新的活力，同时也带来了前所未有的挑战。

具体来说，这些挑战表现在以下几个方面：第一，区域间人口增速差异日益明显，导致世界人口格局发生整体性转变，一些地区人口迅速增长，而另一些地区则面临人口减少的困境；第二，人口老龄化速度加快，人口红利模式亟待从数量红利转向质量红利，这对各国的社会保障体系和经济发展模式提出了新的要求；第三，全球范围内总和生育率普遍降低，并呈现出长期下行趋势，这对未来的人口结构和社会稳定产生了深远影响；第四，全球人口城市化水平持续提升，人口集聚趋势进一步显现，这对城市规划和基础设施建设提出了更高的要求；第五，全球范围内基础教育普及率提高，失学率降低，但国家间人口素质差异仍然突出，这要求各国在教育资源配置上更加注重公平和效率；第六，全球范围内人口迁移流动趋势明显，迁出地与迁入地的集中化态势更为突出，这对国际移民政策和国际关系提出了新的挑战；第七，少数族裔规模和占比迅速扩大，全球人口的文化结构趋向多元化，这对文化交流和民族团结提出了更高的要求；第八，人类预期寿命持续延长，但人口健康的国别差异更加显著，全球范围内慢性病流行趋势上升，这对全球公共卫生体系和医疗保障制度提出了更高的要求。

（一）亚洲地区"一带一路"共建国家人口发展状况

"一带一路"倡议在亚洲范围涵盖中国历史上丝绸之路和海上丝绸之路行经的东亚、中亚、北亚、西亚，拥有超过40个亚洲合作伙伴。如表1所示，亚洲地区"一带一路"共建国家中人口数量前十国家分别为印度尼西亚、巴基斯坦、孟加拉国、菲律宾、越南、伊朗、土耳其、泰国、缅甸、伊拉克。人口最多的印度尼西亚人口总数在2022年为27550.13万人，比2021年增长了174.81万人，人口增长率（年度百分比）为0.64%，与人口总数逐年增加相比，人口增长率呈下降趋势。根据世界银行数据，2022年印度尼西亚65岁及以上人口占比为6.9%，尚未步入老龄化社会，0~14岁人口占比为25.2%，属于多子化社会；2022年巴基斯坦人口总数为23582.49万人，比2021年增长了442.28万人，人口增长率（年度百分比）为1.91%，与2015年人口数据相比，巴基斯坦人口数量增长了2485万人。相较而言，土耳其、泰国、缅甸、伊拉克人口数量增长较为缓慢。自1993年以来，泰国适龄妇女的总生育率一直低于平均每名女性2.1个孩子的水平，2022年降低至1.16个。在2020年至2022年，泰国的新生儿和青少年人数有所下降，尤其在疫情期间，泰国新生儿人数急剧下降，而同期的死亡率在不断攀升。

表1 亚洲地区"一带一路"共建国家人口数量前十（百万人）

国家	2015年	2016年	2017年	2018年	2019年	2020年	2021年	2022年
印度尼西亚	250.09	261.85	264.50	267.07	269.58	271.86	273.75	275.50
巴基斯坦	210.97	213.52	216.38	219.73	223.29	227.21	231.41	235.82
孟加拉国	157.83	159.78	161.79	163.68	165.52	167.42	169.36	171.19
菲律宾	103.03	104.88	106.74	108.57	110.38	112.19	113.88	115.56
越南	92.19	93.13	94.03	94.91	95.78	96.65	97.47	98.19
伊朗	81.79	83.31	84.51	85.62	86.56	87.29	87.92	88.56
土耳其	79.65	81.02	82.09	82.81	83.48	84.14	84.78	85.34
泰国	70.29	70.61	70.90	71.13	71.31	71.48	71.60	71.71
缅甸	51.48	51.89	52.29	52.67	53.04	53.42	53.80	54.18
伊拉克	37.76	38.70	39.62	40.59	41.56	42.56	43.53	44.50

（资料来源：世界银行）

（二）非洲地区"一带一路"共建国家人口发展状况

截至2023年6月，已有52个非洲国家以及非盟委员会与中国签署共建"一带一路"合作文件，这一数据充分显示了非洲在"一带一路"倡议中的重要地位，非洲成为这一全球性倡议中极为重要的参与大陆之一。非洲作为共建"一带一路"的历史和自然延伸，不仅是不可或缺的参与方，更是推动倡议深入发展的重要力量。非洲大陆的人口具有出生率高、结构年轻的特点。年轻的人口结构意味着劳动力资源丰富，这将为扩大市场容量、承接国际产业转移、开展创新创业提供有力支撑。非洲地区"一带一路"共建国家中，尼日利亚的人口数量独占鳌头，如表2所示。2022年统计数据显示，尼日利亚的人口总数达到21854.12万人，相比2021年增长了513.99万人，人口增长率为2.41%。与2015年的人口数据相比，尼日利亚的人口数量增长了3454.53万人，这一数字足以证明尼日利亚人口规模的迅速扩张。然而，在非洲地区"一带一路"共建国家人口数量前十的排名中，阿尔及利亚的人口增长率却相对较低。2022年，阿尔及利亚的人口总数为4490.32万人，年度增长人口为72.52万人，人口增长率为1.63%。尽管阿尔及利亚的人口规模庞大，但其增长率相对较低。

表2 非洲地区"一带一路"共建国家人口数量前十（百万人）

国家	2015年	2016年	2017年	2018年	2019年	2020年	2021年	2022年
尼日利亚	183.99	188.67	193.50	198.39	203.30	208.33	213.40	218.54
埃塞俄比亚	103.87	106.72	109.67	112.66	115.74	118.92	122.14	125.38
埃及	97.72	99.78	101.79	103.74	105.61	107.47	109.26	110.99

续表

国家	2015年	2016年	2017年	2018年	2019年	2020年	2021年	2022年
刚果（金）	78.66	81.43	84.28	87.09	89.91	92.85	95.89	99.01
坦桑尼亚	52.54	54.40	56.27	58.09	59.87	61.70	63.59	65.50
南非	55.87	56.42	56.64	57.33	58.09	58.80	59.39	59.89
肯尼亚	46.85	47.89	48.95	49.95	50.95	51.99	53.01	54.03
乌干达	37.48	38.75	40.13	41.52	42.95	44.40	45.86	47.25
苏丹	38.17	39.38	40.68	41.99	43.23	44.44	45.66	46.87
阿尔及利亚	39.54	40.34	41.14	41.93	42.71	43.45	44.18	44.90

（资料来源：世界银行）

（三）欧洲及其他地区"一带一路"共建国家人口发展状况

截至2022年7月底，欧洲总人口数达到7.49亿人，占世界总人口数的9.78%，是世界上第三大人口大洲，仅次于亚洲和非洲。在欧洲地区"一带一路"共建国家中，俄罗斯以其辽阔的领土和丰富的资源而闻名。俄罗斯国土面积约1709万平方千米，是欧洲面积最大的国家。然而，相对于其广阔的领土面积，俄罗斯的人口却相对稀少，约为1.46亿人（2023年），因此俄罗斯是一个典型的地广人稀的国家。与此同时，罗马尼亚作为欧洲"一带一路"共建国家之一，其人口数量自2015年以来也呈现出下降趋势，2022年人口数量仅为0.19亿人。这一趋势反映了罗马尼亚在人口结构和发展方面面临的挑战。在南美洲"一带一路"共建国家中，阿根廷和秘鲁的人口数量相对较大，人口增长率也相对较高。尤其是秘鲁，2022年65岁及以上人口占比达到了8.4%，显示出该国已步入老龄化社会。而在大洋洲，新西兰等国家的人口增长相对平缓，无明显波动趋势（见表3）。

表3 欧洲及其他地区"一带一路"共建国家人口发展状况（百万人）

国家	2015年	2016年	2017年	2018年	2019年	2020年	2021年	2022年
俄罗斯	144.10	144.34	144.50	144.48	144.41	144.07	143.45	143.56
阿根廷	43.13	43.59	44.04	44.49	44.94	45.38	45.81	46.23
秘鲁	30.71	31.13	31.61	32.30	32.82	33.30	33.72	34.05
委内瑞拉	30.52	30.74	30.56	29.83	28.97	28.49	28.19	28.30
罗马尼亚	19.82	19.70	19.59	19.47	19.37	19.27	19.12	18.96
新西兰	4.61	4.71	4.81	4.90	4.98	5.09	5.11	5.12

（资料来源：世界银行）

二、全球就业状况与"一带一路"共建国家劳动力人口变化趋势

(一) 全球就业状况

国际劳工组织在其发布的《世界就业和社会展望：2024年趋势》报告中，深入剖析了全球就业市场的现状与未来趋势。报告指出，尽管2023年全球失业率略有下降，从2022年的5.3%下降至5.1%，但就业缺口和劳动力市场参与率有所回升，这背后隐藏着脆弱性和不平衡性。该报告对全球劳动力市场前景进行了深入分析，揭示了未来就业市场可能面临的不乐观趋势。预计至2024年，全球失业率将温和上升，其中发达经济体失业规模扩大为主要推手。尽管当前劳动力市场展现出一定的韧性，但受多重因素影响，失业率上升压力仍存，不平等问题凸显。高收入与低收入国家在就业市场上差异显著，反映了经济发展的不平衡。同时，工作中的贫困问题仍严峻，对全球就业市场产生持续影响。报告警示：收入不平等扩大、实际可支配收入降低将不利于经济复苏；非正规工作占比高，未来就业市场充满不确定性；女性参与率虽有回升，但性别差距仍存；青年失业率问题亟待解决；疫情后重返劳动力市场的群体面临工作时长变化、病假天数增加等问题，影响市场稳定性；劳动生产率增长缓慢，技术进步和投资增长虽有一定推动作用，但投资流向不清晰、技能短缺和数字垄断企业主导性等因素仍构成障碍。全球需共同努力解决这些问题，推动就业市场健康发展。

1. 就业缺口和就业缺口率

近年来，全球就业缺口问题已有所缓解，但仍未完全解决。如表4所示，尽管自2020年疫情以来，世界范围内就业缺口持续呈现下降趋势，且2023年已低于2019年疫情前的水平，但2023年世界范围内的就业缺口仍接近4.35亿人。具体而言，2023年全球就业缺口达到4.348亿人，相当于11.1%的就业缺口率，虽然比2022年减少了560万人，但仍表明就业市场存在巨大的挑战。自2020年以来，所有收入水平的国家就业缺口率都有所下降。其中，高收入国家的下降幅度最为明显，达到了3.0个百分点。

表4 按性别、收入水平分列的2019—2023年就业缺口和就业缺口率

范围	性别	就业缺口率（%）					就业缺口（百万人）				
		2019年	2020年	2021年	2022年	2023年	2019年	2020年	2021年	2022年	2023年
世界	女性	14.4	16.1	15.3	14.2	13.7	219.7	244.7	238.0	223.0	220.7
	男性	10.0	11.6	10.7	9.6	9.3	219.3	254.8	238.3	217.5	214.4
	总计	11.8	13.4	12.6	11.5	11.1	439.0	499.5	476.4	440.4	434.8

续表

范围	性别	就业缺口率（%）					就业缺口（百万人）				
		2019年	2020年	2021年	2022年	2023年	2019年	2020年	2021年	2022年	2023年
低收入国家	女性	24.1	25.5	25.1	24.4	24.3	31.7	34.7	35.2	34.9	35.7
	男性	16.6	17.8	17.8	17.5	17.4	25.8	28.5	29.4	30.1	30.9
	总计	20.0	21.4	21.1	20.6	20.5	57.6	63.3	64.5	65.0	66.6
中低收入国家	女性	16.2	17.4	16.8	16.0	15.4	67.3	72.2	72.2	71.1	73.7
	男性	10.1	11.6	10.5	9.1	8.9	84.0	97.3	90.1	79.6	79.5
	总计	12.1	13.5	12.6	11.4	11.1	151.3	169.4	162.3	150.6	153.2
中高收入国家	女性	13.2	14.8	14.0	12.6	12.0	89.8	99.8	96.4	86.7	82.4
	男性	9.6	11.1	10.2	9.4	9.0	81.2	93.6	86.6	80.2	77.3
	总计	11.2	12.8	11.9	10.8	10.4	171.0	193.0	183.0	166.9	159.7
高收入国家	女性	10.4	12.8	11.4	10.0	9.5	30.9	38.0	34.2	30.3	28.9
	男性	7.8	9.9	8.9	7.6	7.2	28.2	35.9	32.3	27.6	26.4
	总计	8.9	11.2	10.1	8.7	8.2	59.1	73.9	66.6	57.9	55.3

（资料来源：国际劳工组织）

2. 就业增长

2023年的数据揭示了失业率下降与就业增长快于劳动力市场参与率上升的内在联系。然而，自2021年以来，全球就业增长的总体趋势呈现出减速的态势（见图1）。在2023年，虽然各收入水平国家的就业增长仍然保持正值，但是与前几年相比，大多数收入水平国家就业增长率已经有所放缓。值得注意的是，中低收入国家在这一趋势中表现出了相对的韧性，其就业增长率并未出现明显的下滑。然而，从世界范围来看，2023年的就业增长率仅为2.2%，相较于前一年的2.8%，下滑了0.6个百分点。就业增长的减速现象在中高收入和高收入国家中尤为显著。这些国家通常拥有更为成熟和稳定的经济体系，但是在面对全球性的经济波动和不确定性时，其就业市场也难免受到冲击。这一趋势表明，即使是经济较为发达的国家，也需要采取有效的政策措施来应对就业市场的挑战，促进就业的稳定增长。

3. 性别差距

在劳动力市场的参与率方面，性别差距仍然是一个显著的问题，且预计在未来一段时间内将持续存在。根据预测，无论是男性还是女性，其参与率都可能呈现下降的趋势。然而，女性参与率的下降幅度预计会比男性更为明显，这将不可避免地导致参与率中的性别差距在一定程度上进一步扩大。预计到2025年，全球范围内男性的参与率将比女性高出25个百分点，这一数据揭示了性别在劳动力市场参与中的不平等现象。在中低收入国家，这一差距将更为显著，甚至可能达到38个百分点（见图2）。

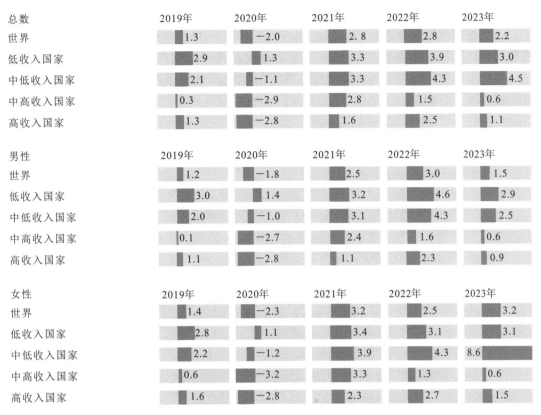

图 1 按性别、收入水平分列的 2019—2023 年就业增长率（%）

（资料来源：国际劳工组织）

这种差距的存在不仅反映了性别在社会经济地位上的不平等，也可能对社会的经济发展和稳定性产生深远的影响。

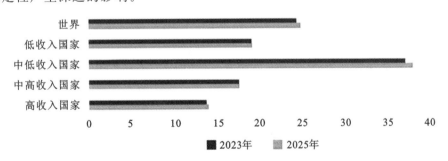

图 2 2023 年和 2025 年劳动力市场参与率的性别差距（百分点）

（资料来源：国际劳工组织）

4. 青年人与成年人失业率对比

青年人失业率与成年人失业率之间的差异显著，且呈现出一种普遍的模式。2023年世界范围内青年人失业率几乎是成年人失业率的3.5倍。如图3所示，2023年世界范围内青年人失业率高达13.3%，相比之下，成年人失业率仅为3.9%，两者之间的差距悬殊。进一步分析不同收入水平国家的数据，可以发现青年人失业率较高的问题普遍存在。在中高收入国家中，青年人失业的现象尤为突出，达到了15.5%的高位水平。尽管这些国家的经济较为发达，但青年人就业问题仍然是一个亟待解决的难题。相对而言，在低收入国家中，青年人失业率虽然较低，为9.2%，但仍然不容忽视。这一数据反映出，即使在经济发展较为落后的地区，青年人就业问题也同样需要给予足够的重视。

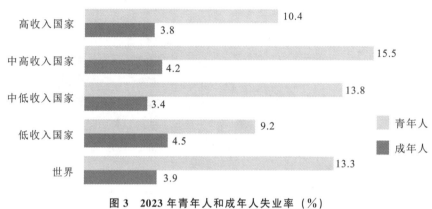

图3 2023年青年人和成年人失业率（%）

（资料来源：国际劳工组织）

（二）"一带一路"共建国家劳动力人口变化趋势

1. 变革与挑战

在2019年至2023年这段时间里，"一带一路"倡议下的劳动力人口发展历经了广泛且深入的变革与种种挑战。从劳动力错配的角度来看，通过市场规模机制的运作，劳动力错配问题得到了有效改善，特别是国际市场规模机制在这方面的作用尤为突出。这充分证明，"一带一路"倡议在一定程度上优化了劳动力资源的配置，提升了其利用效率，从而推动了区域经济的协同发展。然而，许多共建国家在人力资源开发方面仍面临着诸多挑战。尽管这些国家在劳动力数量和成本方面具备优势，但在劳动力的受教育程度、技能水平以及生产率等方面却存在明显劣势。这种现状主要归因于多数国家的教育与培训体系相对落后，导致人力资源的开发水平与国家现代化建设的需求之间存在较大差距。在人力资源国际化的进程中，中国对外承包工程的建设速度虽然有所加快，但同时也面临着人力资源国际化水平偏低的问题。

2. 变化趋势

"一带一路"倡议的实施，对各共建国家的劳动力人口产生了深远的影响，具体变化趋势表现为劳动力流动加剧、失业率的区域差异进一步扩大，导致人口迁移、劳动力群体转型的挑战与机遇并存，以及人口迁移网络的复杂化。这些变化趋势相互交织，共同塑造了劳动力人口的整体结构和分布格局，构成了一个复杂而动态的变化过程。

从劳动力流动的角度来看,"一带一路"倡议通过促进国家间的经济贸易合作,显著增强了劳动力市场的联动性。这种联动性不仅为劳动力自由流动创造了有利条件,也凸显了劳动资源在数量与薪酬水平上的不均衡。因此,劳动力流动呈现出规模扩大、增速加快的趋势,迁移路径也日益多样化。这种流动模式使得劳动力人口更倾向于从低薪酬水平国家或地区向高薪酬水平国家或地区迁移,以及从经济欠发达地区向经济较发达地区流动,以寻求更好的就业机会和生活条件。失业率是衡量劳动力市场状况的重要指标,在"一带一路"共建国家中呈现出较高的整体水平,且各区域间失业率特征存在显著差异。这种差异反映了不同地区的经济发展水平和产业结构特点,进而影响了劳动力人口在不同地区之间的分布。特别值得注意的是,中东欧和西亚地区的失业率居高不下,使得这些地区的劳动力人口面临着更大的就业压力,可能促使他们向其他区域迁移,以寻找更好的工作机会。农民工劳工群体的转型是"一带一路"倡议下劳动力人口变化的又一重要方面。随着过剩产能与产业的合理转移,国内产业结构失衡的局势得到了一定程度的缓解。然而,这也给农民工等劳动力群体带来了转型的压力和机遇。他们面临着就业选择的多样化、身份性质的转变以及综合素质能力的提升等挑战。这种转型不仅影响了劳动力人口的整体结构,也对其分布格局产生了深远的影响。

此外,"一带一路"共建国家人口迁移的空间格局及其演化特征也呈现出复杂的特点。人口迁移网络会受邻近效应、国际地缘政治效应和路径依赖效应等多重影响因素。这意味着劳动力人口的变化趋势不仅受到经济因素的驱动,还受到地理位置、政治关系等多种因素的制约和影响。这种复杂的人口迁移网络使得劳动力人口的变化更加难以预测和把握。

三、阿拉伯地区的失业困境及其应对措施

自 2020 年以来,疫情、低油价、国内冲突等各种因素冲击着阿拉伯国家。相比 10 多年前,这些国家的情况更为糟糕。比如,叙利亚和也门等国,内战依然持续,战后重建的道路依然漫长;而埃及和突尼斯等国,虽然形势基本稳定,但是国家经济发展依然缓慢。当年诸如失业等引发动荡的经济因素至今依然没有得到较好的解决。

(一)困境与挑战

一是正式和生产性就业机会增长有限。据估计,2023 年阿拉伯国家人均就业时间为每周 38.4 小时,仍少于疫情前的水平(2019 年为 39.2 小时)。由于宏观经济、部门、工业和投资等方面政策薄弱,结构改革和经济多样化不足,多年来市场上对劳动力的需求不足,在这种情况下,区域内工作年龄人口总数中就业的不到一半。此外,这些地区所创造的就业机会往往是非正式的,特别是在该地区的非石油出口国,无法提供体面的工作条件,包括社会保障和体面的工资。

二是该地区高失业率的一个重要根源在于技能的不匹配以及教育、培训和技能开发系统的薄弱。当前，教育和培训机构所传授的技能与私营部门现在乃至未来的实际需求之间存在显著的差距。由于这种技能供需之间的严重脱节，整个阿拉伯国家在2023年面临了失业率攀升的困境，达到了9.9%的高位。非海湾阿拉伯国家合作委员会（简称海合会）国家的失业问题更为严峻，失业率高达16.1%。这一现象除了与教育和培训系统的问题有关之外，还与工作年龄人口的不断增长以及就业机会的有限性密切相关。

三是在失业率和劳动力市场参与方面，阿拉伯国家依然面临着显著的性别差距问题。尽管近年来，该地区在劳动力市场结构的性别平等方面取得了一定进展，但性别差距依然不容忽视。2023年的数据显示，在阿拉伯国家中，成年女性的失业率相较于男性高出近9个百分点，这一差距远大于全球平均的约0.4个百分点。而在青年人口中，失业率的性别差距更为严重，达到了14.2个百分点，相比之下，全球平均差距仅为0.6个百分点。同时，在劳动力市场参与方面，性别差距同样显著。阿拉伯国家青年和成年人口劳动力参与率的性别差距分别高达33个百分点和61个百分点。文化规范对女性角色的传统定位、不平衡的家庭责任分配、不发达的护理经济、缺乏安全的公共交通系统、工作场所的性别歧视以及缺乏家庭友好型政策等，都是该地区性别差距和不平等现象持续存在的重要原因。这些问题在海合会国家和非海合会国家中均普遍存在，对女性的职业发展和劳动力市场的整体平衡构成了严峻挑战。

四是被迫流离失所对劳动力市场的影响。几个非海合会国家面临的一个重大挑战是大量人口被迫流离失所，包括难民和寻求庇护者以及国内流离失所者。在过去十余年中，由于若干国家的冲突、迫害和不稳定，该区域出现大量流离失所者。在"阿拉伯之春"之后，流离失所人数增加，其中重大的政治转变引发内战，导致中东和北非地区每年新增290万国内流离失所者。与此同时，2010年至2020年，中东和北非地区的自然灾害造成了150万人流离失所。这些流离失所者在进入劳动力市场方面面临挑战，加剧了现有的脆弱性。生活在营地或类似营地环境中的许多流离失所者的行动也可能受到限制，影响到他们从事自营职业的能力。设法进入劳动力市场的流离失所者往往由于法律障碍（缺乏合法权利和难以获得工作许可证）、技能或语言障碍而面临恶劣的工作条件。研究表明，流离失所者往往在非正规经济中工作，工作时间较长，工资较低，社会保障覆盖面有限或根本没有。

（二）各国的应对措施

第一，大力促进经济发展，保障就业岗位供应。为了全面而深入地解决失业问题，一些阿拉伯国家已经明确了将大力发展经济作为首要任务，以此来保障充足的就业岗位供应。为了实现这一目标，一些阿拉伯国家正在积极推进工业领域的快速发展，以期通过工业化的推进来创造更多的就业机会，从而为社会提供稳定且可持续的就业岗位来源。在发展经济的过程中，鼓励私营资本投资中小企业成为一项重要策略。通过私营资本的注入，中小企业不仅能够获得必要的资金支持，还能在市场竞争中不断提升自身实力，进而吸纳更多的劳动力，实现积少成多的积极效应。

第二，促进阿拉伯劳工在各国间的流动。在阿拉伯国家接收的外籍劳工群体中，一个显著的趋势是阿拉伯劳工所占的比例在逐年下滑。对于依赖劳工输出的众多阿拉伯国家而言，推动劳动力在各国间的自由流动不仅对于缓解国内失业压力具有显著成效，更能够为国家带来可观的侨汇收入。因此，这些国家通常会不遗余力地推动劳工跨国流动的政策和措施。然而，所谓的"促进阿拉伯劳工在各国间的流动"，实际上更多地表现为推动劳工向海合会国家等经济较为发达的国家流动。这些国家由于经济发展水平较高，能够创造更多的就业机会，吸引外籍劳工前来寻求更好的工作和生活条件。同时，这些国家原本依赖的亚洲劳工群体也存在被阿拉伯劳工替代的较大空间，进一步加剧了阿拉伯劳工向这些国家流动的趋势。

第三，实施劳工替代计划。针对劳工市场的调控，一些国家政府采取了一系列措施，旨在鼓励企业参与劳工替代计划，并保障本国劳动力的就业机会。首先，政府为愿意参与劳工替代计划的企业提供资金支持和税收激励，同时，这些企业还享有签约政府项目的优先权，这进一步提升了它们参与劳工替代的积极性。其次，为了提升本国劳动力的就业竞争力，政府提供了培训补贴和工资补贴。培训补贴旨在帮助本国劳动力提升技能水平，使其更好地适应市场需求。而工资补贴则确保了企业在雇佣本国劳动力时，能够给予他们具有竞争力的薪资待遇，从而增强企业对本国劳动力的吸引力。此外，政府还通过征收外国劳工雇佣税的方式来调控劳工市场。这一措施旨在增加雇佣外国劳动力的成本，从而鼓励企业优先考虑雇佣本国劳动力。通过这种方式，政府间接地促进了本国劳动力的就业。最后，政府还设定了私企雇佣本国劳动力的最低比例，确保了私企在招聘过程中必须为一定数量的本国劳动力提供岗位，从而保障了本国劳动力在就业市场上的权益。

第四，多措并举。包括：为失业者提供再培训，一方面增强他们对劳务市场的适应性，另一方面发挥培训的缓冲作用，增加再就业的时间间隔；政府通过财政拨款补贴低收入家庭，改善贫困阶层的生活状况；创新税收机制，合理分布税收压力，利用税收的杠杆效应实施财富的二次分配；政府增加对医疗、教育、社会保障等公共服务的投入，创造就业机会；改善劳动力供给质量，为高学历者创造合适的工作岗位。

四、中巴经济走廊的经济地位和就业效用

（一）简要介绍

中巴经济走廊是中国"一带一路"倡议的核心组成部分，其构建旨在深化和加强中巴两国的经济合作与交流。2013年5月，中国政府率先提出共建中巴经济走廊，并于同年启动建设；2015年，中巴两国政府签署了逾50项合作协议，确立了以中巴经

济走廊建设为中心，瓜达尔港、能源、基础设施建设、产业合作为四大重点的"1+4"合作布局，开创了中巴经济走廊建设的新局面。这标志着两国关系迈向了新的发展阶段，合作进一步深化。中巴经济走廊建设覆盖了基础设施建设、能源、交通、信息和通信等多个关键领域，旨在通过一系列项目的实施，推动地区的经济发展与贸易合作。中巴经济走廊建设细分为西线和东线两部分。西线主要集中在巴基斯坦西部地区，涉及白沙瓦至卡拉奇的高速公路建设以及瓜达尔港的扩建等重大项目。这些项目的建设，将极大地改善巴基斯坦西部的交通网络，促进当地经济的快速发展。东线则重点着眼于从拉合尔到卡拉奇的高速公路和铁路建设，以及一系列经济区的规划与建设。除了基础设施建设，中巴经济走廊还涵盖了能源合作、贸易便利化以及人文交流等多个层面。在能源领域，中国和巴基斯坦共同推进了一系列燃煤和水电项目的建设，这些项目将有效解决巴基斯坦长期面临的电力短缺问题，为国家的可持续发展提供稳定的能源支持。同时，两国还加强了贸易合作，通过简化贸易流程、减少关税壁垒等措施，促进双边贸易的快速增长。在人文交流方面，中巴两国也展开了深入的合作。双方在教育、文化、旅游等领域加强了交流与合作，通过互派留学生、举办文化节、开展旅游合作等方式，增进两国人民之间的了解和友谊。这些举措不仅有助于推动中巴关系的全面发展，也为两国人民带来了更多的福祉。

（二）机会与挑战

随着政府的政策支持和创业环境的改善，越来越多的大学生开始意识到创业的重要性，并试图将自己的创意和想法变成现实。政府为创业者提供一系列扶持政策和创业资金，鼓励年轻人积极参与创业活动。巴基斯坦拥有巨大的市场潜力，尤其在城镇化加速的背景下，市场需求不断扩大，为大学生提供了更广阔的就业创业空间。在"一带一路"倡议的推动下，巴基斯坦与中国等国家的经贸合作日益密切，为巴基斯坦大学生创业提供了更多机会和平台。

第一，中巴经济走廊为巴基斯坦的经济发展注入了强大的动力。随着基础设施建设的深入推进，与之相关联的多个行业如建筑业、交通运输业、物流业等，都迎来了前所未有的发展机遇。这些行业的快速扩张不仅提升了巴基斯坦的整体经济水平，也为大学生群体提供了丰富多样的就业选择。因此，中巴经济走廊的建设不仅推动了巴基斯坦相关行业的蓬勃发展，也为该国的高等教育和人才培养体系注入了新的活力，进一步促进了教育与经济的良性循环。

第二，中巴经济走廊的建设促进了巴基斯坦技术和人力资源的发展。中巴经济走廊的建设为巴基斯坦带来了许多先进的技术和设备，这些技术和设备的引进和应用，不仅提高了巴基斯坦的生产效率，还推动了该国的技术创新和产业升级。例如，在能源领域，中巴经济走廊的建设帮助巴基斯坦建设了多个水电站、风电站和太阳能发电站，这些项目的实施不仅缓解了巴基斯坦的能源短缺问题，还推动了该国在可再生能源领域的技术进步。此外，中巴经济走廊的建设还为巴基斯坦培养了大量的人力资源。这些人才在基础设施建设、能源、信息技术等领域发挥了重要作用。特别是在信息技术领域,中巴经济走廊的建设推动了巴基斯坦信息技术产业的发展,培养了大量的信息技术人才,在推动巴基斯坦的数字化转型和智能化发展方面发挥了重要作用。

第三,中巴经济走廊为文化交流和人员流动提供了前所未有的机遇。这一重要项目的推进,不仅加强了中巴两国在经济领域的合作,更为两国人民之间的文化交流搭建了一座坚实的桥梁。通过中巴经济走廊的建设,巴基斯坦得以接触到更为广泛和多元的文化资源,这为巴基斯坦人民了解世界、开阔视野提供了宝贵的机会。同时,这一项目也促进了人员流动的便利化,使得巴基斯坦的大学生、学者、艺术家等有机会与来自中国和其他国家的人才进行深入的交流与合作。这种文化交流和人员流动不仅有助于增进中巴两国人民之间的友谊和相互理解,更为巴基斯坦的文化产业发展注入了新的活力。通过与不同文化背景的人才交流,巴基斯坦的文化工作者可以汲取到更多的灵感和创新思维,推动本国文化产业向更高水平发展。

但需要注意的是,中巴经济走廊建设也面临一些挑战和问题。

一是就业竞争的压力增加了。随着工作机会的增加,就业市场的竞争变得更加激烈。巴基斯坦大学生面临着来自国内外的竞争,需要具备更高的专业素养和创新能力,才能在激烈的竞争中脱颖而出。

二是就业技能匹配不足。尽管中巴经济走廊为巴基斯坦大学生提供了更广阔的就业前景和机会,然而在实际的就业市场中,仍存在一部分大学生的技能与市场需求不相匹配的问题,这使得他们在求职过程中面临诸多困难。这种技能与需求的不对等,不仅影响了大学生的顺利就业,也在一定程度上制约了巴基斯坦经济的持续发展。

三是创业环境不稳定。虽然创业环境已有所改善,但巴基斯坦仍存在政治不稳定、安全风险高等问题,对大学生的创业意向和行动造成一定影响。政府需要采取有效措施提高创业环境的稳定性和可预测性,鼓励更多年轻人投身创业。

四是缺乏对就业和创业的财政支持。创业过程中的资金支持是关键因素之一。然而,巴基斯坦的银行体系相对薄弱,大学生很难获得足够的创业资金支持。政府和金融机构可以加大对创业项目的资金支持,降低创业门槛,吸引更多大学生参与创业行动。

(三)解决措施与政策建议

第一,加强教育体制改革。为实现这一目标,必须将实践教学和职业技能训练置于教育体制改革的核心位置。通过大幅增加实践课程,确保学生能够在实际操作中掌握所学知识,并提升其运用知识解决实际问题的能力。此外,加强与企业的紧密合作是教育体制改革的另一重要方向。通过建立校企合作项目,学校可以及时了解市场需求的最新动态,并根据这些信息调整教学内容和方法。同时,创业教育课程的引入也至关重要。

第二,建立健全创业支持体系。政府应当致力于构建一套更加全面且高效的创业支持体系,为巴基斯坦的大学生创业者提供全方位、多层次的指导、培训及咨询服务。可以考虑建设专门的创业孵化器和技术园区,这些机构将为创业者提供优质的办公场所、必要的资金支持以及来自行业专家的指导。大学生创业者能够充分利用各种资源，快速将创意转化为实际的产品或服务，进而推向市场。除此之外，政府还应当通过一系列政策措施，如减税、贷款担保等，进一步鼓励和支持大学生创业。这些措施的实施将有效降低创业者的经济压力和风险，使其能够更加专注于业务的研发和市场拓展。

第三，加强与中国企业的合作交流。政府应当鼓励当地企业积极加强与中国企业的合作与交流，深入挖掘双方在技术转让和人才培养方面的巨大潜力。为了实现这一目标，有关部门可以搭建起一个实习交流的平台，鼓励巴基斯坦的大学生走进中国企业，亲身感受并学习国际先进的技术和管理经验。通过与中国企业的紧密合作，巴基斯坦的大学生将有机会接触到最前沿的科技成果，了解并掌握行业内的最新动态和发展趋势。此外，还应当定期举办各类技术培训和研讨会，邀请中国企业的专家和技术人员前来分享他们的知识和经验。这样的培训不仅可以提高巴基斯坦大学生的专业水平，还能增强他们在国际竞争中的实力，为日后的职业发展奠定坚实的基础。

第四，间接推动政策和制度改革。这一目标的实现需要从多个方面入手，确保各项措施协同发力，共同激发社会的创业活力。首先，应当致力于简化创业流程，降低创业的门槛。政府需要精简审批程序，减少不必要的行政干预，为创业者提供更为便捷高效的服务。同时，通过降低注册资本、提供税收优惠等措施，减轻创业者的经济负担，使他们能够更加轻松地踏上创业之路。其次，加强知识产权保护是激发创新活力、保障创业者权益的关键。政府应当建立健全知识产权保护体系，加大执法力度，严厉打击侵犯知识产权的违法行为。同时，加强知识产权法律法规的宣传和教育，增强全社会的知识产权意识，为创业者提供一个公平、公正的竞争环境。最后，加强法律法规的宣传和培训也是政府不可忽视的重要职责。通过广泛开展普法教育、组织法律讲座、提供法律咨询等，帮助大学生等创业者增强法律意识和风险防范能力。

— 参考文献 —

［1］International Labour Organization. World employment and social outlook：Trends 2024 ［EB/OL］. https：//www.ilo.org/publications/world-employment-and-social-outlook-trends-2024.

［2］Sadigov R. Rapid growth of the world population and its socioeconomic results ［J］. The Scientific World Journal，2022：8110229.

［3］Peels R，Mwamadzingo M. Trade union revitalization：Navigating uncertainty, change and resilience in the world of work ［J］. International Journal of Labour Research，2022，11（1）：1-17.

［4］Alcorta L，Foster-McGregor N，Szirmai A，et al. New perspectives on structural change：Causes and consequences of structural change in the global economy ［M］. Oxford：Oxford University Press，2021.

[5] Mbah M. The dilemma of graduate unemployment within a context of poverty, scarcity and fragile economy: Are there lessons for the university?[J]. International Journal of Economics and Finance, 2014, 6 (12): 27.

[6] Ucal M, Günay S. Female employment status: A survey analysis of selected member states of the Arab League[J]. Eurasian Economic Review, 2019, 9: 373-394.

[7] Freiherr von Braun J, Kofol C. Expanding youth employment in the Arab Region and Africa[R]. ZEF-Center for Development Research, University of Bonn, Working Paper, 2017: 155.

[8] Bingquan Y, Awan M A. The Impact of the China-Pakistan Economic Corridor on the Employment and Entrepreneurship of Pakistani College Students[J]. Pakistan Social Sciences Review, 2023, 7 (3): 745-754.

[9] Ali M. China-Pakistan economic corridor: Prospects and challenges[J]. Contemporary South Asia, 2019, 28 (1): 100-112.

[10] Ahmed Z S. Impact of the China-Pakistan Economic Corridor on nation-building in Pakistan[J]. Journal of Contemporary China, 2019, 28 (117): 400-414.

[11] Irshad M S. One belt and one road: Dose China-Pakistan economic corridor benefit for Pakistan's economy?[J]. Journal of Economics and Sustainable Development, 2015, 6 (24).

专题报告

SPECIAL REPORTS

"一带一路"共建国家养老保障系列

"一带一路"共建国家养老服务体系的建设实践与镜鉴启示

王焕芝　林舒琪

[摘　要]　新加坡和泰国是"一带一路"建设国家中老龄化问题较为严重且养老服务体系建设成效显著的后发国家,基于中、新、泰三国相似的亚洲孝道传统,以及共同面临的高龄化双重压力叠加挑战,本研究通过分析新加坡和泰国养老服务的多种运作模式以及养老实体、配套设施等,总结出二者在养老服务体系建设方面的成功之处,这些做法对我国实现"积极老龄化"具有一定的借鉴意义。本研究认为,我国养老服务体系建设应从"以老年人为中心"的观念出发,构建"政府主导、多方参与"的全局性协同治理格局,加大连续性医养衔接转化力度,形成多层次养老服务供给体系,从而擘画新时代中国特色养老服务事业新蓝图。

[关键词]　"一带一路";老龄化;养老服务;新加坡;泰国

建设新时代社会养老保障服务体系是我国积极应对人口老龄化问题的必然产物,是社会发展与文明进步进程中迎合多维度多层次老年人需求的托底性工程。根据第七次全国人口普查结果数据,截至2020年11月,我国60岁及以上老年人口数约2.6亿人,其中65岁及以上老年人口数达1.9亿人,分别占总人口数的18.7%、13.5%,较2010年第六次全国人口普查相应比重,分别上升了5.44个百分点、4.63个百分点[①]。根据国家卫健委测算数据,2035年左右我国60岁及以上老年人口数将突破4亿人,占总人口数的比重将超过30%,步入重度老龄化社会[②]。面对我国人口的快速老龄化

作者简介：王焕芝,华侨大学政治与公共管理学院教授,主要从事侨务政策与闽台区域治理研究;林舒琪,华侨大学学报编辑部助理编辑,主要从事侨务政策、基层治理研究。

① 国务院第七次全国人口普查领导小组办公室.第七次全国人口普查公报(第五号)——人口年龄构成情况[EB/OL].(2021-05-11). https://www.stats.gov.cn/sj/tjgb/rkpcgb/qgrkpcgb/202302/t20230206_1902005.html.

② 国家卫健委:2035年左右60岁及以上老年人口将破4亿[EB/OL].(2022-09-21). http://zjnews.china.com.cn/yuanchuan/2022-09-21/356372.html.

及"未富先老""未备先老"的巨大挑战,《国务院办公厅关于全面放开养老服务市场提升养老服务质量的若干意见》《国家积极应对人口老龄化中长期规划》等文件相继发布,文件提出将养老服务产业视作具有巨大潜力的朝阳产业,持续巩固其制度基础和供给体系,预计到2035年形成放开准入、科学有效的应对人口老龄化的制度安排[①]。由此可见,当前我国养老服务市场正处于"全面开放,融合发展"的关键阶段,面对"低龄老年人增长为主""倒金字塔代际分布"的人口结构发展趋势,未来10年左右是我国完善老龄化应对体系和建设养老服务体系的机会窗口期[②]。老龄化、养老社会化问题是"一带一路"共建国家共同面对的社会问题,在"利益共融,命运与共"的"一带一路"发展图景中,新加坡和泰国作为后发国家,与中国具有相似的老龄社会发展轨迹、孕育着相似的养老文化,并探索出了一套综合系统、多元多样的养老服务发展体系,这为我国养老服务产业搭载"一带一路"发展快车带来了新机遇。本报告深入分析了新加坡和泰国养老服务体系的建设实践,凸显了不同地域、不同类型、不同人口结构背景下的养老服务经验启示,为我国构建更具前瞻性、个性化的中国特色养老服务体系、形成"老有所养""老有所依"的健康老龄化格局进而实现养老服务高质量发展提供了指导镜鉴。

一、新加坡：系统化养老服务体系建设实践

新加坡是亚太地区进入老龄化社会速度较快的国家之一,伴随着新加坡发达经济体的壮大、医疗卫生水平的提高,在生育率下降、人均期望寿命延长的双重作用下,其老龄化程度不断加深。世界银行数据显示,2022年新加坡65岁及以上老年人口数量为85.22万人,占全国总人口比重为15.1%。根据新加坡统计局数据,截至2023年6月,由于总和出生率仅为0.94%,人口总预期寿命达到83岁,新加坡养老赡养比例稳步降至3.7∶1[③]。换言之,在新加坡每4.7个人中就有一位是老年人。为应对重度老龄化挑战,新加坡将问题思路转变为"社会应该如何解决他们所面对的问题"[④],发展至今形成了"以社会供给为主,个人、家庭、社区、机构'四位一体'"的系统化养老服务体系,积极调动各方力量参与老年人照料活动,促进老龄事业可持续发展。

---

① 国家积极应对人口老龄化中长期规划[EB/OL].(2019-11-21). https://www.gov.cn/zhengce/2019-11/21/content_5454347.htm.
② 葛延风,王列军,冯文猛,等.我国健康老龄化的挑战与策略选择[J].管理世界,2020(4):86-96.
③ 数据来源：新加坡统计局网站,https://www.singstat.gov.sg/find-data/search-by-theme/population/population-and-population-structure/latest-data。
④ 王峥.新加坡人口老龄化问题浅析[J].文化学刊,2015(8):236-239.

（一）养老服务模式：从"老龄"到"乐龄"

"老年人需求赋能"是解决"银发鸿沟"的底层逻辑和破解之道①。在新加坡，年龄超过60岁被称为"乐龄"，寓意着老年生活安乐祥和，"老有所为"。新加坡老龄化问题，一方面表现为家庭小型化，已婚有子女家庭占比下降，由2013年的56.7%逐步降至2023年的46.5%；独居家庭和已婚无子女家庭比例则呈上升趋势，其中独居家庭的占比由2013年的10.6%上升至2023年的15.6%，已婚无子女家庭的占比由2013年的14.5%上升至2023年的17.9%②。另一方面表现为老年人失能化，依靠配偶、子女维系生活且总体失能率上升是"银发族"步入老年阶段的主要生活状态③。围绕上述问题，"乐龄"养老成为现实需求，需求赋能并驱动政府和社会针对老年人提供长期照料、康复护理等适老化服务。新加坡人口以华裔为主，在儒家伦理的文化惯性作用下，政府和社会提倡"家庭为根，社会为本"的全民家庭观念，构建老年友好社会逐渐成为全民集体共识，由此发展并形成了"政府提供基本框架，以家庭提供照料基础、社区协助家庭照料为主，机构护理服务养老为辅"的多元主体参与养老服务模式④。

1. 居家养老

居家养老是新加坡养老服务的首选模式，强调自助理念。居家养老服务机构主要包括居家护理机构、居家姑息照护机构和综合诊室，其中居家护理机构提供家庭护理和家庭医疗，居家姑息照护机构通过姑息护理、姑息医疗和社会心理辅导满足老年人居家养老需求。随着新加坡政府"乐龄"养老计划如2015年"幸福老龄化行动计划"、2017年"健康生活总体规划"在全社会范围的连续实施，新加坡居家养老照护形式也不断地进行亲民、便民化创新，具体照护内容如表1所示。

表1　新加坡居家养老照护形式及内容

照护形式	主要内容
住家保姆	政府给予定额补助，为居家老年人聘用保姆，提供照料服务
送餐上门	为无法自行准备饭菜的居家老年人提供送餐上门服务
医疗陪护	利用专业运输工具，陪护居家老年人入院治疗及居家往返
家庭康复治疗	为居家老年人提供语言治疗、就业恢复等康复治疗

---

① 吴旭红，何瑞，吴朵. 双向赋能：数字化转型背景下"银发鸿沟"的破解之道——基于南京市J区"智慧养老"实践案例的研究[J]. 电子政务，2022（5）：19-30.
② 数据来源：新加坡统计局网站，https://www.singstat.gov.sg/modules/infographics/population。
③ 朱凤梅. 新加坡养老保障体系：制度安排、政府角色及启示[J]. 社会政策研究，2018（1）：26-46.
④ 杨宜勇，韩鑫彤. 提高我国养老服务质量的国际经验及政策建议[J]. 经济与管理评论，2020（1）：5-14.

续表

照护形式	主要内容
家庭个人护理	职业护理人员上门，为居家老年人提供专业的居家护理服务
临终关怀家庭护理	为患有严重疾病的居家老年人提供安宁疗护
交友服务	动员社区支持网络、交友服务机构志愿者与独居老年人进行日常交流

（资料来源：新加坡综合护理局网站，https://www.healthprofessionals.gov.sg/snb）

此外，新加坡政府在擘画基本养老框架的同时，采取"家长式执政"理念，为养老供给体系建设提供托底性服务，帮助老年人及其家庭各尽其责。一方面，提供普惠性资金补助服务，如看护补助、行动补助、乐龄补贴、就业补贴等，尤其为低收入家庭及缺乏家庭支持的老年人提供现金补贴和医疗保健补贴，部分医疗护理服务免费对其开放；另一方面，承担养老基础设施投资建设责任，鼓励家庭共同购买组屋，给予同住政府津贴、就近居住购房优惠等。新加坡是全球第一个为"赡养父母"立法的国家，为进一步鼓励"乐龄人士"居家养老，政府将组屋作为社会福利，供给老年人及其子女购买、居住。组屋将"多代同堂"的温情设计理念嵌入建设中，户与户之间以客厅作为连接，达到两户既分又合、子女与老年人既和谐相处又彼此照应的居住效果①。同时，为防止老年家庭出现"空巢"现象，在分配政府组屋时，对"三代同堂"家庭给予优先安排和价格优惠、对年满35岁与父母同住的单身者给予2万新币公积金住房补贴、对与丧偶父/母同住的子女给予遗留房屋遗产税减免优待②。"赡养减负""依亲而居"，为"乐龄人士"居家养老提供保障性、适老化支持。

2. 社区养老

新加坡社区养老是政府作为投资主体，并引导社会团体、义工和企业共同参与到老年人照护服务网络的"家门口的项目"③。社区养老服务机构主要包括日间照护中心、康复/日托中心，在新加坡卫生局统筹划分下，具体指提供日间护理、痴呆症日间护理、社区康复、新加坡乐龄综合护理计划（SPICE）/综合家庭和日间护理（HDC）服务的老年人护理中心（统称为社区基础护理设施）。近年来，新加坡社区养老服务机构数量呈快速上升趋势，2012年全国范围内社区养老服务机构仅44家，到2022年机构数量迅速上涨至158家④，可见社区养老能满足老年人在熟悉环境中的生活需求，越来越得到银发人群及其家庭的青睐和选择。新加坡社区养老任务由选区内的公民咨询委员会、居民委员会和市政理事会共同承担，为建设老年友好社区，新加坡将"乐龄人士"的物质和精神需求摆在首位。第一，专门建立适老化的"乐龄公寓"，体现

---

① 曹阳昭. 新加坡养老模式：从"老龄"到"乐龄"[N]. 学习时报，2020-10-09.
② 代山. 新加坡：子女与父母同住可获政府津贴[J]. 人民政坛，2013（8）：21.
③ 宋群，杨坤，陈啸. 养老服务产业发展的国际经验[J]. 全球化，2019（11）：30-45，134.
④ 数据来源：新加坡卫生局网站，https://www.moh.gov.sg/resources-statistics/singapore-health-facts/health-facilities。

"以人为本"的文化底蕴。"乐龄公寓"于1998年推出,申请者须为55周岁及以上的新加坡组屋屋主,考虑到老年人的具体情况和实际需要,每间套房设一室一厅一卫,全部配备无障碍设施。"乐龄公寓"第一层全部架空,设为老年人活动用房;第二层设为社区养老服务用房,开辟诊疗中心、紧急救助中心、心理疏导室等内嵌机构,同时配备专业护理人员、义工为老年人提供精神和身体上的照料服务①。第二,社区内成立"乐龄俱乐部",为老年人进行文体交流搭建便利化平台。俱乐部交流形式丰富多样,座谈会、品鉴会、家庭舞会、知识分享会等层出不穷,且俱乐部的工作人员须经官方考核和资格认证才能任职于此②,心理咨询师提供定期义诊服务,体现了社区养老治理的专业化导向和人本关怀。此外,政府还拨款1000万新币设立"黄金时机基金",鼓励"乐龄人士"依托社区老年活动设施自己着手主办活动,并让其他志同道合的老年人一起参加③,做到"老有所乐""老有所为",让老年人在此过程中丰富精神文化世界,享受晚年生活。第三,社区援助计划。新加坡老年友好社区为那些失能、没有固定收入、缺乏家庭支持的独居老人提供不同类型的援助计划,如社区关怀紧急援助基金、社区关怀中短期援助计划、社区关怀长期援助计划等,设有具体资格限制,救助资金视家庭情况而定④。

3. 机构养老

机构养老是新加坡系统化养老工程的辅助模式,也是新加坡养老服务中的"最后一环",主要针对那些失能、失智且无子女照料的老年群体,主要包括慢性病医院、社区医院、疗养院、临终关怀机构(2020年4月起完全由"临终关怀姑息治疗服务(IHPCS)"机构所取代)四大供给机构,其数量如表2所示。入住新加坡养老机构的老年人须经专业评估并符合相关标准后才能办理入住手续,上述四类主要长期照护服务机构的主要服务对象如表3所示。

表2 新加坡长期照护服务机构数量(家)

年份	慢性病医院	社区医院	疗养院	临终关怀机构
2013年	3	6	66	2
2014年	3	6	65	2
2015年	3	7	71	2
2016年	3	8	69	2
2017年	—	8	73	2

---

① 李忠东. 新加坡养老关键词"居家"和"免费"[J]. 检察风云,2017(21):16-17.
② 黄河银,张蓝之,张勤修,等. 多种养老模式和服务技术现状与思考[J]. 中国老年学杂志,2021(1):203-207.
③ 杨宜勇,韩鑫彤. 提高我国养老服务质量的国际经验及政策建议[J]. 经济与管理评论,2020(1):5-14.
④ 刘劲,陈宏亚,于艾琳. 新加坡如何破解养老难题[J]. 宁波经济(财经视点),2022(10):52-53.

续表

年份	慢性病医院	社区医院	疗养院	临终关怀机构
2018年	—	8	72	2
2019年	—	9	77	2
2020年	—	9	77	10
2021年	—	9	80	9
2022年	—	9	83	9

注：2017—2022年慢性病医院数据暂未从新加坡卫生局网站获取。

数据来源：新加坡卫生局网站，https://www.moh.gov.sg/resources-statistics/singapore-health-facts/health-facilities。

表3　新加坡长期照护服务机构主要服务对象

长期照护服务机构	主要服务对象
社区医院	为从医院出院后仍需住院康复或接受康复治疗的患者提供医疗护理服务
慢性病医院	为慢性病患者提供医疗康复和照护
疗养院	为家中无人照护或无法提供照护的老年人提供照护服务
临终关怀机构	为身患绝症的晚期患者提供治疗和疼痛管理服务

资料来源：朱凤梅，《新加坡养老保障体系：制度安排、政府角色及启示》，载于《社会政策研究》2018年第1期，第26-46页。

新加坡疗养院的主要提供者包括社会组织和私人机构，因此新加坡疗养院划分出两大派系，即私人运营疗养院和志愿型福利机构运营疗养院。根据政府财政补贴程度的不同，疗养院又被划分出四种子类型。一类属"接受卫生局财政补贴的志愿型福利机构"，一般接收入住的是符合新加坡综合护理局救济标准的老年人；二类属"不接受卫生局财政补贴的志愿型福利机构"，这类机构通过自身募捐筹资的方式，为老年人提供必要的资金援助和照护服务；三类属"享受卫生局补贴计划的私人运营疗养院"，入住的老年人须满足新加坡政府的救济条件，私人疗养院通过保留定额比例的床位为其提供照护服务，体现出私营机构参与社会公共服务的可行性；四类属"不享受卫生局补贴计划的私人运营疗养院"，一般接收入住的是自费疗养的老年人。

新加坡社区医院主要由志愿型福利机构运营，从功能视角上来看，社区医院一则提供医疗康复服务，所有社区医院均设置日间康复中心以满足康复治疗患者的一般门诊需求；二则设置具象化的模拟房间以帮助老年人"身临其境"重返家庭及社区生活场域，创造集体记忆；三则提供护理服务，为保证良好的养老服务质量，新加坡针对护理行业专门成立了老龄产业标准委员会，标准委员会根据相关养老服务标准、指南，对护理人员的入职条件、工作细则等进行规定和说明。同时，新加坡通过护理试点、高等教育等形式，为社区护理培养长期照护人才，为老年护理培养高层次人才[1]。

---

[1] 林杰，刘业青. 新加坡养老模式与高层次老年护理人才培养——以新加坡国立大学为例[J]. 比较教育研究，2022（7）：66-76.

新加坡临终关怀机构服务于那些临近去世的人群，并为其提供减轻疾病症状、延缓疾病发展的医疗护理。新加坡临终关怀护理始于1985年，其资金主要通过政府拨款和社会捐助筹集，如今新加坡全域所有医院均开展医疗诊治和护理，设病痛舒缓小组和临终护理病床，为患者提供暖心照护。临终关怀的具体认定以医生的推荐信为准，患者只要被医生定性为"寿命少于1年的末期病人"，就可依据政府临终关怀政策享受完全免费的照护服务①，体现了政府对临终患者的身心慰藉和关怀。

（二）连续性"医养服务"

不同于传统意义上的"医养结合"，新加坡的"医养服务"是指以社区为支点，通过将"医疗模式与社区养老"相结合，发展出的长期照护系统②。该服务把社区网络作为国民健康保障的初级保健单位，旨在从根本上同时解决医疗和养老两个问题，从而为"银发"人群提供"社区自身分诊""医院急诊→社区""社区→居家服务"的"患者逐级转院式"医养服务，确保公共服务的长期可持续③。具体而言，社区居民若有看病需求，可先到所在社区的医院进行分诊治疗，这一方面能使其得到及时救护，不至于延误时机，另一方面也分化了医院的就诊压力；医院主要提供急诊服务和大病治疗，而后期的康复治疗与护理都将过渡到社区医院解决；集中在社区医院进行治疗与康复的患者（多指慢性病患者）通常可选择继续留在社区医院进行保健或回家由专业护士进行居家护理④。新加坡每个社区都配有专门的社区医院且80%以上的初级医疗服务都能在社区医院获取，强大的社区医养服务网络能最大限度地支持和保障老年人就近享有健康照护、康复护理和临终关怀，从而适应新加坡社会"原地养老"的现实需求。

此外，新加坡"医养服务"的连续性还体现为其实现了医疗机构间转诊的整合服务。新加坡医疗卫生服务主要分为两个部分：一是基于急性服务的中期护理；二是基于初级卫生保健的长期照护。二者在服务性质和临床路径上截然不同，但能得到逐层、连续的整合，也能较为清晰地为患者提供相应的医疗参照指南（见表4）。

表4 新加坡医养服务机构间的临床整合路径

服务性质	服务机构	服务路径
基于初级卫生保健的长期照护	居家	1. 每个人都有一个家庭医生
		2. 一体化筛查和预防项目

---

① 李忠东. 新加坡养老关键词"居家"和"免费"[J]. 检察风云, 2017 (21): 16-17.
② CHAN A. An overview of Singapore's long-term care system: Towards a community model care [C] // Komazawa O, Saito Y. Coping with Rapid Population Ageing in Asia. Jakarta: ERIA, 2021: 28-35.
③ 陈天红. 新加坡养老服务标准化及其启示 [J]. 中国质量万里行, 2016 (7): 56-57.
④ 林杰, 刘业青. 新加坡养老模式与高层次老年护理人才培养——以新加坡国立大学为例 [J]. 比较教育研究, 2022 (7): 66-76.

续表

服务性质	服务机构	服务路径
基于初级卫生保健的长期照护	日间照料中心 老年活动中心 健康中心	3. 信息和转诊
		4. 居家帮助
		5. 居家照顾
		6. 初级卫生服务网络和疾病管理单位
	疗养院	7. 社区护理服务
	临终关怀机构	8. 康复服务
		9. 姑息治疗
基于急性服务的中期护理	区域医院	10. 意外事故和急诊
	社区医院	11. 外科手术
		12. 其他三级医疗服务
	全国专科中心	13. 术后护理
		14. 康复服务

资料来源：作者整理。

二、泰国：多元化养老服务体系建设实践

泰国人口老龄化问题出现得相对较晚，但其老龄化程度却在短短20年间快速加深，泰国政府建立科学有效、可持续发展的养老服务体系越来越迫在眉睫。相关数据显示，2022年泰国60岁及以上老年人口数量约为1290万人，占全国总人口比重为20%，其中65岁及以上老年人口占全国总人口比重为15.2%，预计未来10年泰国将进入老龄社会高峰期，老年人口比例将高达28%[①]。泰国老龄化快速发展同样与"低出生率、人口预期寿命延长"的双重作用有直接关系，但还受宗教信仰这一文化传统影响。泰国人口生育率自2013年开始下降，至2023年已下降将近三分之一并呈现出继续下降的发展趋势，泰国女性平均生育率仅为1.16，日益严峻的生育危机为泰国扩大人口规模带来了挑战[②]。随着泰国公共卫生、医疗保障水平的提高，泰国人的预期寿命得到延长，根据世界银行数据，2000年、2010年、2021年三个时间节点，泰国总体出生时的预期寿命分别为72岁、76岁、79岁[③]。此外，作为佛教国家，泰国有

---

① 泰国进入人口老龄化社会老年人近1300万[EB/OL]. http://th.mofcom.gov.cn/article/jmxw/202301/20230103380428.shtml.

② 泰国人口下降：生育危机将使泰国人口在六十年内减少一半[EB/OL]. http://www.mofcom.gov.cn/article/zwjg/zwdy/zwdyyz/202311/20231103450978.shtml.

③ 数据来源：世界银行网站，https://data.worldbank.org.cn/indicator/SP.DYN.LE00.IN?locations=TH&name_desc=false。

许多人终身出家，受功德、轮回观念的影响，并不组建家庭，同时泰国支持包容性婚恋，大大缩小了泰国人口的生育基数。面对"老龄""超老龄"挑战，泰国政府一方面采用"权宜之计"，如鼓励延迟退休、60 岁以上人口工资豁免所得税[①]；另一方面完善养老服务体系，致力于打造"多元融合"的养老产业新经济体，从而为"银发"人群安度晚年提供综合性保障。

（一）养老服务模式

泰国的养老服务模式与国家多层次养老计划类型息息相关，体现出系统庞大、针对性强的特点，其统筹规划更是一个不断补充、完善的过程。泰国养老服务模式虽还处于探索阶段，但在政府加大养老服务建设力度的背景下，发展较快，也形成了较为成熟的实践体系。2009 年泰国提出"第二个国家老年人计划"，着眼于老年人能力建设和国家养老服务高质量发展，积极探索"社区长期护理体系"并开展相应的试点工作，推动泰国建构以社区服务网络为中心、以居家养老为基础，以机构养老相辅之的养老服务供给体系，从而满足老年人医疗保健、长期照护、社会福利和日常社交的现实需求。

1. 居家养老

在泰国，家庭是兜底社会成员生活保障的"后备港湾"，居家养老是最基本的养老服务模式。从历史和宗教文化角度出发，泰国民众长期受佛教、伊斯兰教、天主教和印度教等文化的熏陶，全国 90％以上人口信奉佛教[②]，塑造了泰国人感恩、讲功德以及爱好和平的道德风尚，他们将"回报养育之恩""赡养老人"当作一种自然的社会传统和持续的道德义务，当父母年迈无法自我照料时，子女便承担起相应的家庭责任；加之泰国历史上受小农经济思想的影响，建立"家庭般的社会"、形成家庭成员间相对稳定的相互扶助机制被视为泰国社会最理想的福利保障模式[③]。根据亚洲开发银行 2020 年《泰国长期护理诊断研究》的相关调查，泰国 90％以上需要护理的老年人在自身家庭得到照料[④]，因此家庭是泰国养老服务体系建设的最基本单位，奠定了居家养老在泰国养老服务体系中的主流地位。

泰国居家养老服务主要包括家庭成员互爱互助型服务、家人护理型服务和保姆护理型服务三类，各类型服务特点如表 5 所示。其中，家庭成员互爱互助型服务是最理想化的居家养老模式，这种模式下，老年人有相对独立的收入来源，有额外的精力帮

---

① 张锡镇. 泰国人口老龄化问题与养老制度 [J]. 东南亚纵横，2021（4）：5-15.
② 泰国的民族与宗教 [EB/OL]. http://th.mofcom.gov.cn/article/ddgk/zwdili/201508/20150801080900.shtml.
③ 张浩森，谭洪，王桢钰. 泰国社会保障的演进历程、核心特征与经验镜鉴 [J]. 东南亚纵横，2024（1）：66-76.
④ Asian Development Bank. Country diagnostic study on long-term care in Thailand [EB/OL]. https://www.adb.org/publications/thailand-country-diagnostic-study-long-term-care.

助子女分担家务，子女能为老年人提供医养和生活方面的资助，相互扶助、互为补充，有利于老年人提升晚年幸福感，促进家庭和睦。家人护理型服务的实现具有城乡差异，在农村家庭全职护理较易实现，而在城市则较难实现（由于家庭成员的工作或事业原因等），因而城市家庭需要雇佣家庭保姆或专业护理人士以保障老年人的日常照料，于是保姆护理型服务应运而生。该服务模式具备全天候、全方位提供生活照顾和医疗保健的特点，所产生的护理费用由子女协商共担，值得注意的是，在这种情况下子女仍需履行关爱、照料老年人的义务，使老年人得到精神支持。

表5 泰国居家养老服务类型及特点

居家养老服务类型	主要特点
家庭成员互爱互助型服务	老年人具备生活自理能力，不需要日常护理；老年人或与子女同住或分居，但通勤距离不远
家人护理型服务	老年人生活无法自理，需由家庭成员轮流进行贴身护理
保姆护理型服务	老年人丧失自理能力甚至身患重病，家庭成员无法履行全天候护理职责，需聘请保姆或专业护理人员进行全方位护理

资料来源：张锡镇、刘嘉玲，《泰国养老服务体系的建设与探索》，载于《东南亚纵横》2022年第4期，第32—43页。

2. 机构养老

泰国养老机构主要分为两类。一类是由国家扶持、政府赞助设立的福利性养老机构，这类机构一般免费或收取低廉费用，大多由泰国社会发展与人类安全部管理和监督，包括多种功能多样的养老机构，如老年医院、老年人护理中心、老年人社会福利发展中心、老年人收容所、赤贫保护之家、老年人康复中心、老年人社会服务中心等，为老年人提供基本生活设施、专业照护服务，保障老年人晚年生活福祉。另一类是由泰国公民或外籍人士设立的私人运营养老机构，泰国绝大多数的养老院属私营产业，随着泰国人口结构变化和疾病风险的增加，私营养老机构的业务日益增加且市场竞争也日益激烈。泰国1998年设立的《医疗器械法规》规定了私营保健企业申请医疗机构的准入条件和类型。

3. 社区养老

社区养老是泰国建构养老服务体系的未来重心。由于一部分老年人可能因子女工作、家庭资助能力有限等无法居家享受全天候照护、实现就近就医，一部分收入低等甚至无保障的老年人无法负担机构养老费用等现实情况的存在，构建以社区为中心的综合医养系统，为全域老年人提供健康养老保健服务成为迫切需求，泰国政府也将关爱老年人、为老年社区提供良好服务提到了国家战略的层面。泰国2013年启动"社区长期护理体系"试点计划、2016年开启"长期护理方案"试点工作、2017年开始在区级医院建立中间护理系统，通过部门联动、财政资助，开展社区与大型医院间的医疗保健合作、培训社区专业护理人员、引导社区中间体制订中长期护理计划、设立地方健康基金等,以社区服务平台为中介,使养老服务融入社区,改善了老年人的生活环境和质量,实现了无缝医疗目标,从而有效缓解了医院过度拥挤的问题。总的来说,社区养老模式最大的特点是将机构养老的部分服务功能尤其是医疗服务功能引入家庭和社区,让老年人在家、在社区就能享受到全方位、持续性的照料和护理服务。

(二)多样性康养供给体系

泰国是高度市场化国家,形式各异的养老服务需求催生了其多元化的康养供给体系,泰国康养供给体系也在不断补充和发展中成为泰国养老业的一大亮点。根据开泰研究中心的相关调查,泰国老龄社会将使老年商品和服务的市场需求趋向增加,应综合考虑目标群体需求,按需、以个性化方式提高商品和服务质量,这蕴含着可观的商机①。泰国康养供给体系的多样性主要体现在以下方面。

(1)就养老服务人员专业素质培养而言,为满足各类"银发"人群的养老服务需求,泰国旨在从人性化、职业化角度提升服务人员的专业素质,使其在积累相关护理服务知识技能的同时,养成周到热情、微笑亲和的服务态度,"微笑服务"也是泰国养老服务的一大特色,能让老年人获得宾至如归的体验。

(2)就老年人知识培养而言,泰国的养老服务不仅注重被动的医疗保健、康复护理,还特别注重和支持老年人知识学习、老年人职业发展及再就业,将老年人知识体系和创新能力的再更新视作宝贵的社会财富,并加以开发利用,如设立老年人学习培训中心、老年人学校、生活质量与老年人职业发展中心、智能求职中心和求职箱等。这些措施既为老年人提供了终身学习和自我发展的场所,充实了部分退休老年人闲赋在家的时间,也使部分有条件的老年人通过再就业渠道获得经济收入,减小了社会养老的压力。

(3)就养老医疗保健而言,泰国的医疗保健水平享有"第三世界价格,第一世界水准"的美誉②,除了具备先进的国际医疗水准外,泰国还实施了"30泰铢计划"并致力于全民健康覆盖,政府将扣除专项经费后的卫生财政拨款全部用于"30泰铢计划",为泰国民众特别是贫困阶层提供基本免费(只需缴纳30泰铢)的医疗服务,从而健全了医疗服务网络特别是社区卫生服务体系③,最终保障了医保人群的全覆盖并提高了城乡基层医疗卫生服务的可及度④。值得注意的是,泰国还是广为人知的现代医疗健康旅游发源地和目的地,被称为"亚洲健康旅游中心",泰国医疗旅游始于

---

① 开泰研究中心. 泰国最快将在2022年进入老龄社会,蕴含商机也面临收入方面的挑战 [EB/OL]. https://www.kasikornresearch.com/CH/analysis/k-social-media/Pages/FB-older-22-11-19.aspx.

② 凤凰网. 异国养老、旅居度假、全球就医,为何如此青睐泰国? [EB/OL]. https://finance.ifeng.com/c/8PcERSN5RJl.

③ 刘玉娟. 泰国"30铢计划"对我国医疗保险的启示 [J]. 卫生经济研究,2011(4):45-47.

④ 刘晓云. 泰国全民健康覆盖经验及对我国的启示 [J]. 中国卫生政策研究,2014(2):11-16.

20世纪70年代,最初以整容美容为主,发展至今已扩展到整形手术、医学诊断、普通内外科、牙科、妇产科、男科等具体领域。据统计,泰国是东盟乃至亚洲范围内通过国际医疗卫生机构认证(JCI)最多的国家,医疗旅游是泰国经济发展的第三大驱动力[1]。疫情期间,泰国陆续于几个城市推出了"医疗保健沙盒(Thailand Wellness Sandbox)计划","沙盒(Sandbox)"作为一种安全机制,是泰国旅游试点地区结合医疗、公共卫生措施实施的医疗旅游项目典范,为泰国全境的陆续开放提供了隔离实验场,也为国家创收提供了新动力,如2021年7月起实施的"普吉岛沙盒计划",在8个多月时间内约接待游客40万人次,经济创收超过500亿泰铢[2]。

(4)就涉外养老服务而言,根据美国权威生活杂志《国际生活》发布的2022年全球退休指数,泰国以72.9分位居世界第11、亚洲第1[3]。由于全球老龄化趋势不可逆转,越来越多的退休人士开始在全球范围内寻找养老胜地,泰国以"全球中产阶层养老胜地"而闻名,具备得天独厚的气候和人文环境、物美价廉的生活成本和全球顶级的医疗保障优势。在政府医疗、养老、旅游"三位一体"战略布局下,2008年泰国推出了外国人退休签证,外籍人士年满50周岁,年内收入和在泰国商业银行的存款总计不低于80万泰铢即可申请外国人退休签证[4]。2021年12月,泰国批准推出为期10年的长期居民签证(LTR),得到了全球富裕公民、富裕退休人士和高净值专业人士的青睐[5]。泰国涉外养老服务主要包括养老社区(Retirement Community)服务和机构养老服务。不同于社区养老服务模式,养老社区更像是一种度假村或俱乐部,这里专设优渥的园区配套,如智能健身中心、美容院、图书馆、户外跑道等,动静皆宜,并配有专门的护理人员和医疗团队,为具有中高经济能力的老年人提供全天候、全方位的护理和照料。2012年起泰国养老社区开发项目进入投资活跃期,2012—2017年泰国养老社区投资总额达177亿泰铢,累计投资总额高达210亿泰铢。2018—2020年曼谷郊区和外府地区大型养老社区项目的实施,使泰国养老社区累计投资总额至2020年达到270亿泰铢[6]。在庞大的市场吸引力下,涉外养老业作为新兴行业带动了

---

[1] 刘德浩,庞夏兰. 海南医疗旅游产业发展策略研究——基于泰国、印度经验的分析[J]. 中国卫生事业管理,2018(12):956-960.
[2] 普吉沙盒计划实施以来创收超500亿,泰国将进一步发展健康医疗旅游[EB/OL].(2022-03-31). https://www.thaiheadlines.com/109162/.
[3] 2022年全球最宜退休生活指数出炉!泰国排名全球第11、亚洲第1[EB/OL].(2022-01-01). https://www.thaiheadlines.com/106180/.
[4] 资料来源:泰国政府中央网站,https://thailand.go.th/issue-focus-detail/00101_134?hl=cn。
[5] 中国侨网. 泰国批准推出为期10年的长期居民签证[EB/OL].(2021-12-06). https://www.gqb.gov.cn/news/2021/1206/52569.shtml.
[6] 数据来源:开泰研究中心网站,https://www.kasikornresearch.com/ch/analysis/k-econ/business/Pages/z2921.aspx#:~:text。

泰国护理行业市场的增长，越来越成为泰国新的经济增长点。据统计，2022年泰国护理院数量超过2000家，行业市场总值达127亿泰铢，同比增长3.5%[①]。

三、"一带一路"共建国家养老服务体系建设的指导镜鉴

新加坡和泰国作为"一带一路"共建国家发展社会养老的成功案例，与中国有着相似的老龄社会发展轨迹、孕育着相似的养老文化，为我国在老龄化和高质量发展背景下构建中国特色社会养老服务体系提供了指导镜鉴。

（一）发挥政府主导作用，实现养老体系多主体、全局性协同

构建老年友好社会需政府和社会协同作为，在当前我国养老服务总供给不足的情况下，实现养老服务高质量发展需发挥政府的"指挥棒"作用，从全局和顶层设计角度通盘考虑多层次的养老服务需求，构建"政府引导、市场投资、社会资助、老年人和家庭参与"的多元协同治理格局和养老服务支持集成体系[②]。新加坡和泰国政府在养老服务体系建设中都承担起了较强的老年人照护责任，为老年人提供兜底性保障，通过完善法律法规、设立养老服务标准、调动力量提供养老服务、财政支持、完善社会福利等，积极面对老龄化挑战，注重全龄段老年人健康护理，并提前做好基础设施、医疗团队等准备工作，全方位地地规划好老年人的晚年生活。

随着老年人多层次、多维度养老需求的增加，我国政府应发挥主导协调作用，统筹老年人、社会多主体共同参与社会养老服务的合作治理过程。一方面，政府应明确定位，加强顶层统筹。政府需根据养老需求制定中长期规划，加强对养老服务的立法和标准建设并对社会监管进行及时性响应，充分发挥兜底保障性作用，构建明确的"中央—地方"养老任务责任分配与资源配置制度，加强对基层养老设施建设和普惠性、兜底性养老服务供给的财政支持，进一步深化对基层医疗护理人士和团队的培训与再教育，从而为全面构建高质量的养老系统打下坚实基础。另一方面，政府应充分指导社会多元主体有序参与养老事业，实现互联互通、协同发展。可相应地放宽社会养老服务的准入条件，从单一的政府责任向多维度的社会共同责任转变，促进私营企业、社会组织、护理机构、社区包括老年人所在的家庭在养老服务领域的协调与互嵌，从而推动居家养老、社区养老、机构养老形式的新型化、多样化补充与发展[③]。

[①] 数据来源：开泰研究中心网站，https：//www.kasikornresearch.com/ch/analysis/k-econ/business/Pages/Nursing-Home-z3335.aspx。
[②] 廖楚晖．智慧养老服务总体性问题破解与实现路径 [J]．经济与管理评论，2019（6）：5-13．
[③] 付春雨．立足双向赋能的新加坡养老服务实践和经验借鉴 [J]．科学发展，2023（12）：104-112．

(二) 强调"以老年人为中心"观念，构建多层次养老服务模式

推动养老服务业业态发展，首先需从观念上形成"以人为本""忠孝仁爱"的文化惯性，进一步营造出尊敬老人、赡养老人的社会氛围，构建老龄友好社会。新加坡社会发展一直受儒家文化熏陶，从而形成了"家庭为根，社会为本"的全民家庭观念；泰国作为"千佛之国"，回报、感恩、功德一直被视为家庭和社会共同的道德义务。二者均大力提倡"以老年人为中心"的文化观念，将赡养老年人看作一种天然的传统观念，尊重老年人的社会地位并将老年人当作宝贵的社会财富加以再利用，因此其养老服务体系建设才能上升到战略高度，统筹好国家、地方、社区、家庭、个人各方的关系，保证各项养老服务工作顺利开展。

一方面，我国政府应进一步宣传孝道文化。可结合利益引导的方式营造赡养老年人的文化氛围，如可借鉴新加坡组屋模式，鼓励子女与父母同住并在购房时给予价格优惠和财政补贴，减少老年人"空巢"的出现。另一方面，政府应促进多层次养老服务模式生成，明确各个主体责任。首先，老年人自身应保持良好乐观的生活心态、加强日常身体锻炼、定期进行身体检查以保障自我照护能力，从而在一定程度上减小家庭养老负担。子女应将赡养老年人当作义不容辞的责任，帮助老年人规划好晚年生活，提供物质和精神上的双重支持，互爱互助、互为补充。其次，社区养老是居家养老服务有效供给的关键枢纽，政府应加大对基础性无障碍设施、老年人活动场所、卫生院、护理院等的投入力度，鼓励、培育、扶持私营企业、个人等市场力量加入社区养老服务体系建设，将机构养老的资源优势向居家、社区养老领域延伸，推动以社区为枢纽的"一刻钟"居家养老服务圈建设[①]。最后，作为补充发展的机构养老服务应确保其医疗保健、康养护理的基础设施和人员配备水平，同时要承担起数字技术攻关的主体责任，通过数字技术缩小"数字鸿沟"、优化适老化改造方案、提供与价格匹配的养老服务质量、提高智能养老效率，以此重塑社会养老服务的底层逻辑。

(三) 促进养老服务与医疗保障衔接转化，整合养老供给体系

我国构建的城乡居民医疗保险、养老保险、医疗救助等制度在实际运行过程中存在着各自独立、办理手续复杂等问题，其本质是医疗服务与养老服务相分离，这也是我国提出"医养结合"的原因[②]。对此可借鉴新加坡连续性医养服务和泰国全覆盖医疗的实践经验。一方面，加大基层医疗卫生服务投入，特别是在社区这一关键枢纽，要建立不同类别的托底性医疗保障协调机制，建立社区医养联合体，整合社区卫生资源、养老服务机构资源为老年人提供连续性医养服务，加大财政和人力资源向社区基

---

① 贺丹. 借鉴国际经验完善养老服务体系 [EB/OL]. (2023-03-24). https://theory.gmw.cn/2023-03/24/content_36451799.htm.
② 曾岳婷. 新加坡社会保障体系建设带给我国的启示 [J]. 特区经济，2022 (10): 64-68.

层的倾斜力度，鼓励和支持私营性质的社区嵌入式小型养老机构发展，从而实现老年人小病、大病在基层及时处理。另一方面，注重养老服务与医疗保障项目间的衔接转化和相互支撑，健全、完善适合我国国情的长期照护制度。随着我国失能、失智老年人的增多，以及护理成本的增加，传统的家庭养老功能已逐渐不能满足"高龄化"的养老需求，我国长期照护制度应以家庭为基本保健单位、以社区基层卫生机构为辅助保健单位，共同为老年人尤其是低收入、失能、失智老年人提供医养服务和照护救助。针对弱势老年群体，具体可参考新加坡"乐龄计划"和泰国全民健康覆盖政策，减轻弱势老年群体的心理支付负担，扩大医养服务的可及范围，提供照护津贴等，以实现养老服务的社会福利最大化。

参考文献

［1］葛延风，王列军，冯文猛，等．我国健康老龄化的挑战与策略选择［J］．管理世界，2020（4）：86-96.

［2］王峥．新加坡人口老龄化问题浅析［J］．文化学刊，2015（8）：236-239.

［3］吴旭红，何瑞，吴朵．双向赋能：数字化转型背景下"银发鸿沟"的破解之道——基于南京市J区"智慧养老"实践案例的研究［J］．电子政务，2022（5）：19-30.

［4］朱凤梅．新加坡养老保障体系：制度安排、政府角色及启示［J］．社会政策研究，2018（1）：26-46.

［5］杨宜勇，韩鑫彤．提高我国养老服务质量的国际经验及政策建议［J］．经济与管理评论，2020（1）：5-14.

［6］代山．新加坡：子女与父母同住可获政府津贴［J］．人民政坛，2013（8）：21.

［7］宋群，杨坤，陈啸．养老服务产业发展的国际经验［J］．全球化，2019（11）：30-45，134.

［8］李忠东．新加坡养老关键词"居家"和"免费"［J］．检察风云，2017（21）：16-17.

［9］黄河银，张蓝之，张勤修，等．多种养老模式和服务技术现状与思考［J］．中国老年学杂志，2021（1）：203-207.

［10］刘劲，陈宏亚，于艾琳．新加坡如何破解养老难题［J］．宁波经济（财经视点），2022（10）：52-53.

［11］林杰，刘业青．新加坡养老模式与高层次老年护理人才培养——以新加坡国立大学为例［J］．比较教育研究，2022（7）：66-76.

[12] 陈天红. 新加坡养老服务标准化及其启示 [J]. 中国质量万里行, 2016 (7): 56-57.

[13] 张锡镇. 泰国人口老龄化问题与养老制度 [J]. 东南亚纵横, 2021 (4): 5-15.

[14] 张浩淼, 谭洪, 王桢钰. 泰国社会保障的演进历程、核心特征与经验镜鉴 [J]. 东南亚纵横, 2024 (1): 66-76.

[15] 张锡镇, 刘嘉玲. 泰国养老服务体系的建设与探索 [J]. 东南亚纵横, 2022 (4): 32-43.

[16] 刘玉娟. 泰国"30铢计划"对我国医疗保险的启示 [J]. 卫生经济研究, 2011 (4): 45-47.

[17] 刘晓云. 泰国全民健康覆盖经验及对我国的启示 [J]. 中国卫生政策研究, 2014 (2): 11-16.

[18] 刘德浩, 庞夏兰. 海南医疗旅游产业发展策略研究——基于泰国、印度经验的分析 [J]. 中国卫生事业管理, 2018 (12): 956-960.

[19] 廖楚晖. 智慧养老服务总体性问题破解与实现路径 [J]. 经济与管理评论, 2019 (6): 5-13.

[20] 付春雨. 立足双向赋能的新加坡养老服务实践和经验借鉴 [J]. 科学发展, 2023 (12): 104-112.

[21] 曾岳婷. 新加坡社会保障体系建设带给我国的启示 [J]. 特区经济, 2022 (10): 64-68.

"一带一路"深度老龄化国家养老模式发展趋向研究

韩金成

[摘　要] "一带一路"共建国家现在以及未来需要共同应对人口老龄化与养老问题，以防范"银发海啸"对各国经济社会乃至政治造成不利影响。本研究选取泰国、新加坡和中国三个"一带一路"深度老龄化国家作为研究对象，以居家社区养老为主要研究领域，一方面分析比较泰国、新加坡以及中国的台湾、香港和内地在关涉养老金储蓄、医疗保险、住房保障、长期护理等一系列养老事务上所采取的政策措施；另一方面，重点展现中国内地在政策出台、产业发展、适老化改造、社会力量建设、智慧养老等养老服务领域的已有实践，进一步突出中国内地所具有的为"一带一路"共建国家提供学习、交流经验样本的借鉴意义。在总结中国内地养老模式的不足与当前任务的基础上，本研究提出了若干促进"一带一路"共建国家养老模式发展的政策建议。

[关键词] "一带一路"；人口老龄化；养老模式；居家社区养老

2020年第七次全国人口普查结果显示，中国65岁及以上人口占总人口的比例达到13.5%，按照这一比例超过14%就进入深度老龄化社会的国际通行人口老龄化标准，中国据估测已于2021年进入深度老龄化社会。中国自2000年进入老龄化社会之后，只用了大概20年时间就进入了深度老龄化社会，比世界平均水平快了差不多13年。2022年，国内生产总值达到1万亿美元且进入深度老龄化社会的国家有12个。其中，中国作为最大的发展中国家，人口基数大，人均GDP水平低，在未来相当长的一段时间内将面临前所未有的养老压力，"未富先老""未备先老"形势十分严峻。人口基数大、老龄化人口增长速度快、老年人高龄化趋势快以及社会经济承受压力大等

基金项目：本研究受到华侨大学高层次人才科研启动项目（21SKBS001）的资助。
作者简介：韩金成，华侨大学政治与公共管理学院讲师，主要从事公共价值管理研究。

人口现象发展特征无不显示着应对人口老龄化问题将成为中国未来各项社会主义建设事业不得不面对的重大工作挑战。[①]

自2013年中国提出"一带一路"倡议以来，各国间交流互通的速度加快、程度加深。中国作为"一带一路"倡议的发起国，在对外学习和交流过程中吸收各国先进经验，从中央到地方根据自身实际情况进行广泛实践探索，在转化、创新的基础上形成中国经验和中国实践，持续为"一带一路"共建国家输出中国智慧，提供中国方案。人口老龄化作为21世纪世界各国将共同遇到的应对性难题，对于"一带一路"共建国家而言同样具有很强的普遍性特征，但因目前各国人口老龄化程度不一，各自呈现出的人口老龄化应对情况也各不相同。因此，为"一带一路"共建国家提供的养老政策建议和实践措施具有非常强的问题阶段性适用属性，这也意味着最好能够为"一带一路"共建国家今后应对人口老龄化问题提供超大规模的案例库以供选择。而从全世界来看，只有中国能够从中央到地方，在应对人口老龄化问题上不断提供日益丰富的学习、交流经验样本。

有数据显示，未来30年，东亚和东南亚将是全世界老年人口增幅最大的两个区域，两地区的老年人规模将从2019年的2.6亿人增加到2050年的5.7亿人。[②] 为方便研究，本研究选取中国和东南亚的泰国、新加坡作为研究对象，泰国可以作为中国省级区域学习、借鉴的经验样本，并可以与中国台湾形成一定的经验对照。新加坡可以作为中国城市学习、借鉴的经验样本，并可以与中国香港形成一定的经验对照。这样做的最大好处是兼顾国外养老模式与国内养老模式两个研究范畴，为"一带一路"共建国家学习与探索适合本国的养老模式提供大量经验借鉴。另外，颇为巧合的是，在20世纪60年代末至90年代，新加坡、中国台湾和中国香港经济高速发展，都属于"亚洲四小龙"，其经济转型经验与现代化进程被称为"东亚模式"。泰国在20世纪80—90年代经济高速发展，属于"亚洲四小虎"。如今，泰国、新加坡、中国台湾和中国香港都正面临着比世界许多国家和地区都要严重的人口老龄化、少子化社会冲击，各自能否继续保持"生龙活虎"的状态并为其他国家和地区提供新的社会转型经验与养老模式，是本研究更为辽阔的一个分析视角。

一、泰国、新加坡和中国养老问题的特征比较分析

泰国、新加坡和中国同是亚洲国家，在政治、经济、文化、社会、生态等方面存

---

① 欧阳虹彬. 老龄化背景下养老机构配置——基于弹性城市理论视角 [M]. 北京：中国建筑工业出版社，2021.
② 张雪永，胡松，李芷皓. 中国年龄友好城市政策演进分析报告 [C] //西南交通大学国际老龄科学研究院. 中国大中城市健康老龄化指数报告（2021—2022）：聚焦年龄友好城市. 北京：社会科学文献出版社，2022.

在不少相似、共通之处，这三个国家在面对人口老龄化以及养老问题上也存在广阔的交流、合作空间。目前中国正处于深度转型期，本研究结合中国实际情况，试图找出中国同过去和现在的泰国、新加坡所面临的养老共性问题及其特征，以为分析三国养老模式的发展情况奠定研究基础。

（一）同属"儒家文化圈"

泰国、新加坡和中国都在广义的"儒家文化圈"范围之内，儒家文化作为三个国家重要的传统文化来源，在很大程度上塑造了各国的家庭养老与社会养老文化。三个国家的传统文化中都包含赡养父母、尊敬师长等丰富的孝道、长辈文化，其在家庭、社会生活中发挥着至关重要的作用。① 在家庭关系中，父母对子女要"慈"、子女对父母要"孝"是儒家文化的重要组成部分。浓厚的"家"文化非常重视家庭本位，强调家庭责任，因此鼓励老年人居家养老，儿女们在家养老，并认为家庭养老给老年人带来的心理抚慰等作用是任何其他养老方式不能取代的。②

（二）强国家和有为政府

世界各国长期实践表明，以国家为主导的养老服务体系最终会面临产业发展受限、社会养老力量不足、家庭养老功能透支、个人养老意愿薄弱等问题。因此，释放市场化养老活力与拓展社会化养老潜能是国家主导型养老服务模式转型升级的应有之义。泰国、新加坡和中国历来有强国家和有为政府的治理特征，而搭建一个具有持续性的养老服务模式离不开各国政府放开养老服务市场，激发社会养老动能。对于这三个国家而言，未来应对人口老龄化和养老问题的最可靠途径是在不断发展中逐步培育出强社会与有效市场，持续与强国家和有为政府进行联动，共同在提供养老政策、产品、服务上形成合力。

（三）"一老一小"问题严峻

泰国、新加坡和中国均不同程度地面临不婚主义、高龄少子化等带来的年龄结构失衡、劳动力人口短缺、社会保障负担过重等问题。结合这三个国家越来越多的"421""210"等小型化、核心化家庭结构来看，养老问题中的抚养比失衡、空巢率高企以及失独等现象越来越突出，空巢老人、独居老人、失独老人数量持续增长。此外，随着越来越多的女性进入职场，这三个国家家庭结构和功能的萎缩使得仅依靠家庭来

---

① 克里斯·贝克，帕素·蓬派吉. 泰国史 [M]. 3版. 北京：中国社会科学出版社，2023.
② 严志兰. "一带一路"沿线国家社会保障研究报告——养老模式篇 [C] // 汤兆云. 共建"一带一路"沿线国家社会保障研究报告2021. 北京：中国社会出版社，2022.

养老已成一种奢望。① 因此,政府和社会将养老和育儿进行有机结合,提供"一老一小"一体化养老托育服务是各国应对高龄少子化问题的应有之义。

(四) 养老服务设施数量激增

随着人口老龄化形势的日趋严峻,泰国、新加坡和中国的城市养老规划所共同面临的养老服务设施数量不足问题也日益凸显。三个国家目前的城市化水平已经处于高位状态,现在以及将来的大多数老年人需要在城市解决养老问题。三个国家的地方政府和社区需要在有限的城市用地场景中进行前瞻性的适老化设计与补充性的适老化改造,布局建设各类养老服务设施,以满足日益增加的养老服务设施数量需求。泰国房地产信息中心2024年的一项调查结果显示,泰国共有养老院916家,养老院的入住率均超过70%,尤其是在曼谷、春武里和清迈等地。② 截至2023年,新加坡拥有300多个各类养老服务设施,能够提供的床位数量达3万张,已经形成了十分完善的养老服务网络。截至2023年,中国各类养老机构和设施数量已达40万个,能够提供的床位数量为820.6万张③,各地正着力加强居家社区养老服务网络建设。

(五) 进一步发掘老年人劳动力

现阶段,泰国、新加坡和中国都致力于通过延迟退休等政策进一步发掘和利用老年人劳动力,以减轻各方养老负担。泰国目前的法定退休年龄为60岁,多年来受惠于低通胀率和良好的就业形势,60岁以上老年人的就业率接近四成,老年人工作年限得以延长。但需要注意的是,目前泰国老年人普遍从事的是劳动效率低、工作时间长、收入水平低的工作,从未来经济发展形势上看,泰国需要进一步促进老年人劳动技能和生产力的提升。新加坡近年来陆续对法定退休年龄进行调整,最新政策是将于2026年7月1日将法定退休年龄从现在的63岁提高到64岁,法定雇主返聘员工的年龄上限从现在的68岁提高到69岁。未来,我国也将适时出台渐进式延迟退休年龄政策。

人口老龄化是泰国、新加坡和中国进入现代化社会后不得不面对的"灰犀牛"事件,三个国家的老龄化现象虽显现较晚,但程度较深并令各方措手不及。无疑,这三个国家的养老模式都必须深植于本国具体历史文化、政治与行政管理体制、市场社会发展水平、城市化进程以及政策实践。新加坡作为发达国家,在应对人口老龄化与养老问题上已经做出不少行之有效的政策尝试,因而有必要对其经验进行及时总结。泰

---

① "社会力量参与养老服务供给研究"课题组. 社会力量参与养老服务供给研究——2022年老龄社会创新研究报告 [C] //易鹏,徐永光. 老龄社会发展报告 (2022):社会力量参与养老服务供给研究. 北京:社会科学文献出版社,2023.
② 央视财经. 泰国进入老龄化社会 养老院需求激增 [EB/OL]. (2024-12-11). https://healthnews.sohu.com/a/835543422_114960.
③ 中国政府网. 全国各类养老机构和设施总数达40万个 [EB/OL]. (2024-01-15). https://www.gov.cn/lianbo/bumen/202401/content_6925958.htm.

国作为发展中国家，在人口老龄化与养老问题上面临与中国相似的政策背景。下文将在介绍泰国、新加坡、中国台湾和中国香港养老模式发展经验的基础上，进一步结合新时期中国内地养老模式实践探索，为"一带一路"共建国家提供经验借鉴。

二、泰国养老模式发展的经验借鉴

泰国，国名泰王国，位于东南亚中南半岛中南部，总面积约51.3万平方千米，属热带季风气候，1996年被世界银行列为中等收入国家，目前是仅次于印度尼西亚的东南亚第二大经济体。泰国2023年总人口为6604.2万人，出生人口为51.8万人，总和生育率为1.05；0岁至17岁人口为1228.4万人，占总人口比重为18.6%；65岁以上老年人口为1076.5万人，占总人口比重为16.3%。泰国2023年国内生产总值为5124亿美元，人均国内生产总值为7312美元。泰国女性的平均预期寿命为81.0岁，男性为74.4岁。据统计，超过90%的泰国人口具有佛教信仰。

第一，多形式高负担的养老金体系。泰国经过几十年的制度建设，目前其养老金体系已大体上形成了基本保障型（覆盖所有符合条件的老年人）、政府保障型（政府和公务员共同出资）、三方联合保障型（雇主—雇员—政府共同出资）、企业自身保障型（覆盖私营企业雇员和国有企业雇员）、个人储蓄型（非强制性的储蓄养老计划）、个人养老投资型（参与养老投资项目）"六大支柱"养老金计划。①② 虽然泰国的养老保险制度看上去政策形式多样，但实际的覆盖范围并不广，社会保障水平也较低，近年来泰国出现了不少老年人因养老金不足、储蓄有限、收入低而导致生活陷入贫困的现象。根据2023年《全球养老金指数报告》，泰国养老金指数排名全世界第43位、亚洲第12位。从养老金制度可持续性角度看，泰国在劳动力人口规模持续下降等问题的影响下，养老金规模收窄、社保给付压力增大的趋势将不可避免。据估计，到2033年，泰国的养老金支出额占政府年度财政预算的比重将达到三分之一。③

第二，实行全民医疗保障支持政策。2001年1月，泰国政府提出"30泰铢治百病"口号，向全国民众承诺建立全民30泰铢医疗保险制度（简称"30泰铢计划"），成为全世界第一个实现全民医保的中等收入国家。2024年1月，泰国政府升级国家医疗保险系统，推出"30泰铢，全境医疗，仅需一张身份证"的医疗政策。④ 该政策将在泰国的4个府进行试点执行，在为国民提供更多就医便利的同时也提升了国民获得

---

① 张锡镇. 泰国人口老龄化问题与养老制度[J]. 东南亚纵横，2021（4）：5-15.
② 郭鹏，黄念. 泰国主权养老基金：发展历程与主要经验[J]. 经济研究参考，2019（16）：68-81.
③ 中华人民共和国驻宋卡总领事馆经贸之窗. 到2033年泰国养老金支出将增至1万亿铢[EB/OL].（2022-04-18）[2024-06-30]. http://songkhla.mofcom.gov.cn/article/jmxw/202204/20220403305823.shtml.
④ 全民"30泰铢包治百病"！一张身份证全境医疗大畅通！赛塔接手他信医疗政策！[EB/OL].（2024-01-10）[2024-06-23]. https://www.163.com/dy/article/IO34I88P055641S7.html.

廉价医疗服务的机会。① 从泰国21世纪以来的全民免费基本医疗服务实践情况来看，全民医疗保障支持政策凭借泰国充足、完善的医疗资源与设施，为包括农村老年人、城市贫困老年人在内的所有老年人群体提供了"老有所医"的免费基本医疗保障服务。

第三，养老相关产业规模初见成效。服务业一直以来都是泰国经济的支柱性产业之一，全方位医疗产业是泰国政府于2016年提出的"泰国4.0"战略中十大目标产业之一。全面进入老龄化社会为泰国养老产品和服务市场创造了前所未有的发展机遇，2022年泰国养老相关产业总交易规模高达1千亿泰铢。② 受惠于泰国公共卫生部允许小型养老院注册成为公司，截至2023年底，泰国从事老年人生活服务的企业超过14万家。③ 老年人医疗用品、辅助设备、保健品和护理市场需求旺盛。其中，家庭医疗保健服务业最近几年发展势头良好，泰国老年人对能够满足日常生活照顾需要的护理服务表现出较大的需求。

第四，搭建社区养老基本服务体系。泰国的养老服务模式以居家社区养老服务为主，辅之以机构养老服务和涉外养老服务。目前泰国绝大多数的老年人还是在家庭中由其配偶、子女、保姆或专业护理人员提供养老照护，泰国政府近年来通过在社区层面设立老年人服务中心等社区服务平台，将养老机构的一些医疗服务功能引入有困难和需要援助的老年人家庭之中，从而与家庭养老服务模式形成了良性互动。④ 高龄、患病、失能老年人历来是养老服务领域中的重点关怀对象，对家庭养老和社区养老都形成了严峻挑战。面对21世纪日益膨胀的高龄化养老服务需求，特别是针对高龄、患病、失能老年人，泰国于2009年提出"第二个国家老年人计划"，提出建设全国性质的社区长期护理体系。但从现阶段的进展来看，泰国社区长期护理体系仍处于推动老年社会卫生系统落地的初步建设阶段，医疗设备配置与操作、护理人员招聘与培训、服务标准认证与监管等工作滞后于社区长期护理体系发展的需要。⑤

第五，吸引国外老年人群定居养老。多年来，泰国温暖舒适的气候条件、山清水秀的自然环境、物美价廉的生活用品、和善友好的居住气氛以及性价比一流的医疗服务招徕了数量庞大的国外老年人来泰旅居养老，被誉为全球最佳退休国家之一。泰国政府瞄准国外老年人赴泰康养需求，通过提供长期签证、适老化公寓、疗养度假村等满足其养老需求。但不容忽视的是，泰国近年来不稳定的社会治安状况也对各国老年人的赴泰养老意愿产生了不利影响。

---

① 泰国6元全民医保福利再升级，凭身份证全国就医［EB/OL］.（2024-01-10）［2024-06-29］. https：//new.qq.com/rain/a/20240110A06ZBO00.
② 中华人民共和国商务部. 老龄化激发泰国老年人服务市场创业热潮［EB/OL］.（2023-01-09）［2024-06-23］. http：//th.mofcom.gov.cn/article/jmxw/202301/20230103378155.shtml.
③ 尚凯元，杨一，时元皓. 法国、泰国、智利推动银发经济发展——激发内需消费动能 改善老年群体生活（国际视点）［N］. 人民日报，2024-01-26（16）.
④ 张锡镇，刘嘉玲. 泰国养老服务体系的建设与探索［J］. 东南亚纵横，2022（4）：32-43.
⑤ 张锡镇，刘嘉玲. 泰国养老服务体系的建设与探索［J］. 东南亚纵横，2022（4）：32-43.

三、新加坡养老模式发展的经验借鉴

新加坡位于东南亚马来半岛南端，总面积约735.2平方千米，属热带海洋性气候，1995年被确定为发达国家。新加坡2023年全国总人口为591.8万人，总和生育率为1.0；0~19岁人口为117.8万人，占总人口比重为19.9%；65岁以上老年人口为113.0万人，占总人口比重为19.1%；80岁及以上老年人口为13.6万人，占总人口比重为2.3%。新加坡2023年国内生产总值为5013.1亿美元，人均国内生产总值为8.28万美元。新加坡女性的平均预期寿命为86.1岁，男性为80.0岁。

第一，自我储蓄与保障型养老金体系。根据2023年《全球养老金指数报告》，新加坡养老金指数排名全世界第7位、亚洲第1位。新加坡采取政府立法的形式为劳动者建立个人公积金账户，强制劳动者和雇主共同缴纳公积金。其中，公积金普通账户用于购买住房和保险等；公积金医疗储蓄账户用于支付本人及其直系亲属的医疗费用；公积金特别账户用于养老投资；当劳动者55岁时，普通账户和特别账户将会变为退休账户，作为养老金的主要来源。可见，这种完全积累型养老金模式非常强调依靠政府提供就业来保证个人公积金账户的良性运转。因此，新加坡非常注重老年人就业年限和劳动技能的提升，通过延迟退休与再雇佣年龄、消除就业歧视、加大技能培训等途径，增加老年人的持续工作机会和能力。

第二，家庭养老与社会养老协同发展。新加坡政府着力从个人、家庭、社会等多方面构建一整套养老支撑体系。新加坡居家社区养老是以家庭养老为核心展开的：在住房保障方面，建设"多代同堂"组屋，以减税、补贴等形式为老年人及其家属共同居住创造经济便利条件，实现"共居养老"；在设施建设方面，对住宅和社区进行适老化改造，打造老年友好住房，在组屋内部预留空间设置多层养老设施，实现"原居养老"；[①] 在项目运维方面，依托邻里组织、活动服务中心、日托中心等社区养老服务项目，组织医务人员、社会工作者与社会各界人士构建老龄社区服务网络；[②] 在服务提供方面，针对老年人日益频发的阿尔茨海默病、心血管病等慢性疾病问题以及失能失智现象，上门提供预防性医疗保健服务和长期护理性服务。

第三，完善老年友好城市与社区建设。新加坡注重从日常生活角度促进老年人的身心健康，并将其纳入城市与社区建设中。2015年，新加坡推出"成功老龄化行动计划"，提出从个人、社区和城市三个层面全面实施该计划。在个人层面改善健康状况，提升老年人生活质量。在社区层面加强交流联系，通过建设公共绿地、乐龄活动中心等，营造社区共享空间，加强各年龄层居民之间的交流和联系。在城市层面增加社会

---

① 陈云凤，李玲玲，王才强.新加坡社区"原居安老"支持性环境的构建、分析及启示[J].上海城市规划，2022（2）：141-147.
② 严志兰."一带一路"国家社会保障研究报告——养老模式篇[C]//汤兆云.共建"一带一路"沿线国家社会保障研究报告2021.北京：中国社会出版社，2022.

支持，鼓励老年人以便捷化、低成本的公共交通方式出行，并在老年人日常出行线路上融入各种无障碍、安全性设计，将新加坡打造成为一个老龄友好城市。

四、中国养老模式的实践探索

（一）中国台湾养老模式的实践探索

台湾位于中国东南沿海的大陆架上，总面积约3.6万平方千米，属亚热带季风气候、热带季风气候，1990年成为发达经济体。台湾2023年总人口为2342.4万人，总和生育率不足1.0，自然人口已连续4年负增长；0～14岁人口约为278.7万人，占总人口比重为11.9%；65岁以上老年人口为430.0万人，占总人口比重为18.4%。台湾2023年本地生产总值为23.57万亿新台币，人均本地生产总值为3.2万美元。台湾女性的平均预期寿命为83.3岁，男性为76.6岁。

第一，全面而基本的老年人福利制度。根据2023年《全球养老金指数报告》，中国台湾养老金指数排名全世界第39位、亚洲第9位。1995年，台湾地区开始实行全民健康保险制度，并将多种医疗补贴和商业保险纳入统一的保险体系。[①] 2008年，台湾地区开始实行年金制度，规定25～64岁的非职业群体强制每月缴纳一定标准的保险金，待缴纳人年满65岁就可以按照相关给付标准领取基础保障年金。值得注意的是，年金制度虽然在推行初期取得了一定的成效，但近年来由于保费收缴率不高、收支不平衡、职业不对等，要求对其进行改革的呼声一直存在。

第二，多方支持的长期照顾服务体系。2007年，台湾地区启动"长期照顾十年计划"，为失能者个人及其家庭提供照顾服务，并在后续发展中形成了一套较为全面的长期照顾服务体系。台湾地区的长期照顾服务体系配合"在地老化"、福利社区化、服务费用补贴等一系列政策取得了很好的效果。其中，居家照顾服务包括居家设施适老化改造、助餐、医疗护理、心理支持等服务内容；社区照顾服务包括日间托老、团体关怀、康复健身、预防性照顾等服务内容；家庭照顾者支持服务包括照顾技能培训、喘息服务、情绪支持等服务内容。[②]

第三，推进老年友好城市与社区建设。在世界卫生组织的有关倡议之下，台湾地区从2010年开始就推动建设老年友好城市，经过多年建设和发展，台湾地区成为全世界老年友好型城市密度较高的地区。台湾地区的老年友好型城市以高龄老年人的各项需求为规划建设核心，通过适老化改造、无障碍设计、志愿服务等途径塑造

[①] 徐昊楠. 两岸养老政策的比较分析——以台湾与福建省为例[J]. 黑龙江科学，2016（16）：148-152.

[②] 张承惠，郭巍，田甜，等. 台湾地区健康养老产业发展的经验及建议[J]. 发展研究，2017（5）：14-18.

具有高度包容性和可及性的城市与社区安居、亲老、畅行环境，提升高龄老年人的身心健康水平。①

第四，两岸在养老服务领域合作加深。台湾地区在养老服务运营模式、管理经验、产品技术开发、人力资源培育等方面发展迅速，并在老龄科学临床实践研究上处于国际领先地位，大陆和台湾地区在应对人口老龄化问题上存在广阔的合作空间。② 从中央到地方，大陆已出台不少相关政策，鼓励台湾地区企业、个人来大陆开展养老产业合作。大陆不少地方已和台湾地区企业、团体或个人在养老服务领域进行接洽与交流，特别是闽台地区在养老产业实践上密切合作，已取得不少成绩。

（二）中国香港养老模式的实践探索

香港位于中国南部，陆地总面积约1106.34平方千米，属亚热带季风气候，是全世界人口密度较高的城市之一，1997年成为发达经济体。香港2023年总人口为750.3万人，总和生育率为0.8，自然人口已连续4年负增长；0~15岁人口约为82.5万人，占总人口比重为11.0%；65岁以上老年人口为157.6万人，占总人口比重为21.0%。香港2023年本地生产总值为28566.5亿港元，人均本地生产总值为5.1万美元。香港女性的平均预期寿命为88.7岁，男性为83.0岁。

第一，强制个人积累型公积金养老保障。根据2023年《全球养老金指数报告》，中国香港养老金指数排名全世界第21位、亚洲第3位。香港学习新加坡的个人公积金账户强制储蓄实践，同样要求劳动者和雇主共同缴纳公积金，为劳动者提供退休养老保障，但并未形成全民养老金制度。因此，香港鼓励老年人积极就业，以减轻社会福利对经济发展的压力。对于一些特困、高龄老年人，香港通过"综合援助金"项目、高龄津贴计划提供经过资格审查之后的经济援助。③ 相较而言，香港的养老保险制度、退休保障制度还有很大的提升空间，个人强制积累型养老金的覆盖面仍较窄，风险可控性较弱。

第二，保障老年人的基本公共住房需要。家庭和公共房屋一直是香港老年人安度晚年的重要依靠。1970年至2000年，香港特区政府采取为老年人及其家庭提供一定数量的长者房屋及配套住宅服务的政策举措来保障老年人健康生活需要，2000年后变更为对房屋建筑进行全年龄层的通用化设计，以鼓励年轻世代更多地与老年人生活在一起。④ 此外，香港的养老地产周边配套建设了长者地区中心、长者邻舍中心等设施，能够提供综合性的社区及居家养老照顾服务。

第三，提供全面多样的居家社区养老服务。香港倡导老年人在地安老，力图通过

---

① 谢楠. 台湾年龄友好城市建设经验及主要特色——以台湾嘉义市为例［J］. 老龄科学研究，2017（10）：24-32.
② 严志兰. 城市社会养老服务递送：基于福建的田野调查［M］. 北京：社会科学文献出版社，2021.
③ 黎熙元，严丽君. 从港式自由主义到港式福利主义：回归后香港福利模式的转变［J］. 当代港澳研究，2018（4）：149-167.
④ 臧鹏. 适老性研究与实例解析——以香港社区为例［M］. 北京：中国建筑工业出版社，2022.

多项政策措施将老年人及其家庭成员与所在社区紧密地联系起来。香港特区政府社会福利署出台的"长者社区照顾服务券试验计划"以社区券的形式为老年人提供能够满足其基本生活需要的日间护理中心服务和家居照顾服务，给予老年人及其同住家人一定的政府资助、服务选择以及评价权利；社会福利署出台的"改善家居及社区照顾服务/综合家居照顾服务（体弱个案）"主要为经过评估的适合接受社区照顾服务的体弱老年人，提供社区照顾及各项支援服务，以帮助他们尽可能地继续居家养老。

第四，鼓励老年人出行和积极融入社会。香港老年人倾向于通过公共交通出行，为方便老年人出行，香港对各类公共交通设施进行了无障碍化设计，对老年人实行公共交通票价优惠，以尽可能地满足老年人的出行需求。香港老年人在出行过程中获得了很高的社会包容性，其生活质量也得到极大的提高。

第五，北上"跨境养老"形式已然流行。近年来，随着两地交往的日渐频繁，特别是粤港澳大湾区一体化发展的持续深入，越来越多的香港地区老年人选择在退休之后来到广东、福建等内地省份养老。香港特区政府为有效缓解本地日益突出的养老压力，也积极加强与内地的合作，通过进一步调整老年人补贴、医疗等相关政策，推动香港老年人到广东、福建等内地省份养老。①

（三）新时期中国内地养老模式的实践探索

面对日益膨胀的养老服务需求，如何有效提升各方面的养老服务供给能力对于内地而言既是挑战也是机遇。近年来，中央政府将养老事业与养老产业并举，培育、发展养老市场、企业与社会力量，从上到下推动各类养老服务设施建设，已取得不错的进展。各省级政府逐渐从养老服务的生产者转变为治理者，通过引入民间资本、社会力量从事养老服务生产，以服务外包的形式促进养老市场与养老产业的发展，不仅丰富了养老服务的类型与内容，还减轻了中央和地方政府的财政压力。

第一，落实各项养老服务利好政策措施。近年来，中央围绕"9073"养老模式和"15分钟养老服务圈"布局规划，不断出台各项养老服务利好政策，地方也在结合自身实际对相关政策进行细化执行。从中央和地方养老政策供给内容角度看，在出行方面，各类城市更新、社区改造政策强调适老化导向，如老旧小区加装电梯、设计防滑坡道，方便老年人出行；在设施方面，鼓励物业、家政等企业以及社会力量通过公建民营、公办民营等形式运营老年公寓、日间照料中心、老年活动之家等养老服务设施，构建"15分钟养老服务圈"；在服务方面，向失能、半失能、特别困难老年人提供呼叫、助餐、助洁等各类生活照料上门服务，构建兜底保障养老服务网络。

第二，养老服务产业市场规模快速壮大。养老服务产业兼具劳动人员密集、中高技术投入的双重特征，产业链上游涉及技术创新和人才培养，中游涉及养老服务机构、企业、服务商规模发展，下游涉及老年人养老服务需求状况。② 一方面，养老服务产

---

① 王培裴. 港人跨境养老存在问题及应对方式研究 [J]. 国际公关，2023（17）：89-91.
② 严志兰. 城市社会养老服务递送：基于福建的田野调查 [M]. 北京：社会科学文献出版社，2021.

业和市场对减轻家庭负担、解决就业、经济转型升级具有一定的促进作用；另一方面，养老服务企业可以满足老年人专业化、多样化、特色化的养老服务需求。因此，中央和地方政府积极推动民间社会资本参与养老服务业发展，扶持各类民办养老服务机构建设，促进智慧健康养老产品及服务的推广应用。

第三，社会力量广泛参与养老服务供给。近年来，社会力量作为各类养老服务的提供者开始发挥越来越重要的主体性作用。其中，社会组织一般以民办非企业的形式注册，大多通过承接政府外包项目、经营养老机构的形式提供各类养老服务。此外，不少以慈善、尊老、爱老、孝道为公共价值观的社会企业也积极投身到养老服务领域，充分利用其自身商业性与社会性特点，进一步丰富了养老服务产品供给。最近几年，各类社区服务机构和设施在全国各地得到快速发展，提供了更为贴近老年人日常需求的居家社区养老服务。在各种社会力量的加持下，截至2023年末，内地养老机构数量已达4.1万个，能够提供820.1万张养老服务床位。

第四，养老服务从业人员队伍日益壮大。目前，各地普遍存在养老服务相关从业人员严重不足的问题。在志愿服务方面，近年来时间银行概念及其实践在养老中的作用被越来越多的学者、地方政府与从业人士所重视，被认为是提升养老服务人员供给能力的一大创新举措。[①] 通过建设志愿服务时间银行体系，为养老公益服务积累志愿时间，有力缓解了社会养老服务劳动力短缺的难题。在专业服务方面，康复护理人才、养老服务人才、生活服务业人才的培养体系日趋完善，康复护理、生活照料类服务业等用工市场逐渐活跃起来。[②] 在社会组织建设方面，各地通过建立孵化基地、设立公益创投项目等方式，培育和发展了一批数量可观的养老服务社会组织。[③]

第五，逐步推进社区和居家适老化改造。现阶段，城镇社区适老化改造已被摆在地方政府的政策议程之中，并在公厕改造、老旧小区加装电梯、养老和助餐设施建设等方面取得显著成效。相对而言，居家适老化改造目前仍主要集中在上海、北京、杭州、武汉等一二线有条件的城市。例如，上海市在试点街道为老年人上门安装防滑垫、安全防护装置和智能家居类用品。社区和居家适老化改造对于提升城镇居家社区和居家养老功能，满足老年人基本养老服务需求，培育养老服务产品、产业与市场具有重要意义。"十四五"期间，社区周边环境适老化改造同步进行，着力在改善老年人出行环境方面进行相应的建设与改造工作。到"十四五"末，内地将建成5000个示范性城乡老年友好型社区。

第六，智慧养老释放各方养老供给能力。养老服务智慧化是中国养老服务业发展的必由之路，一方面能有效缓解全国日益突出的养老服务专业队伍劳动力不足的难题，另一方面对于全面提升养老服务供给质量也大有用处。[④] 最近几年，各地方政府

---

① 魏娜，魏培晔. 审视时间银行的三重基本争论：理论反思与实践启示 [J]. 中国行政管理，2023 (6)：82-89.
② 黄石松. 积极应对人口老龄化：北京探索与国际借鉴 [M]. 北京：中国人民大学出版社，2023.
③ 严志兰. 城市社会养老服务递送：基于福建的田野调查 [M]. 北京：社会科学文献出版社，2021.
④ 青连斌，江丹. 中国养老服务发展报告（2023）[M]. 北京：中国劳动社会保障出版社，2023.

开始在智慧养老方面进行布局。在养老服务政府供给端，不少地方政府已经在辖区内建立起社会养老服务设施智慧应用平台，提供社会养老整体解决方案，有需要的老年人及其家庭成员可以在平台上查询与申请到经过精准布局后的养老服务解决方案。在养老服务组织管理端，已有企业和社会组织开始利用区块链等技术工具与手段，构建社区养老服务信息管理系统，进行"互联网＋适老化"实践，实现网络空间与物理空间的高效融合。

第七，优化养老财富储备总量和结构。根据2023年《全球养老金指数报告》，中国内地养老金指数排名全世界第35位、亚洲第8位。为促进社保基金的可持续性，2017年国务院印发《划转部分国有资本充实社保基金实施方案》，以减轻日益增大的基本养老保险金支付压力。为促进养老资金来源多样化，2018年财政部等多部门联合发布《关于开展个人税收递延型商业养老保险试点的通知》，提出在基本养老保险的基础上，积极实施商业养老保险试点、个人储蓄养老计划。未来，中央和地方政府需要进一步推动养老金融发展，提高养老金保值增值能力。

五、中国内地养老模式的已有不足与当前任务

（一）中国内地养老模式的已有不足

相较于泰国、新加坡、中国台湾和中国香港，中国内地养老模式的主要不足如下：

第一，各地养老服务发展很不均衡，东、中、西部之间，城乡之间亟待通过体制改革、市场对接、经验共享来缩小差距。中国幅员辽阔，各地经济发展水平、人口数量差异明显，面临的养老压力也各不相同。中、西部的养老服务产品不充分、供求关系不平衡等问题比东部更为严重，乡村比城市更为严重。而且上述养老非均衡性问题很难通过各地方或城乡自身予以化解，必须通过国家层面的统筹规划来全盘设计养老服务政策体系，形成全国养老统一大市场。

第二，需要尽快扶植一批养老服务企业和社会组织向品牌化、连锁化、智能化方向发展，形成养老服务产业集群。这主要表现为当前养老服务市场化、民营化、专业化程度仍有待增强，养老服务企业和社会组织需要进一步提升自身的"造血"能力以及承接政府养老服务外包项目的运维能力。目前社会组织开展养老服务多以承接政府外包项目的形式进行，导致社会组织资金来源单一，一旦地方养老经费紧张就很容易成为掣肘社会组织生存与发展的关键因素。此外，养老服务企业和社会组织之间需要双向探索合作共赢路径，资本投入比例高、创新力度大的养老服务领域可由企业接手运作，而劳动投入比例高、关怀需求大的养老服务领域可由社会组织接手运作，二者之间通过合理分工、有效对接，可以全面增加养老服务的广度与深度。

第三，各地养老服务以生活类社会互助服务为主，老年护理服务缺口较大，技术类养老服务亟待发展突破。[1] 助餐、助浴等生活类社会互助服务门槛较低，通过政策倾斜、体制机制创新等手段，能够较为容易地推动其发展。而具有较强专业性的临终关怀、失能失智人群护理等老年护理服务则不易在短时间形成规模。这是因为，一方面，与养老服务发展较为成熟的国家和地区相比，中国内地管理人才、护理师、社会工作者等相关从业人员普遍短缺，在管理和服务上尚未形成一套标准化的运营体系；另一方面，具备相关专业技术能力的养老服务机构辐射居家社区养老服务不足，导致居家上门专业养老服务发育欠缺，无法在机构养老与居家社区养老之间形成良性互动。[2]

第四，随着老年人数量和比例的进一步增加，以及出生人口和劳动力规模的逐渐缩小，养老金缺口将日益增大。与欧美发达国家的养老基金总体规模和个人份额相比，中国内地养老基金总体规模不够大、个人份额更少。以新加坡为代表的就业支撑型、自我保障式的养老金筹措理念有利于整体上控制老年人的福利水平，确保政府能有充足的财政资金用于经济发展，使得养老保障与经济发展之间能形成良性互动，具有一定的可取之处。当前中国正处于从发展中大国迈向社会主义现代化强国的关键时期，香港、台湾早已成为发达经济体，北上广深等城市的人均本地生产总值也已经达到发达国家水平。中国内地现在亟须牢牢把握住第二次人口红利期，在全面老龄化社会到来之前，稳增长、促改革、调结构、惠民生，深入挖掘老年人力资源，开发提升老年人力资本，为经济增长注入新动能。

（二）中国内地养老模式的当前任务

相较于泰国、新加坡、中国台湾和中国香港，中国内地在应对人口老龄化和养老问题上拥有独特的体制优势，一直以来坚持养老事业和养老产业的协同发展，既强调养老事业的公益性、慈善性、兜底性，也强调养老产业的市场性、营利性、竞争性。[3] 现在，中央和地方各级政府需要在一些重大问题领域进行突破，尽快形成一整套适合当前国情社情以及未来发展需要的养老服务模式。

第一，中央和地方共同建设基本养老服务体系，为养老服务发展打好基础。《中华人民共和国国民经济和社会发展第十四个五年规划和2035年远景目标纲要》第四十五章"实施积极应对人口老龄化国家战略"，提出"大力发展普惠型养老服务，支持家庭承担养老功能，构建居家社区机构相协调、医养康养相结合的养老服务体系"。《"十四

---

[1] "社会力量参与养老服务供给研究"课题组. 社会力量参与养老服务供给研究——2022年老龄社会创新研究报告［C］//易鹏, 徐永光. 老龄社会发展报告（2022）：社会力量参与养老服务供给研究. 北京：社会科学文献出版社，2023.
[2] 黄石松. 积极应对人口老龄化：北京探索与国际借鉴［M］. 北京：中国人民大学出版社，2023.
[3] 严志兰. 城市社会养老服务递送：基于福建的田野调查［M］. 北京：社会科学文献出版社，2021.

五"国家老龄事业发展和养老服务体系规划》也提出要建立基本养老服务清单制度。2023年5月，中共中央办公厅、国务院办公厅印发《关于推进基本养老服务体系建设的意见》，更是提出将重点聚焦老年人的失能、残疾、无人照料等基本养老服务需求，为个人和家庭减轻养老负担。① 因此，目前各地正着力"在县（市、区）、乡镇（街道）层面发展具备全日托养、日间照料、上门服务、区域协调指导等综合功能的区域养老服务中心"，以形成集中管理运营的社区养老服务网络。② 现阶段，各地已在县（市、区）、乡镇（街道）层面初步构建起基本养老服务模式的雏形。

第二，各地逐渐探索和总结出适应本地实际情况的养老服务经验和模式。尽管全国各地在养老服务发展程度上不尽相同，但从养老服务模式的整体发展演变逻辑角度看，中国养老服务正在从过去主要依靠家庭和政府单一主体的供给模式，逐步转向由家庭、社会、市场和政府等多方主体协同合作的供给模式。例如，2018年北京市出台《北京市社区养老服务驿站运营扶持办法》（2021年修订），将社区养老服务驿站作为居家社区养老服务体系中离社区老年人最近的一环，截至2021年底已累计建成运营1000余家，为社区老年人提供集助餐、康复、日常监测于一体的全需求服务，打造出"广覆盖、贴需求、惠民众、可触及"的社区养老服务网络。③ 但与此同时，北京市在推进社区养老服务驿站的过程中也遇到了一些难题，例如养老机构将服务延伸到居家社区的积极性并不高，不少社区养老服务驿站难以持续性运营，家庭养老功能也在弱化。④ 因此，全国各地在高效推进养老社会化的同时，也要根据自身发展实际，注意厘清和配置好政府、企业、社会组织乃至家庭与个人的养老责任和功能，以免出现养老服务模式脱离实际、难以持续的问题。

第三，通过社区、社会组织和社会工作"三社联动"，带动居家社区养老领域的发展。对于中国这样一个人口规模巨大的发展中国家而言，居家社区养老是各地所能依仗的最主要的养老方式。而居家社区养老的运营需要投入大量场所、组织资源和劳动力，因此离不开社区、社会组织和社会工作者的共同参与。可以说，社区、社会组织和社会工作"三社联动"是构建与运营养老服务合作化供给网络的核心力量，决定了居家社区养老服务的范围与质量。各地目前的居家社区养老实践中，不少社区已经通过网格化管理方式，和社会组织、社会工作者合作，不仅可以为家庭照料者提供养老技能培训，而且可以在适当时间为家庭照料者提供喘息服务，实现了居家社区养老模式的三方互动效果。

---

① 青连斌，江丹. 中国养老服务发展报告（2023）[M]. 北京：中国劳动社会保障出版社，2023.
② 李昌禹. 全国各类养老机构和设施总数达40万个[N]. 人民日报，2024-01-15（04）.
③ 贺勇. 社区养老驿站提供暖心服务（体验·新时代·追梦人·"急难愁盼这样解决"）[N]. 人民日报，2022-03-18（19）.
④ 黄石松. 积极应对人口老龄化：北京探索与国际借鉴[M]. 北京：中国人民大学出版社，2023.

六、为中国和"一带一路"共建国家提供经验借鉴

从全球来看，在低生育率和高预期寿命的持续加持下，世界各主要经济体正共同面临由年轻社会向老龄社会转型的历史未有之大变局。① 中国的老龄化社会发展态势规模大、时间急、任务重，但同时又很不均衡。在学习和对标泰国与新加坡养老模式的基础上，结合中国养老模式探索和实践经验，从而发展出具有中国特色的养老理论体系与话语体系，对于"一带一路"共建国家今后应对人口老龄化问题大有裨益。② 相较而言，中国的养老经验和养老模式对于俄罗斯、匈牙利、越南、马来西亚、柬埔寨、伊朗、委内瑞拉等具有强政府传统的国家具有很好的借鉴意义。

中国作为深度老龄化国家，在"一带一路"倡议之下，推动建立健全各国共同应对人口老龄化的双边或多边合作机制，举办国际老龄论坛、老年人用品用具产品展览与交易博览会等活动，有利于加强各国间政策交流、技术合作、产业互惠，在更深层面讲好中国故事，提供中国方案。③ 现在以及不久的未来，中国和"一带一路"共建国家在共同应对老龄化问题上，大体存在两条前后联系的学习交流路线：第一条学习交流路线起自泰国、新加坡、中国台湾和中国香港，向中国内地沿海一二线城市延伸，促进中国东部地区养老服务发展；第二条学习交流路线由中国东部沿海地区向中西部内陆地区延伸并向陆上周边国家辐射，促进中国中西部养老服务发展。总的来说，中国和"一带一路"共建国家可借鉴的经验如下：

（一）提前进行养老模式布局建设

首先，各国政府要在理念上重视养老工作的紧迫性与复杂性，新增用地和新建居住区必须配建一定比例的养老服务设施，以避免因土地资源紧缺、房价和房租过高而产生的养老服务设施供给不足问题。其次，深入推进老年友好城市和社区建设，对已建成的城市和社区公共服务设施进行适老化改造、无障碍化设计，因地制宜地推进老旧小区加装电梯等助老活动落到实处。

（二）注意老龄女性养老需求问题

结合"一带一路"共建国家人口老龄化实际情况，老龄女性特别是高龄女性群体需要来自家庭和社会各界的广泛支持。在各国现实环境中，长期存在的性别歧视、年

---

① 易鹏，梁春晓.老龄社会研究报告（2019）——大转折：从年轻社会到老龄社会［M］.北京：社会科学文献出版社，2019.
② 杨一帆，潘君豪，王卉.老龄科学研究跨学科十大议题［C］//西南交通大学国际老龄科学研究院.中国大中城市健康老龄化指数报告（2021—2022）：聚焦年龄友好城市.北京：社会科学文献出版社，2022.
③ 黄石松.积极应对人口老龄化：北京探索与国际借鉴［M］.北京：中国人民大学出版社，2023.

龄歧视现象所导致的老年女性就业不足问题一直未受到普遍重视，并且老年女性在很多情况下还不得不为家庭和社会提供大量的无偿或低偿照料服务，这就造成老年女性面临较高的贫困风险以及身心俱疲的健康困境，并且这一状况很可能会随着其年龄增长而进一步恶化。①

（三）挖掘"银发经济"发展潜力

对于"一带一路"共建国家而言，发展"银发经济"是保持经济增长潜力的重要动力。因此，在发挥家庭、社区和机构养老作用的基础上，进一步挖掘老年人力资本，为老年人提供和谐、稳定的就业环境与就业保障，是有效发展"银发经济"的必由之路。② 此外，在长寿社会背景下，"银发产业"是朝阳产业与黄金增长点。"一带一路"共建国家要积极融入全球"银发产业"链分工中去，开发与利用好国际"银发市场"资源。例如，泰国、新加坡等在老龄产品和服务上已形成产业、技术与人才优势，其他共建国家可广泛与其开展交流与合作，全面提升本国在国际"银发市场"的影响力。

（四）借助"智慧养老"改善服务

借助"智慧养老"改善服务，全面提高机构、社区和居家养老服务的信息化、数字化与智能化水平。一方面，发达国家和地区可以在互联网、物联网、人工智能、先进材料发展的基础上，开发一系列智慧养老技术和工具，以减轻养老服务人员需求压力，降低养老服务产品价格，提升整个养老服务行业的劳动生产率与产品质量；另一方面，欠发达国家和地区可以从泰国、新加坡、中国积极引进包括自动呼叫设备、健康检测设备、智能可穿戴设备、互联网健康咨询在内的一系列智慧健康养老产品和服务。

（五）加强社工和志愿者队伍建设

充分发挥社会组织和社会工作者在养老服务中不可替代的作用和优势，引导更多的中青年群体参与养老服务志愿工作。国际和各国红十字会拥有专业的医疗卫生服务能力与丰富的社会志愿服务资源，因此各地红十字会可考虑将自身的专业能力和队伍资源投入养老服务人才培养中，以缓解养老服务社工与志愿者普遍短缺的问题。③ 各国在重视物质养老的同时，也要兼顾文化养老的重要性。

---

① 黄石松．积极应对人口老龄化：北京探索与国际借鉴［M］．北京：中国人民大学出版社，2023．
② 黎熙元，严丽君．从港式自由主义到港式福利主义：回归后香港福利模式的转变［J］．当代港澳研究，2018（4）：149-167．
③ 严志兰．城市社会养老服务递送：基于福建的田野调查［M］．北京：社会科学文献出版社，2021．

(六) 探索多种养老保险制度建设

各国可以研究推行个人强制性储蓄型养老金制度，配合采取延迟退休政策、灵活退休政策。在传统养老保险制度、医疗保险制度之外，探索介护保险、长期护理保险等保险制度建设。① 在严格控制风险的基础上，试点"以房养老""以租养老"的养老金融形式，帮助老年人利用房产价值获取一定的养老资金。

— 参考文献 —

[1] 陈云凤，李玲玲，王才强．新加坡社区"原居安老"支持性环境的构建、分析及启示 [J]．上海城市规划，2022（2）：141-147．

[2] 郭鹏，黄念．泰国主权养老基金：发展历程与主要经验 [J]．经济研究参考，2019（16）：68-81．

[3] 黄石松．积极应对人口老龄化：北京探索与国际借鉴 [M]．北京：中国人民大学出版社，2023．

[4] 克里斯·贝克，帕素·蓬派吉．泰国史 [M]．3版．北京：中国社会科学出版社，2023．

[5] 黎熙元，严丽君．从港式自由主义到港式福利主义：回归后香港福利模式的转变 [J]．当代港澳研究，2018（4）：149-167．

[6] 欧阳虹彬．老龄化背景下养老机构配置——基于弹性城市理论视角 [M]．北京：中国建筑工业出版社，2021．

[7] 王培裴．港人跨境养老存在问题及应对方式研究 [J]．国际公关，2023（17）：89-91．

[8] 魏娜，魏培晔．审视时间银行的三重基本争论：理论反思与实践启示 [J]．中国行政管理，2023（6）：82-89．

[9] 谢楠．台湾年龄友好城市建设经验及主要特色——以台湾嘉义市为例 [J]．老龄科学研究，2017（10）：24-32．

[10] 徐昊楠．两岸养老政策的比较分析——以台湾与福建省为例 [J]．黑龙江科学，2016（16）：148-152．

[11] 严志兰．城市社会养老服务递送：基于福建的田野调查 [M]．北京：社会科学文献出版社，2021．

[12] 臧鹏．适老性研究与实例解析——以香港社区为例 [M]．北京：中国建筑工业出版社，2022．

---

① 罗鹏，陈蕾蕾，雷凤琴，等．老年友好介护服务：日本多类型设施体系 [C] //西南交通大学国际老龄科学研究院．中国大中城市健康老龄化指数报告（2021—2022）：聚焦年龄友好城市．北京：社会科学文献出版社，2022．

[13] 张承惠,郭巍,田甜,等. 台湾地区健康养老产业发展的经验及建议 [J]. 发展研究,2017（5）：14-18.

[14] 张锡镇. 泰国人口老龄化问题与养老制度 [J]. 东南亚纵横,2021（4）：5-15.

[15] 张锡镇,刘嘉玲. 泰国养老服务体系的建设与探索 [J]. 东南亚纵横,2022（4）：32-43.

"一带一路"共建国家卫生保障系列

新加坡、马来西亚基本公共卫生服务的管理及其改革

汤兆云　陈万铭

[摘　要] 在"一带一路"建设中,公共卫生服务是重要内容之一。因此,"一带一路"共建国家应建立健全基本公共卫生服务体系。新加坡的基本公共卫生服务建设始于 20 世纪 60 年代,随着公共卫生系统的不断发展壮大,逐渐形成了由政府主导、社区、私营部门和非政府组织等多方参与的格局。马来西亚基本公共卫生服务由政府主导,公立与私立体系并存,为居民提供广泛覆盖的初级保健、预防免疫及专科医疗服务。两国经验表明,建立健全的基本公共卫生服务体系对于提升国民健康水平和推动社会经济发展具有积极作用,两国经验为"一带一路"共建国家提供了有益的借鉴。

[关键词] "一带一路"建设;基本公共卫生服务;新加坡;马来西亚

"一带一路"是"丝绸之路经济带"和"21 世纪海上丝绸之路"的简称,2013 年 9 月和 10 月中国国家主席习近平分别提出建设"新丝绸之路经济带"和"21 世纪海上丝绸之路"的合作倡议。依靠中国与有关国家既有的双边和多边机制,借助既有的、行之有效的区域合作平台,"一带一路"倡议旨在借用古代丝绸之路的历史符号,高举和平发展的旗帜,积极发展与合作伙伴的经济合作关系,共同打造政治互信、经济融合、文化包容的利益共同体、命运共同体和责任共同体。2013—2022 年,中国与"一带一路"共建国家进出口总额累计达 19.1 万亿美元,年均增长 6.4%;与共建国家双向投资累计超过 3800 亿美元,其中中国对外直接投资超过 2400 亿美元。截至 2023 年 6 月底,中国与 152 个国家、32 个国际组织签署了 200 多份共建"一带一路"合作文件。在国家基本公共卫生服务的建设方面,"一带一路"共建国家可能存在医疗卫生资源分配不均、阻碍减贫事业、影响经济发展等问题,从而导致某些疾病的防治工作难以有效开展且劳动力素质较低,间接影响了"一带一路"建设的进程和效果。

作者简介:汤兆云,华侨大学政治与公共管理学院教授、博士生导师,研究方向为社会保障、公共政策;陈万铭,华侨大学政治与公共管理学院硕士研究生,研究方向为社会保障、公共政策。

受不同国家经济、社会和文化等因素的影响，各国医疗卫生资源的分布存在较大的差异。一些国家在医疗服务、疾病预防控制等方面拥有较为丰富的资源和经验，而另一些国家则可能相对匮乏。"一带一路"共建国家的医疗卫生状况直接影响着经济的发展潜力，如果一个国家或地区的医疗卫生条件较差、劳动力素质较低，其经济发展也会受到一定程度的制约。同时，随着全球化的深入发展，"一带一路"共建国家面临的健康风险也在不断增加。例如，传染病、慢性病等疾病的传播可能会对参与"一带一路"建设的劳动者和相关人员的身体健康造成威胁。因此，改善医疗卫生条件和提高劳动力素质是推动经济发展的重要途径。本研究介绍新加坡和马来西亚基本公共卫生服务项目中健康教育、慢性病的管理及其改革，以及传染病及突发公共卫生事件的报告和处理。

一、新加坡、马来西亚基本公共卫生服务概况

新加坡和马来西亚都是中国重要的合作伙伴，共同致力于推动地区及全球的经济和社会发展。2017年，中国分别与新加坡、马来西亚签署关于共同推进"一带一路"建设的谅解备忘录，标志着两国在支持并参与"一带一路"建设方面与中国达成了官方协议。在公共卫生领域，中国与新加坡的合作不断深入，双方在健康教育、慢性病患者健康管理等诸多方面开展了广泛的合作与交流。例如，新加坡健康促进委员会为中国健康教育代表团提供培训和指导，与医务人员进行医疗技术交流等。同样，中国与马来西亚在传染病防控方面的紧密合作也取得了显著成效，涵盖了政策对话、技术交流、资源共享等多个层面，通过这些合作，双方可以共同应对突发公共卫生事件，保障公众的健康和安全。

(一) 新加坡基本公共卫生服务概况

新加坡是一个面积只有735.2平方千米的国家，但拥有世界上先进的公共卫生服务体系，这得益于政府长期以来对公共卫生领域的重视和投入。1965年新加坡独立之初，政府就开始着手建立公共卫生体系，通过完善医疗设施、提高医疗水平和推行健康教育等措施，大大改善了国民的健康水平。公共卫生服务体系经历了从建立到发展的漫长过程，政府在不同时期关注不同的公共卫生问题，并采取相应的措施加以解决。在这个过程中，政府的投入和管理起着决定性作用，确保了公共卫生事业的顺利发展。新加坡基本公共卫生服务具有全民覆盖、预防为主、优质高效等鲜明特点，可将其概括为以下几个方面来介绍。

1. 全民医保体系

新加坡政府实施了全民医保体系，即基本医疗保险计划（MediShield Life）和保健基金计划（Medifund），以确保所有新加坡公民和永久居民都能获得必要的医疗服

务。基本医疗保险计划旨在为民众提供基本的住院和特定门诊治疗保障,而保健基金计划旨在为无法承担医疗费用的低收入人群提供援助。

2. 广泛的预防保健措施

新加坡政府重视预防保健,投入大量资源开展健康教育、慢性病管理、预防接种等预防工作。政府还通过社区健康中心和学校保健服务部门等,为民众提供便捷的健康检查和咨询服务,及时发现并控制疾病的发生。

3. 优质的医疗服务网络

新加坡的医疗服务主要由三方提供:政府创办的国有医疗机构(Public)、私有资本投资的营利性医疗机构(Private)和社会福利团体资助的公益性医疗机构(People),简称"3P"模式。[①] 在这种模式下,公益性医疗机构主要分布在护理院或养老院等保健医疗领域,而政府提供的公共体系和私有资本提供的私立体系则形成了医疗保健服务双轨制制度,支撑了新加坡的预防、临床以及康复医疗。这些机构为民众提供全方位的医疗服务,包括基本医疗、专科医疗、急诊医疗等。简单来说,国有医疗机构主要承担疑难病症的诊治和高端医疗服务,而营利性医疗机构和公益性医疗机构则更注重提供基本医疗服务和健康管理。

4. 高效的医疗管理体系

新加坡政府通过制定严格的医疗管理政策和标准,确保医疗服务的质量和效率。政府还建立了完善的医疗监管机制,对医疗机构和医生进行严格的监管和评估,保障患者的权益和安全。此外,新加坡还注重医疗技术的创新和发展,积极引进和应用先进的医疗技术和设备,提高医疗服务的水平。

(二) 马来西亚基本公共卫生服务概况

马来西亚的基本公共卫生服务体系在结构、资源分配和政策制定方面都有明确的规划和执行标准,致力于为国民提供全面且高质量的医疗服务。国家卫生部是负责制定统一卫生政策和方案的主要单位,还负责通过各种医疗服务体系为民众提供医疗照护服务。政府对国民实行类似英国的健康保健制度,提供免费的预防保健服务。马来西亚基本公共卫生服务概况可以从以下几个方面进行介绍。

1. 卫生服务体系构成

(1) 公立卫生服务:马来西亚的公立卫生服务体系相对完善,主要由社区卫生服务与转诊医院服务两级构成。

---

① 陈炜昊. 公共体系与私立体系的平衡——简析新加坡医疗分级诊疗的引导策略 [J]. 全球健康医疗动态汇编, 2020-11-02.

(2) 私立卫生服务：自 20 世纪 70 年代开始，私立医疗机构在马来西亚得到快速发展，为患者提供更多选择和更快的医疗服务。

2. 公立卫生服务

(1) 社区卫生服务：由社区卫生保健中心和诊所提供，主要覆盖预防保健服务（包括平产接生）和最基本的医疗服务。这些机构一般不设病床，除了预防保健服务和最基本的医疗服务，社区卫生保健中心和诊所还承担着健康教育、家庭访视、慢性病管理和疫苗接种等工作。

(2) 转诊医院服务：根据规模与技术分为一、二、三级，设有数量不等的病床，并根据各地人口规模进行分布。三级医院通常承担最复杂的医疗服务，包括高度专业化的治疗和手术。二级医院则提供较为全面的医疗服务，而一级医院主要提供基本医疗服务。马来西亚公立卫生服务体系实行严格的转诊制度，除急诊服务外，患者必须经转诊才能到上级医院治疗[①]。

3. 私立卫生服务

(1) 服务范围与种类：提供了多样化、高效且个性化的医疗服务，覆盖范围广泛，从初级诊疗到高度专业化的医疗护理均有所涉及，且通常配备先进的医疗设备和技术，能够满足患者对高质量医疗服务的需求。

(2) 服务流程与特点：在价格与支付方式上更具灵活性，并受到政府的严格监管。虽然私立医院的价格通常高于公立医院，但患者可以通过购买医疗保险来减轻经济负担。许多私立医疗机构与保险公司建立了合作关系，为患者提供便捷的理赔服务。马来西亚政府对私立医疗机构实施严格的监管和质量控制措施，确保它们遵守相关法律法规和行业标准，提供安全、高质量的医疗服务。

二、新加坡、马来西亚健康教育管理及其改革

(一) 新加坡健康教育管理及其改革

新加坡通过健康教育，成功引导公众养成健康的生活方式。例如，在吸烟方面，新加坡政府实施了严格的控烟政策，并通过健康教育提高公众对吸烟危害的认识。根据新加坡卫生部的数据，新加坡的吸烟率逐步呈下降趋势，1992 年为 18.3%，2004—2017 年徘徊在 12%～14%，2019 年降至 10.6%，2020 年进一步降至 10.1%[②]，显示出健康教育在改变公众健康行为方面的成效。此外，新加坡政府还通过多种渠道开展健康教育活动，如学校课程、社区讲座、媒体宣传等，使得健康知识的普及率得到显

---

① 龚向光. 马来西亚卫生体系改革及对我国的启示 [J]. 中国卫生政策研究，2011 (7)：60-64.
② 辛斌. 新加坡控烟成效突出 [N]. 生命时报，2023-10-27.

著提高。根据新加坡卫生部的数据，2013 年新加坡公民的健康知识普及率约为 70%，而到 2022 年，这一数字提升至约 90%。

1. 新加坡健康教育发展历程

新加坡从 20 世纪 50 年代开始关注健康教育，逐渐在学校和社区中推广；到 20 世纪 80—90 年代，政府加大投入，健康教育体系逐渐完善；进入 21 世纪后，新加坡的健康教育水平得到全面提升，利用科技手段普及知识，形成了政府、学校、家庭和社区共同参与的综合模式，有效促进了全民健康水平的提升。

（1）第一阶段：20 世纪 50—70 年代。

服务对象：主要为学生和一般公众。

发展概况：新加坡在独立初期开始关注健康教育的重要性，政府和学校逐渐引入健康教育课程，以提高学生和公众对健康问题的认识。这一时期的健康教育主要集中在基本的卫生习惯和疾病预防上。

（2）第二阶段：20 世纪 80—90 年代。

服务对象：重点转向学生和教育工作者。

发展概况：随着新加坡经济的快速发展，政府更加重视教育领域的健康教育。学校开始设立专门的健康教育课程，并培训教师掌握健康教育技能。此外，政府还通过各种渠道向公众传播健康知识，提高全民健康意识。

（3）第三阶段：21 世纪初至今。

服务对象：扩展至全年龄段人群，包括儿童、青少年、成年人、老年人以及特定的高风险群体（如慢性病患者、孕妇等）。

发展概况：新加坡的健康教育管理体系不断完善，形成了一套从幼儿园到大学的全面健康教育体系。除了学校教育，社区、工作场所和医疗机构等也纷纷开展健康教育活动。政府还与健康促进组织合作，共同推动健康教育的普及和发展。此外，随着科技的进步，新加坡开始利用互联网和移动应用等新媒体手段，为公众提供更加便捷、个性化的健康教育服务。

2. 新加坡健康教育的主要内容

新加坡的健康教育由卫生部下属的培训与健康教育处统一规划与执行，除了学校、医院、军营等部门的常规健康教育活动外，大量的健康教育活动以群众运动的形式广泛开展。这种全民参与的健康教育模式旨在从小培养国民的健康意识，使他们在成长过程中不断接受健康保健的指导，从而提升全体国民的健康水平。政府深知预防的重要性，鼓励每位国民通过公共健康教育规划采纳健康的生活方式，并强调个人对自身健康的责任，从而培养和增强国民的自我保健意识。政府不仅提醒公众警惕吸烟、饮酒及不良饮食习惯等带来的危害，还着重普及癌症、心脏病、高血压及糖尿病等常见病的早期症状及检查方法。

为确保健康教育的有效实施，新加坡通过立法手段促进其发展，将与公众生活、居住、环境和健康息息相关的卫生常识纳入法律范畴并严格执行。例如，在公共交通工具内禁止饮食，以预防因紧急制动导致的呛咳或误吸，违规者将受到罚款处罚；对于乱丢垃圾的行为，除了罚款外，还会要求违规者在指定区域进行一段时间的垃圾捡拾。同时，新加坡持续加大对健康教育的投入，以期通过全面的健康教育策略，为新加坡的未来奠定坚实的健康基础。

健康教育与社会生活中的每一个人休戚相关，其内容包括人们居住、工作、学习，以及吃、喝、玩、乐等日常生活的各个方面。例如，对少年儿童进行生长发育、预防接种、用眼保护、龋齿防治等生理卫生以及良好饮食、作息时间方面的健康教育和宣传指导，促进他们养成良好的健康生活方式；对成年人加强自我保健意识、健康生活方式等方面的指导；对老年人则进行生理改变与心理调适以及常见慢性病防治等方面的宣传教育。健康教育的主题主要包括冠心病防治、癌症防治、乙型肝炎预防、营养卫生、牙齿保健等，每个主题的健康教育活动一般持续一个月，每年重点不同[①]。为了有效地传播这些健康教育内容，新加坡采用了多种教育方法[②]。

（1）制作款式不同、图案鲜明、内容丰富的小册子，用多种语言（英语、汉语、马来西亚语、印度语等）进行呈现，并将小册子分放在不同重点人群聚集的地方，免费供国民和游客使用。例如，在医院的放射科准备有关 CT 扫描、乳房扫描、肾盂造影、心导管检查等健康检查的小册子，介绍一般常识、检查前后的注意事项及对人体的影响等有关知识。

（2）在医院、诊所放置色泽艳丽、图案鲜明、通俗易懂的壁式挂版。

（3）在一定地点举办不同专题的健康教育讲座，如预防接种常识、孕期保健、常见病防治、儿童副食添加与营养等专题。

（4）在重点人群聚集区不间断地播放有关健康教育的录像带。

（5）提供热线电话与咨询服务，如妇女关怀热线电话等，让国民倾诉心声并进行咨询。

（6）定期举办义诊活动，如龋齿的健康普查及牙齿保健活动。

（7）通过广播向国民宣传保健常识等。

（二）马来西亚健康教育管理及其改革

1. 马来西亚健康教育发展历程

马来西亚的健康教育发展经历了从早期受佛教和英国殖民教育影响，到独立后逐渐融入本土元素和民族性，再到近现代随着经济发展和国际交流的日益频繁而不断丰富和完善的过程。其健康教育发展历程大致可以划分为以下几个阶段。

---

① 朱琪. 新加坡的控制吸烟规划与健康教育［J］. 中国健康教育，1992（2）：11-15.
② 王春香. 新加坡健康教育见闻［J］. 现代护理，2002（4）：306.

（1）基础建设阶段：殖民时期至独立初期（20世纪初至20世纪60年代）。

随着马来西亚逐渐从英国殖民统治下获得独立，健康教育体系开始慢慢形成。政府开始关注公共卫生和基础教育，这间接促进了健康知识的普及。

（2）自主发展阶段：独立初期至20世纪末。

政策引导：政府开始制定相关政策，鼓励和支持健康教育活动的开展。尽管初期政策可能较为零散，但为后续发展奠定了基础。

教育体系融入：健康教育逐渐融入学校教育体系，成为学校课程的一部分。通过课堂教学，向学生传授基本的健康知识和技能。

社区宣传：政府和社会组织开始在社区层面开展健康教育宣传活动，提高公众对健康问题的认识和关注。

（3）全面整合与提升阶段：21世纪初至今。

进入21世纪，马来西亚政府进一步推动了健康教育的整合与发展。"健康马来西亚"（Sihat Malaysia）计划的推出是这一时期的标志性事件。该计划鼓励私人保险公司开办医疗保险，推动国民预付健康保险，这是一种与美国健康维护组织（HMO）相仿的商业保险计划。被保险人可以在特约医院接受医疗服务，并由保险公司直接支付医疗费用，这极大地提高了健康服务的可及性和质量。此外，随着马来西亚教育体系的不断完善，健康教育课程也更加系统化和科学化，涵盖了更广泛的健康议题，如心理健康、性教育、药物滥用预防等。

马来西亚的健康教育发展历程经历了从殖民时期的基础建设到独立后的自主发展，再到21世纪以来的全面整合与提升。这一历程反映了马来西亚在健康教育方面的持续努力和显著进步。

2. 马来西亚健康教育的主要内容

在马来西亚，健康教育被视为提升国民整体健康水平、预防疾病、培养健康生活方式的关键。马来西亚政府和社会各界一直致力于通过多种途径推动健康教育的普及和实践。从构建健康城市、提升医疗服务，到推广健康饮食和生活方式，再到针对特定人群的健康关怀，马来西亚颁布了一系列的健康教育计划，旨在从各个层面提高民众的健康意识和自我保健能力[①]。以下将详细从正在执行的计划来介绍马来西亚健康教育的主要内容。

（1）健康城市计划。

马来西亚通过实施健康城市计划，致力于创造一个有利于民众健康的生活环境。该计划强调城市生活中经济、社会及自然环境的和谐发展，并通过举办定期会议、收集公众意见等方式不断优化健康城市计划。这一举措不仅提升了民众对健康环境的认知，也促进了社会各界对健康城市建设的参与和支持。

（2）健康蓝图计划。

健康蓝图计划是马来西亚政府发布的一项十年计划（2016—2025年），旨在提高

---

① 陈薇. 健康促进：鼓励有益于健康的制度 [J]. 国外医学情报，1998（2）：19-20.

马来西亚民众的健康水平。该计划关注医疗服务的改善，力求通过提高医疗服务质量和覆盖率，来保障全民健康，并推动医疗产业的发展。这一计划体现了政府对民众健康的重视，也为民众提供了更为完善的医疗保障。

（3）MySalam 国家健康保险计划。

MySalam 国家健康保险计划是马来西亚政府为减轻中低收入群体生活负担而推出的重要措施。该计划针对 45 种特定疾病和不可预测疾病提供保障，为民众提供必要的医疗护理和临时救济。这不仅为民众提供了实质性的医疗援助，也通过宣传教育提高了民众对健康保障的认知和重视程度。

（4）健康餐盘计划。

马来西亚注重推广健康餐盘和健康饮食理念，倡导均衡饮食、多吃蔬果等健康习惯。这些理念通过教育活动和宣传材料广泛传播，帮助民众建立科学的饮食习惯，预防营养相关疾病。

（5）"健康马来西亚"计划。

"健康马来西亚"计划是马来西亚政府推出的一项鼓励私人保险公司开办医疗保险的计划。该计划旨在通过引入商业保险机制，提高国民的健康保险覆盖率，减轻个人医疗负担，并推动医疗服务质量的提升。随着健康保险的普及，人们更加注重健康管理和疾病预防，从而间接促进了健康教育的发展。"健康马来西亚"计划引入了市场竞争机制，医疗机构为了增强自身竞争力，会更注重健康教育服务的质量和多样性，通过举办健康讲座、发放健康宣传资料、开展健康咨询等方式，向民众普及健康知识，提高民众的健康素养。这种方式有效提升了医疗服务质量，为健康教育的发展提供了有力的支持。

（6）学校健康教育与特定人群关怀。

马来西亚的学校中开展了多种形式的健康教育活动，如口腔卫生保健教育、青少年生殖健康教育等①。这些教育活动旨在帮助学生建立正确的健康观念，提高他们的自我保护意识和能力。同时，针对特定人群如青少年、妇女等，马来西亚也提供了相应的健康关怀和服务。

三、新加坡、马来西亚慢性病管理及其改革

（一）新加坡慢性病管理及其改革

新加坡医疗服务包括公立和私立双重体系，公立医院仅提供 20% 的初级卫生保健服务，其余的 80% 则由独立的私立诊所提供。卫生部主要负责慢性病防控政策、项目

---

① 李秉琦. 新加坡、马来西亚口腔保健工作简况［J］. 国外医学（口腔医学分册），1979（6）：265.

和计划的制定，以及协调医院和社区卫生机构的疾病防控职能。① 新加坡政府通过推广慢性病管理计划，如"高血压管理计划"和"糖尿病关怀计划"，增加了接受治疗的患者比例。在高血压治疗方面，根据卫生部数据，接受治疗的高血压患者比例从2010年的约50%增加到2020年的约75%，新加坡成年人中高血压患者的血压控制率从约60%提高到约80%，这反映了新加坡在高血压治疗方面的积极进展。在糖尿病控制方面，2013年大约有60%的糖尿病患者血糖控制达标，而到2022年，这一比例提高至约70%，显示出糖尿病管理的质量提升。

自2006年起，新加坡卫生部就已经开始致力于提升慢性病患者的医疗服务质量，推出了慢性病管理计划（Chronic Disease Management Programme，CDMP）。该计划为包括高血压患者在内的慢性病患者提供了长期、综合性和协调性的医疗服务，旨在通过全方位的管理措施帮助患者有效控制病情，降低并发症风险，进而改善患者的生活质量。在这一基础上，新加坡卫生部在2017年进一步推出了全科医师初级护理网络（PCN）计划。这一创新的计划不仅将医疗服务从医院延伸到了社区，更实现了从单纯的质量追求到价值导向、从单一的医疗服务到全面的健康保健的转变。通过构建由至少10家私人诊所组成的网络，并配备共享的护士与护理协调员，PCN计划为慢性病患者提供了更为便捷、全面的护理支持，包括健康知识普及、护理咨询以及预约协调等。

同时，卫生部为全科医师提供资金和行政支持，全科医师在资金和行政的支持下（包括资助护理顾问和护理协调员、建立慢性病登记处及交流分享护理实践平台）组织自己的护理团队，为糖尿病、高血压等慢性病患者提供整体协调的管理，以便更有效地监测和早期干预患者的临床和护理结果，确保其遵循个性化护理计划和治疗，这种基于团队的护理方法可以确保患者在所在社区中得到更好的照顾。

1. 糖尿病管理

糖尿病主要分为1型糖尿病、2型糖尿病、妊娠糖尿病和特殊类型糖尿病，约三分之一的新加坡人存在糖尿病患病风险，其糖尿病类型主要是2型糖尿病。新加坡2017年的统计数据显示，糖尿病及其并发症导致的疾病负担占全国总经济负担的7%。面对如此严重的公共卫生问题，2016年新加坡在国家层面启动"向糖尿病开战"（the War of Diabetes，WoD）行动。该行动实施三年后，全国范围内取得了明显进展。

WoD行动包括五项策略：策略一，通过倡导健康生活方式预防糖尿病；策略二，尽早发现和干预糖尿病高危人群，鼓励定期检查，并做好筛查后的随访和干预；策略三，加强糖尿病患者的疾病管理，家庭医生团队与患者合作，帮助患者更好地进行疾病的自我管理；策略四，教育公众，提高公众对糖尿病危害的认识；策略五，动员社

---

① 王莹，徐志祥，张彩霞. 美国、芬兰、新加坡慢性病防控管理的经验及对中国的启示［J］. 中国药房，2018（15）：2021-2026.

会，倡导每个人都有责任对自己的健康负责并选择健康的生活方式[①]。

为了更好地实施策略并确保其有效性，新加坡设立了专门的糖尿病门诊，配备专科医生和经过专门培训的护士。确诊糖尿病后，医生会根据患者的病情和检验结果制定治疗方案，包括饮食治疗、口服降糖药和注射胰岛素等。护士则负责定时监测患者的血糖浓度，以观察药物疗效并调整药物用量。此外，新加坡还成立了"糖尿病社团"，致力于糖尿病的科普宣传，鼓励患者进行自我保健并支持相关研究活动。在糖尿病的管理和教育中，护士扮演了重要角色，他们不仅协助医生诊断和治疗，还负责落实治疗方案、健康教育、心理支持等任务。总体而言，新加坡在糖尿病的诊断、治疗和管理方面建立了完善的体系，特别是通过专门的糖尿病门诊和护士团队，为患者提供全面、专业的服务，有效地控制糖尿病的恶化。

2. 高血压管理

新加坡的高血压筛查计划（Hypertension Screening Programme）是慢性病管理计划（CDMP）的重要组成部分，这一预防性健康项目主要针对40岁以上、高血压发病风险增加的关键年龄段人群。通过在社区、学校、工作场所等地方进行定期筛查（筛查的频率通常为两年一次）来尽早发现高血压患者，并提供及时的干预和治疗，以降低高血压对健康的危害。根据筛查结果，医护人员会及时向患者进行反馈，提供进一步的治疗建议，从而帮助他们制定个性化的治疗方案，确保治疗的有效性。新加坡的高血压筛查计划通常由多个组织和机构共同合作实施，包括卫生部门、医疗机构、社区组织等。此外，政府还会通过媒体、宣传册、健康讲座等多种方式进行高血压防治知识的宣传和教育，提高公众对高血压的认识和重视程度。

（二）马来西亚慢性病管理及其改革

20世纪90年代中期慢性病护理模式（CCM）的发展改变了马来西亚医疗保健提供者管理非传染性慢性病的观点。多年来，该模式得到了进一步完善和扩展，以解决多个维度的具体问题。

1. 糖尿病管理

据新加坡亚洲新闻台2018年7月24日报道，马来西亚糖尿病协会（NADI）执行主席Mustaffa Embong表示，马来西亚是亚洲糖尿病发病率最高的国家，在全球范围内糖尿病的发病率也居于高位。他还补充道，在马来西亚，约有250万18岁及以上的成年人患有糖尿病。NADI的数据显示，约有半数马来西亚人不知道自己患糖尿病。

在马来西亚，糖尿病管理的重任主要落在初级卫生保健提供者的身上。这些提供

---

① 高中，钱晶，杨静，等. 基于新加坡糖尿病防控策略的人群层面防控措施库的建立 [J]. 中国慢性病预防与控制，2022（5）：351-355.

者分布在全国各地约 1037 家政府医疗诊所中，这些诊所均在马来西亚卫生部的政策指导下运营。然而，这些公共部门诊所与私人诊所之间的整合尚未正式实现①。马来西亚的糖尿病管理，尤其是在慢性病护理模式（CCM）的框架下，尚未达到预期的进展和灵活性。其慢性病初级保健管理的基本特征——连续性、全面性和协调性——在实际操作中显得零星和分散。为了改善这一状况，马来西亚卫生部提出了六个关键的 CCM 组成部分，以期优化马来西亚的初级保健服务。

在 CCM 引入之前，马来西亚的糖尿病管理相对分散，各个医疗诊所和机构各自为阵，缺乏统一的标准和指导。随着 CCM 的发展和应用，马来西亚的医疗保健提供者开始转变观点，从更加综合和多维度的角度看待糖尿病管理。CCM 的六个基本组成部分（医疗保健组织、交付系统支持、决策支持、临床信息系统、自我管理支持、社区资源和政策）为马来西亚的糖尿病管理提供了全面的框架。马来西亚卫生部逐步将 CCM 框架本地化，针对国内的具体情况和资源进行调整，以适应不同社区和诊所的需求。随着全球对慢性病管理的进一步深入，世界卫生组织推出了慢性病创新护理（ICCC）框架。马来西亚也积极响应，努力将这一更先进的框架融入本国的糖尿病管理中。

2. 高血压管理

马来西亚在高血压管理方面正面临严峻挑战，尽管高达 97.5% 的高血压患者正在接受抗高血压药物治疗，但血压控制率却依然维持在较低水平。据统计，2006 年马来西亚的高血压控制率仅为 27.5%，而 2015 年这一数字仅提升至 37.4%，显示出即便在治疗普及度较高的情况下，高血压患者在病情控制上仍面临诸多困难。为应对此挑战，马来西亚采纳并实施了一系列综合性措施，旨在提升患者的生活质量和整体健康水平。其在高血压管理上构建了一个全面的体系，该体系囊括了初级卫生保健的强化、管理指南的更新与推广以及患者教育与咨询服务的优化等多个关键方面②。

（1）初级卫生保健。

马来西亚的高血压患者主要在初级卫生保健机构接受治疗，如卫生诊所和社区卫生中心。这些机构为患者提供基本的医疗服务，在高血压管理中扮演着至关重要的角色。政府通过公共部门提供大量高血压管理服务，并确保患者能够得到及时、有效的治疗③。受 CCM 模式的影响，马来西亚初级卫生保健提供者之间密切协调，为患者提供连贯的医疗服务，并与其他级别的卫生保健机构进行协作，以应对长期护理的需求。同时，政府还提供了更广泛的抗高血压药物选择，以满足不同患者的需求。

---

① Tee E S, Yap R W K. Type 2 diabetes mellitus in Malaysia: Current trends and risk factors [J]. European Journal of Clinical Nutrition, 2017, 71 (7): 844-849.

② Chia Y C, Kario K. Asian management of hypertension: Current status, home blood pressure, and specific concerns in Malaysia [J]. The Journal of Clinical Hypertension, 2020, 22 (3): 497-500.

③ Teh X R, Lim M T, Tong S F, et al. Quality of hypertension management in public primary care clinics in Malaysia: An update [J]. PLOS ONE, 2020, 15 (8): e0237083.

(2)管理指南更新与推广。

马来西亚政府定期更新和发布高血压管理指南,为医疗提供者推荐基于证据的治疗方案。这些指南旨在帮助医疗提供者更好地了解高血压的最新治疗方法和管理策略。而 ICCC 框架为这一过程提供了全面的视角,它强调政策环境、卫生服务体系等多个层面的互动和协作。在 ICCC 框架的指导下,马来西亚政府不断加强指南的宣传和推广工作,以确保更多的医疗提供者能够了解和遵循这些指南。

(3)患者教育与咨询服务。

马来西亚的高血压管理模式非常重视患者教育与咨询服务。医疗提供者会向患者提供包括饮食教育、运动咨询等在内的非药物治疗建议。随着 CCM 模式的引入,马来西亚政府更加强调患者的自我管理和健康教育,通过提供个性化的指导和支持,帮助患者更好地理解和控制自己的病情。

随着全球对高血压认识的不断加深和治疗技术的进步,马来西亚的高血压管理也经历了不断的发展和完善过程。从最初的主要依赖药物治疗,到逐渐引入非药物治疗手段如改变生活方式、增加运动等,再到现在的综合管理模式,马来西亚在高血压治疗方面取得了显著的进步。政府和相关机构的持续努力以及社会各界的广泛参与,为马来西亚高血压管理的未来奠定了坚实的基础。

四、新加坡、马来西亚传染病及突发公共卫生事件的报告和处理

完善的传染病及突发公共卫生事件应对体系不仅需要科学合理的管理架构,更需要健全完备的法律制度作为支撑,只有将二者紧密结合起来,才能构建起一个高效、灵敏、可持续的应对体系,有效保障人民的生命安全和身体健康。对新加坡和马来西亚传染病及突发公共卫生事件报告和处理的管理模式和相关法律的介绍,有助于全面、深刻地理解其应对机制,为中国和其他国家应对传染病及突发公共卫生事件提供宝贵的经验借鉴,共同推动全球公共卫生事业的发展与进步。

(一)新加坡传染病及突发公共卫生事件的报告和处理

新加坡政府在应对传染病和突发公共卫生事件方面反应迅速,处理效率高。例如,在 2020 年疫情暴发初期,新加坡迅速建立了跨部门的应对机制,通过早期检测、隔离和治疗,有效减缓了疫情的传播。根据新加坡卫生部数据,2013 年新加坡的传染病发病率为 1733.6/10 万人口,而到了 2022 年,这一数字下降至 1180.8/10 万人口。

新加坡并未设立独有的突发公共卫生事件应对系统,而是建立了一个能够适应环境变化的指挥系统和组织结构。这种指挥系统和组织结构是在 2003 年严重急性呼吸综合征(SARS)疫情之后形成的,它可以根据突发公共卫生事件的发展而迅速重组,以应对疫情变化带来的不确定性。

2003 年 SARS 流行期间,新加坡设立的指挥系统和组织结构分为部际委员会

(IMC)、核心执行小组（CEG）、部际行动委员会（IMOC）三级。在SRAR流行之后，新加坡对上述组织进行了修订，成立了家园危机管理系统（HCMS），家园危机管理系统是一个强大的危机管理框架，它可以协调国家对策并进行资源配置。与此同时，核心执行小组（CEG）和部际行动委员会（IMOC）被合并到家园危机执行小组（HCEG）。2009年甲型H1N1流感暴发期间，新加坡成立了国内流感危机部长委员会（HCMC-FLU）；各部委和机构还成立了危机管理工作组（CMGs），危机管理工作组是一个涉及内政部、卫生部、外交部、国防部等部门的跨部门组织，其主要职能包括处理危机期间的所有医疗问题，提供应急医疗服务，制定疾病暴发反应系统（DORS），为相关机构提供政策指导和建议，等等。疾病暴发反应系统（DORS）分为五级，依次以绿、黄、橙、红、黑五个颜色表示。应急反应系统根据不同预警级别采取对应措施。此外，卫生部还建立了一个由关键决策者、公共卫生从业人员、高级临床医生和传染病专家共同组成的特别小组，由卫生部常任秘书长领导，负责执行所有公共卫生管制措施[①]。

  直至2020年疫情期间，新加坡政府形成了由全政府整合风险管理（whole-of-government integrated risk management，WOG-IRM）概念组成的跨部门应急管理政策框架，WOG-IRM的意义在于使所有相关政府单位能够通过无缝沟通、积极合作进行应急管理。WOG-IRM政策层由中央政府四个核心机构组成，它们分别是战略规划办公室（the Strategic Planning Office）、家园危机部长委员会（HCMC）、国家安全协调秘书处（the National Security Coordination Secretariat）和财政部（MOF）。其中，家园危机部长委员会负责在危机期间提供战略和政治指导，并运行协调整体由政府规划应对的家园危机管理系统；支持家园危机部长委员会的是家园危机执行小组（HCEG），其作用在于建立全面综合的多机构系统以预测危险和灾害，并制订疫情防控应急计划。此外，各危机管理小组（CMG）与突发事件中具体的事件管理者如卫生部（MOH）、内政部（MHA）等机构协同工作，构成了战术层。2020年疫情期间，WOG-IRM的结构如图1所示[②]。

  在法律体系方面，新加坡于1976年颁布了《传染病法》（IDA），这是新加坡应对突发公共卫生事件的第一部法律，由卫生部和国家环境局共同执行。《传染病法》不仅规定了特定传染病的通报要求，而且为传染病患者的医疗检查、治疗以及流行病学调查提供了有力的法律保障。随后，为了给突发事件应急准备和灾害管理活动提供法律支持，新加坡在1986年颁布了《民防法》（CDA），该法案为宣布紧急状态以及动员和部署准备就绪的国家救援人员提供法律依据。《传染病法》和《民防法》为新加坡在迅速应对传染病疫情方面发挥了重要作用。此外，新加坡政府各部门与民间合作伙伴、利益相关者在应对突发公共卫生事件期间能够密切协商并迅速修订相关法案，以确保在公共卫生应急响应中各部门继续保持有效的合作。

---

① 周忠良. 国外突发公共卫生事件应对体系比较［J］. 人民论坛，2020（10）：48-52.
② 张乐乐，徐兆涵，王知. 新加坡突发公共卫生事件应急治理体系及其评价［J］. 医学与法学，2022（2）：1-5.

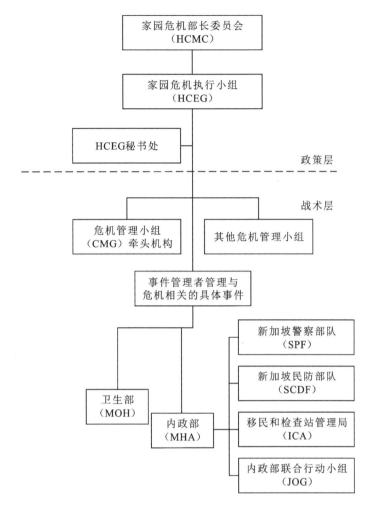

图 1　新加坡全政府整合风险管理（WOG-IRM）结构

（二）马来西亚传染病及突发公共卫生事件的报告和处理

马来西亚传染性疾病防控体系的历史可以追溯到 1961 年，在当时马来西亚推出了国家结核病控制计划。此后，该体系逐渐扩展，1991 年马来西亚卫生部成立疾病控制局，标志着马来西亚传染性疾病防控进入了一个新的阶段。2000 年，国家公共卫生实验室和区域公共卫生实验室的设立，进一步加强了实验室在传染病监测和控制方面的作用。其传染病及突发公共卫生事件的报告和处理机制如表 1 所示。

表 1　马来西亚传染病及突发公共卫生事件的报告和处理机制

步骤	描述	责任单位
一	发现病例	医疗卫生机构（如医院、诊所）
二	初步诊断与分类	首诊医生

续表

步骤	描述	责任单位
三	报告	
	填写传染病报告卡	责任报告人（如医生）
	网络直报（有条件）	医疗卫生机构
	电话/传真/邮寄报告（无条件）	医疗卫生机构及代报机构
四	时限要求	
	甲类及按甲类管理的传染病：2小时内	
	其他传染病：24小时内	
五	处理	
	病例报告与管理	卫生行政部门、疾控中心
	密切接触者管理	疾控中心、医疗卫生机构
	流行病学调查	疾控中心
	疫点疫区处理	卫生行政部门、疾控中心
	应急监测	疾控中心
	应急接种与预防性服药	疾控中心、医疗卫生机构
	健康宣教	卫生行政部门、媒体、教育机构
	落实其他防控措施	各级政府相关部门

（资料来源：再纳尔·阿比丁·巴卡尔，《马来西亚传染病防控体系、防控经验及挑战》，见 http://forum.gxcdc.com/index.php?m=content&c=index&a=show&catid=21&id=70.2016-11-01；表格由作者自制。）

马来西亚在传染性疾病防控方面已构建起一套相对完善的组织结构。疾病控制局作为核心机构，全面负责所有传染性疾病与非传染性疾病的防控工作，其下设的传染性疾病科则专注于多种传染病的控制与预防，媒介传染病、结核病、麻风病、艾滋病等均在其管理范畴之内。此外，马来西亚还设立了专门的监测处，负责全面的疾病监测任务，涵盖法定传染病报告、实验室监测、哨点监测以及舆情监测等多个维度。

在监测体系构建上，马来西亚采用了指标与事件并重的监测方式，并实现了跨部门合作，如与兽医服务部协同进行人畜共患病的监测。尤为重要的是，其监测体系呈现出分明的层级性，包括国家级、州级和区级，共同织就了一张严密的监测网络。这种分级的监测体系对于及时发现并响应传染性疾病的暴发具有显著优势。在新冠疫情期间，马来西亚政府为加强公共卫生管理，委托开发了"MySejahtera"应用程序，该应用程序不仅能助力政府监测疫情动态、追踪密切接触者、登记疫苗接种情况，还为公众提供了便捷的健康服务。

在报告制度层面，马来西亚规定医院和诊所一旦发现疑似或确诊的传染病病例，必须立即通过规定的渠道（如网络直报系统、电话、传真等）向上级卫生部门报告。对于甲类传染病和某些乙类传染病（如肺炭疽、传染性非典型肺炎等），报告时限被严格设定为2小时内；对于其他传染病，则须在24小时内完成报告。同时，对于报告错误或病例转归、诊断情况的变化，必须及时进行订正报告；对于漏报的病例，也应及时进行补报，以确保信息的准确性和完整性。

在应急准备和响应方面，马来西亚已建立了危机应急准备和响应中心，专门应对包括传染病暴发在内的重大公共卫生事件。该中心下设快速评估和快速响应小组，以便在疾病暴发时能够迅速提供专业评估和响应。各级政府均制定了详尽的应急预案，涵盖了疫情监测、流行病学调查、疫苗研发和生产、医疗资源调配等多个方面。此外，马来西亚还着力提升了医疗方面的响应能力，如增加传染科医生的数量、储备必要的医疗设备和物资等。同时，马来西亚积极参与国际卫生合作，与世界卫生组织等国际机构保持密切联系，共同应对全球公共卫生挑战，展现出了其在全球卫生治理中的积极姿态和责任感。

在法律体系方面，马来西亚涉及传染病及突发公共卫生事件报告和处理的主要法律依据包括《1988年传染病预防和控制法》和《国际卫生条例（2005）》。这两部法律和条例为传染病的监测、报告、处理以及国际合作提供了坚实的法律框架。《1988年传染病预防和控制法》详细规定了法定报告传染病的种类、报告程序以及处罚措施，要求医生一旦发现法定传染病必须在24小时内进行报告，并明确了卫生部门在传染病防治中的职责和权力，为传染病的及时报告和有效处理提供了法律保障。《国际卫生条例（2005）》作为国际卫生法的重要文件，强调各缔约国需在传染病监测、报告、应对等方面加强合作，共同应对全球公共卫生挑战。马来西亚作为该条例的缔约国，积极实施其规定，加强了与其他国家的卫生合作。

五、总结与启示

通过对新加坡、马来西亚这两个"一带一路"共建国家的基本公共卫生服务体系进行深入分析与梳理，可以发现两国在健康教育方面各有侧重。新加坡倾向于通过群众运动的形式普及现代医学知识和技能，尤其注重环境卫生、个人卫生以及食品安全等方面的教育。而马来西亚则将健康教育纳入学校课程体系，同时推行一系列健康教育计划，旨在全面提升民众的健康意识和自我保健能力。在慢性病管理方面，新加坡构建了包括公立和私立双重体系的医疗服务体系，其中私立诊所在初级卫生保健服务中占据重要地位。政府通过设立如慢性病管理计划（CDMP）和全科医师初级护理网络（PCN）计划等专门计划和项目，为慢性病患者提供长期、综合性和协调性的医疗服务，并注重动员社会力量，倡导个人对自身健康负责并选择健康的生活方式。马来西亚的医疗服务体系同样包含公立和私立双重体系，其慢性病管理政策在引入慢性病护理模式（CCM）和慢性病创新护理（ICCC）框架后，更加注重以患者为中心，通过多方合作和连续性服务来提高慢性病管理的效果。在传染病及突发公共卫生事件的报告和处理方面，新加坡的WOG-IRM是一个整合了多个政府部门的跨部门组织，其组织结构更加扁平化，应急响应策略注重灵活性和综合性，能够根据疫情的发展迅速调整策略。同时，新加坡的社区参与程度较高，民间合作伙伴和利益相关者在应急管理中发挥着重要作用。而马来西亚则通过卫生部疾病控制局来主导相关机制，该机制涵盖了广泛的传染性疾病和非传染性疾病的防控，通过法定报告、实验室监测、哨点监测和基于事件的监测等多种方式进行疾病监测。同时，马来西亚还制订了应急准备和响应计划，包括公共卫生响应、快速评估和响应小组等，以有效应对疾病暴发。

新加坡和马来西亚的基本公共卫生服务体系虽各有特色，但都具有多层次特征，以满足不同人群的医疗需求，并强调个人在健康管理中的责任以及社区的参与和合作。相比之下，中国的基本公共卫生服务体系仍存在广阔的制度创新空间。因此，新加坡和马来西亚基本公共卫生服务管理的成功经验，对中国基本公共卫生服务体系的完善具有重要的借鉴意义。

第一，在提升服务质量方面，中国自2009年基本公共卫生服务项目启动以来，就将"逐步实现均等化"作为首要目标。然而，现阶段中国提供的基本公共卫生服务还未完全满足人民群众日益增长的健康需求。究其原因，是中国在追求"逐步实现均等化"这一目标的过程中，过度强调"均等化"的服务覆盖，导致出现了一些服务形式化、内容僵化的问题。与此相比，新加坡和马来西亚都注重通过收集和分析大量数据来监测基本公共卫生服务的绩效，这些数据可能来源于医疗机构的日常运营、患者的健康记录、公共卫生调查等多个方面。基于这些数据，两国能够更加客观、全面地了解服务的实施情况和存在的问题，从而为决策提供更加科学的依据。因此，中国的基本公共卫生服务监测体系可以借鉴上述经验，以服务对象为核心，鼓励公众参与，逐步推进以效果为导向的评价考核制度。

第二，在推动数字化和智能化方面，信息化建设是进一步提高基本公共卫生服务项目实施效率和实施质量的关键和突破口。新加坡拥有更高效、便捷的信息共享和沟通平台，利用信息技术和大数据手段建立了电子健康档案和远程医疗系统，从而提高了管理效率和质量。马来西亚在应对新冠疫情等公共卫生事件时，也迅速推出了"MySejahtera"应用程序，该应用程序不仅用于疫情期间的健康自我评估、密切接触者追踪、疫苗接种登记等，还逐渐转型为管理公共卫生的"超级程序"，涵盖更广泛的公共卫生服务。相比之下，中国部分地区特别是经济相对落后地区的信息化系统开发尚不完善，体检设备与信息化系统不对接，系统的统计功能不完善，导致无法实现网络直报报表数据。同时，大部分地区居民的电子健康档案的利用率仍然较低，体检系统未能与诊疗系统互联互通，基本医疗和基本公共卫生服务之间存在明显的割裂现象。因此，中国应更加注重预防和早期干预，而不是仅将重心放在疾病诊治上。

第三，在加强法律体系建设方面，《中华人民共和国基本医疗卫生与健康促进法》于2020年6月1日起正式施行，为建立基本医疗卫生制度、推进健康中国建设提供了重要的法律保障。新加坡和马来西亚则通过对各个领域制定更加细化的政策法律来监管基本公共卫生服务的提供，从而保证服务质量。因此，中国应持续推进完善保障基本公共卫生服务的法律，并将各级政府在基本公共卫生服务项目的财政投入、组织管理等方面纳入法定管理的范畴。

第四，在加强基层人才队伍建设方面，新加坡政府致力于建立高效、专业的公共卫生服务体系，其中基层人才队伍的建设是关键一环。新加坡注重基层公共卫生人才的选拔和培养，通过严格的选拔机制和系统的培训计划来确保基层公共卫生人才具备专业素养和实践能力。而马来西亚虽然面临医疗人才短缺的挑战，但政府通过建立协作与联动机制实现了不同层级医疗机构之间的资源共享和优化配置，从而提升了基层医疗的能力和水平。因此，中国可以借鉴新加坡和马来西亚的经验来改革基层医疗机构编制管理，推动基层卫生人员薪酬制度改革，吸引医务人员下基层。同时，通过建立紧密型医联体的方式推动医疗资源的均衡配置。

第五，在完善资金筹集制度方面，中国和两国在基本公共卫生服务的资金投入和管理上也可能存在差异。中国的基本公共卫生服务主要由政府提供经费支持，并同时加强资金监管和绩效评估。而马来西亚政府则在医疗福利财务中承担主要筹资责任，并通过税收和职工社会安全基金（SOCSO）等社会保险制度来筹集资金。其中SOCSO强调雇主责任，要求月薪在一定水平以下的雇员强制投保，保费由雇主全额负担。在马来西亚卫生体系中，公立医疗机构占主导地位，但私立医疗机构和私立医疗保险也快速发展，公私合作模式为公共卫生服务提供了更多资金来源和服务选择。新加坡的基本公共卫生服务资金的主要筹集方式是政府拨款，同时还通过强制性的医疗保险制度如医疗保健储蓄计划（Medisave）和基本医疗保险计划（MediShield Life）等来筹集部分公共卫生服务资金。因此，参考马来西亚和新加坡的资金筹集方式，为进一步促进公共卫生服务均等化和提升项目运行实效，中国应建立具有强制性且稳定增长的投入机制来支持基本公共卫生服务项目，并探索医保资金购买基本公共卫生服务的可行方式。

— 参考文献 —

[1] 陈炜昊. 公共体系与私立体系的平衡——简析新加坡医疗分级诊疗的引导策略 [J]. 全球健康医疗动态汇编，2020-11-02.

[2] 龚向光. 马来西亚卫生体系改革及对我国的启示 [J]. 中国卫生政策研究，2011，4（7）：60-64.

[3] 朱琪. 新加坡的控制吸烟规划与健康教育 [J]. 中国健康教育，1992（2）：11-15.

[4] 王春香. 新加坡健康教育见闻 [J]. 现代护理，2002（4）：306.

[5] 陈薇. 健康促进：鼓励有益于健康的制度 [J]. 国外医学情报，1998（2）：19-20.

[6] 李秉琦. 新加坡、马来西亚口腔保健工作简况 [J]. 国外医学（口腔医学分册），1979（6）：265.

[7] 王莹，徐志祥，张彩霞. 美国、芬兰、新加坡慢性病防控管理的经验及对中国的启示 [J]. 中国药房，2018（15）：2021-2026.

[8] 高申，钱晶，杨静，等．基于新加坡糖尿病防控策略的人群层面防控措施库的建立［J］．中国慢性病预防与控制，2022（5）：351-355．

[9] Tee E S，Yap R W K. Type 2 diabetes mellitus in Malaysia：Current trends and risk factors［J］．European Journal of Clinical Nutrition，2017，71（7）：844-849．

[10] Chia Y C，Kario K. Asian management of hypertension：Current status，home blood pressure，and specific concerns in Malaysia［J］．The Journal of Clinical Hypertension，2020，22（3）：497-500．

[11] Teh X R，Lim M T，Tong S F，et al. Quality of hypertension management in public primary care clinics in Malaysia：An update［J］．PLOS ONE，2020，15（8）：e0237083．

[12] 张乐乐，徐兆涵，王知．新加坡突发公共卫生事件应急治理体系及其评价［J］．医学与法学，2022（2）：1-5．

"一带一路"共建国家公共卫生政策最新发展

王惠娜 甘巧玲

[摘　要]　国际公共卫生问题是"一带一路"共建国家可持续发展和实现人类命运共同体所面临的挑战。"一带一路"共建国家中的俄罗斯、新加坡、土耳其和沙特阿拉伯等也不断提出并更新国家公共卫生政策,助推国家突破卫生瓶颈,解决公共卫生问题。中国作为"一带一路"建设的倡导者和推动者,一直致力于"健康丝绸之路"的建设与发展,在高质量推动"一带一路"建设过程中深化公共卫生国际合作。

[关键词]　"一带一路";公共卫生政策;国际合作

公共卫生问题始终是梗阻国家之间交流与发展的世界性难题之一,构建强大的公共卫生体系是满足人民群众健康需求的前提条件。随着国际社会发展的不确定性和复杂性加剧,"一带一路"共建国家公共卫生政策的制定与实施成为当今国际社会关注的焦点之一。随着全球化的深入发展,各国之间的交流与合作日益频繁,公共卫生问题也变得愈发突出和紧迫。在"一带一路"共建国家,公共卫生政策的落实不仅关乎各国人民的健康福祉,更直接影响到整个区域的社会稳定和发展进程。各国政府应加强卫生体系建设,推动基本医疗卫生服务均等化,提高公共卫生服务覆盖面和质量。同时,各国应加强国际合作,共同应对传染病跨国传播等突发公共卫生事件,构建更加健康、安全的"一带一路"大家庭。

一、问题的提出

全球化背景下,传染病和公共卫生事件的跨国传播风险增加。这要求中国加强国际卫生合作,提高应对突发公共卫生事件的能力。基于这一背景,中国政府发布了《"健康中国2030"规划纲要》,旨在通过政府主导、全社会参与的方式,推动健康事

作者简介:王惠娜,华侨大学政治与公共管理学院教授、硕士生导师;甘巧玲,华侨大学政治与公共管理学院硕士研究生。

业与经济社会协调发展，实现全民健康保障，提高国民健康水平，构建健康优先的社会发展模式。健康中国战略是中国政府为了应对当前和未来公共卫生挑战、提高国民健康水平、促进经济社会可持续发展而提出的一项重要国家战略。这一战略的实施，不仅有助于提升国民健康水平，还将为中国的长远发展奠定坚实的健康基础。同时，全球政治经济不确定性加大，发展中国家面临严峻的发展挑战，联合国在2023年7月发布的报告中表示，2030年可持续发展议程提出的目标难以实现，在约140个具体目标中，只有15%有望在最近10年内实现，近一半的目标偏离轨道，30%的目标根本没有任何进展。联合国秘书长古特雷斯表示，在所研究的104个国家中，80%国家的儿童疫苗接种率出现了30年来最大的下降，结核病和疟疾死亡人数增加①。由此，推进健康"一带一路"建设同样面临巨大挑战。

二、"一带一路"共建国家公共卫生政策

共建"一带一路"倡议自2013年提出以来，已经得到了150多个国家和30多个国际组织的支持，各国公共卫生体系的建设直接影响着经济和政治的稳定水平。促进与保护健康对于经济与社会可持续发展不可或缺，也是"一带一路"共建国家一直在努力追求的人类福祉。虽然各国的公共卫生体系改革存在诸多差异，但有一大趋势是共通的，即公共卫生保障体系应逐渐向全民健康覆盖发展，且政府在医疗保障筹资中应扮演积极而有效的角色。

（一）俄罗斯公共卫生政策

俄罗斯公共卫生政策的第一要务是建立和完善全国范围的卫生基础设施。通过提供现代化的医疗设施、培训专业人才和优化医疗资源的分配，俄罗斯政府致力于推动医疗服务的普及和提高卫生服务的质量。

俄罗斯的公共卫生政策具有一些独特的特点，既包括政府在公共卫生服务提供中的主导作用，也包括市场机制在卫生保障系统中的参与。以下是俄罗斯公共卫生政策的几个主要特点。

1. 政府的主导作用

俄罗斯政府在公共卫生领域扮演着重要角色，通过制定公共卫生政策、提供资金支持、监管医疗服务质量等方式来确保国民能够获得基本的医疗服务。政府对公共卫生体系的投入体现了其在福利提供中的责任感。俄罗斯政府将公共卫生视为国家战略的重要组成部分，这一点在多个政策文件中得到体现。例如，《俄罗斯联邦国家安全战

---

① 赵立见. 共筑"健康丝绸之路"，促进"一带一路"国家健康卫生全面提升 [EB/OL]. （2023-11-20）. https://baijiahao.baidu.com/s?id=1783096574926497278&wfr=spider&for=pc.

略》明确规定了保障国民健康的目标，并强调预防和控制传染病的重要性。此外，俄罗斯还制定了专门的国家卫生计划，如《2025年前俄罗斯联邦卫生发展战略实施行动计划》，展示了对改善公共卫生服务和提升居民健康状况的长期承诺。俄罗斯政府近年来显著增加了公共卫生领域的财政投入，通过大规模的资金投入，支持国家卫生计划的实施，提升医疗服务水平，增强疾病预防和控制能力。

2. 国家医疗保险制度

俄罗斯实行强制性的国家医疗保险制度，该制度覆盖所有工作人口和部分特殊群体，如退休人员、儿童和孕妇等。国家医疗保险基金支付大部分医疗服务费用，体现了政府在公共卫生服务中的福利性质。2010年11月，俄罗斯颁布了《俄罗斯联邦强制医疗保险法》，并于2011年启动了新一轮医疗保险体系改革，这次改革进一步发展了医疗保险体系，减少了私人医疗机构参与强制医疗保险的障碍，促进了私人医疗机构的发展。2012年，俄罗斯将强制医疗保险缴费率提升到工资总额的5.1%，为建立有限度的全民免费医疗奠定了经济基础。俄罗斯的公共卫生政策强调预防为主，注重公共卫生服务与医疗服务的结合。通过提供广泛的预防保健服务，如疫苗接种、健康教育和疾病筛查等，以降低疾病发生率，提高国民健康水平。

3. 绩效管理机制及市场机制的引入

俄罗斯在公共卫生领域推行绩效管理机制，通过设定明确的绩效目标和评价指标，优化资源配置，提高公共卫生支出的效率和效果。这种绩效管理机制覆盖预算管理的全周期，包括目标管理、过程管理、结果评价及其应用等方面，确保公共卫生政策的实施能够达到预期的效果。尽管政府在公共卫生服务中发挥主导作用，但市场机制也在俄罗斯的卫生保障系统中发挥作用。私人医疗机构和商业医疗保险的存在为公民提供了更多的选择，同时也推动了医疗服务的质量提升和创新发展。

通过上述分析，可以看出俄罗斯公共卫生政策具有战略性、目标导向性、合作性和成效性的特点，旨在通过综合性的政策措施，提升国民健康水平，增强国家公共卫生体系的整体效能。

俄罗斯的公共卫生政策在社会支持方面存在一些特点和问题。一方面，俄罗斯政府高度重视对弱势群体（如老年人、儿童、残疾人等）的保护，通过发放福利金、提供社会服务等为这类人群提供社会支持。另一方面，俄罗斯社会支持体系还存在一些问题，如社会保障体系不健全、社会服务资源不足等。未来，俄罗斯政府可以加大对社会支持的投入，提高社会保障体系的覆盖率和质量。

俄罗斯公共卫生政策注重健康教育和科学宣传的推广。政府通过开展各类宣传活动、制定健康教育政策，积极引导公众形成正确的健康观念和行为习惯。此外，政府还对社会各界开展卫生知识培训，提高公众对常见疾病的认知和预防意识，增强个体在健康管理方面的自主能力。此外，在应对突发公共卫生事件和疫情防控方面，俄罗斯采取果断有力的措施。政府加强卫生监测体系的建设和运行，及时掌握公众健康情况，并制定应对措施快速响应。政府还加强与国际卫生组织和其他国家的合作，共同应对全球性公共卫生威胁，保护国民的健康和安全。总体而言，俄罗斯公共卫生政策致力于保障全国人民的健康和福祉。政府通过加强医疗服务、推广健康教育和科学宣传、制定有效的应对突发公共卫生事件的措施等，不断提升公共卫生服务水平，建设健康、安全的社会环境。

（二）新加坡公共卫生政策

新加坡是东南亚地区唯一的发达国家。根据世界卫生组织与美国华盛顿大学健康指标和评估研究所发布的《2019年全球疾病负担》报告，新加坡在预期寿命和健康预期寿命方面都居全球首位。新加坡政府通过完善的法律制度和政策体系，建立了健全的公共卫生管理制度。政府在公共卫生管理上十分重视预防和控制，制定了多项有力的法律和政策，全面推进健康教育、疫病控制、卫生监管等工作。新加坡作为"一带一路"建设中的发达国家，其公共卫生政策对于其他国家具有较高的借鉴价值。

1. 基层转诊制度

新加坡医疗体系能达到"花小钱办大事"的效果，得益于政府严格执行的转诊制度，也就是我们常说的"小病去诊所，大病去医院"。

一般来说若非紧急情况，患者需要持有诊所医生的推荐信才可以预约医院中的专科医生。这种做法可以减轻医院的负担，减少医疗资源挤兑的风险。新加坡政府按照门诊和住院两种类型来为患者提供财政补贴。其中，就门诊看病而言，政府为成年人补贴50%，为18岁以下的未成年人和65岁以上的老年人补贴75%，对确有困难的人群政府给予100%的补贴；而对于住院患者，根据住院条件的差别，病房分A级、B1级、B2级、C级四个等级，各等级病房的补贴率分别为0%、20%、65%和80%。如果一次住院总费用为500新币（C级）至1000新币（B2级），可启动保健储蓄。

根据世界银行统计，新加坡2017年每千人医院床位数为2.5张，每十万人重症床位数为11.4张。整体看来，在床位数方面，新加坡与中国、美国相比偏少，但其重症床位数的比例处于较高水平。新加坡、中国与美国医疗资源数据对比如表1所示。

表1 新加坡、中国与美国医疗资源数据对比

床位数	新加坡	中国	美国
每千人医院床位数（张）（2017年）	2.5	5.72	2.9
每十万人重症床位数（张）（2017年或之前）	11.4	3.6	34.7

（数据来源：世界银行）

新加坡倡导每个人必须对自己的健康负责，首先自付医疗费用，然后是家庭、社区帮助，最后是政府补贴，以保证高质量的医疗服务与可控费用的平衡。费用过高，会将低收入者挡在门外；综合医疗体系不完善，会造成小病大医和过度医疗等问题。

新加坡的转诊制度不仅为国民提供了高效卓越的医疗服务，而且对控制医疗费用的总支出起到了至关重要的作用。

2. "健康SG"计划

新加坡2022年宣布改革公共卫生体系，本着"预防胜于治疗"的原则，推出"健康SG"计划，协助所有国人采取实际行动以保持和改善健康。"健康SG"计划鼓励每个新加坡人固定看同一名全科医生，包括做定期检查、商讨一套护理计划，以确保护理的连续性，同时加强预防性的调养和医疗。这名全科医生将根据民众的健康状况，鼓励其接受卫生部推荐的体检和疫苗接种等，全科医生可以在民众人生的每个阶段，针对他们可能面对的任何健康问题制定对策。

在政府宣布将推出"健康SG"计划后，截至2023年3月，已有超过800个全科诊所加入基层医疗护理网络，也就是成为"健康SG"计划下的全科诊所，其数量占新加坡全科诊所数量的一半以上。这类诊所在新加坡一般被称为"私人诊所"，相对于公立综合诊疗所而言，私人诊所数量多，但规模小、收费高，年长人士在发现有慢性病，需长期服药、定期复诊时，往往不会选择私人诊所。这就使得公立综合诊疗所常常人满为患，患者经常需要排长队。

通过"健康SG"计划，政府试图让遍布全国的私人诊所也参与到照顾患有慢性病的年长人士的医疗护理网络中。通过发放津贴，政府鼓励民众去私人诊所拿药、体检和接种疫苗，并鼓励民众尽量与固定的全科医生建立长久互信关系，这样全科医生可以更好地了解民众的情况，更容易提前介入任何健康问题。此外，"健康SG"计划也鼓励民众接触和参与更多运动和体育活动，并培养他们更健康的饮食习惯，选择更适合自己的多种活动。

3. "S＋3M"制度

通过三大医疗集团，新加坡构建了垂直整合的公共医疗服务网络。私立医疗机构和家庭医生诊所提供了80%的基础医疗门诊服务。在医疗保障制度方面，新加坡由政府补贴（Subsidy）与保健储蓄计划（Medisave）、终身健保计划（MediShield Life）和保健基金计划（Medifund）构成的"S＋3M"制度也受到了很多国家的关注。

政府补贴（Subsidy）：各个公立医疗机构根据成本自行制定医疗服务价格，新加坡政府直接对这一价格按照一定比例进行补贴，公民按照补贴后的价格支付医疗费用。补贴的范围包括公立医疗机构急症住院护理、疫苗接种及儿童发育筛查、公立医疗机构专科门诊护理、公立医疗机构标准药品目录药物、公立医疗机构药物援助基金所列药物、公立医疗机构日间手术、居家或非居家长期护理、社区透析等。

保健储蓄计划（Medisave）：强制性中央公积金制度的一部分，1984年由政府设立，覆盖所有在职人员，雇主、雇员双方按照工资的一定比例缴纳。其作为一项全国性的医疗储蓄计划，旨在帮助个人留出部分收入来支付其个人或经批准的家属的住院、日间手术和某些门诊费用，以及他们在老年时的医疗保健需求。保健储蓄提款限额经过精心设定，以确保民众的保健储蓄账户中有足够的金额来满足他们在老年时的基本医疗保健需求。提款限额通常足以支付有补贴的住院和门诊治疗产生的大部分费用。

终身健保计划（MediShield Life）：又称基本医疗保险计划，是新加坡医疗保障制度的主体。这项制度的前身是于1990年开始的健保双全计划（MediShield），当初尚属于自愿参保形式，用于支付新加坡公民和永久居民的住院和特殊门诊费用。2015年11月，健保双全计划（MediShield）全面过渡到终身健保计划（MediShield Life），成为一项强制性、全民受保、终身受保的计划，在新加坡医疗保障制度中发挥了"顶梁柱"的作用。

保健基金计划（Medifund）：由新加坡政府发起的用于帮助有需要的新加坡公民的计划，承担新加坡医疗保障制度的托底功能，为面临经济困难的患者提供医疗保障安全网。

新加坡医疗卫生体系实现了长期有序的分级诊治，有效地配置了有限的医疗资源，覆盖了国民绝大部分医疗需求。新加坡政府充分调动社会医疗资源，使得私立体系分担了政府建立健全基层医疗体系的财政负担。新加坡医疗卫生体系不得不说是结合国情建立的高效的医疗卫生体系。

（三）土耳其公共卫生政策

土耳其是OECD和G20的重要成员，被世界银行列为中高收入国家。2022年土耳其的GDP在所有亚洲国家中位列第七[①]。因其横跨欧亚的地理位置、丰富的医疗资源、低于欧美国家的价格与专业的服务能力，土耳其拥有较为发达的医疗旅游产业。从2003年开始，土耳其政府实施了卫生转型计划，旨在加强初级医疗卫生服务、完善家庭护理政策以及提高卫生系统的整体水平和效率。作为转型的一部分，2008年，土耳其成立了社会保障机构（Social Security Institution，SSI）以统筹卫生筹资工作，有效提升了医疗服务的覆盖率和质量，卫生公平性也得到了有效提升。土耳其统计局数据显示，2012—2021年土耳其的医疗卫生总支出不断增长（见图1），2021年土耳其的卫生总费用较2020年增加了41.6%，达到3539亿土耳其里拉，相当于GDP的4.9%。其中，政府卫生支出达到了2802亿土耳其里拉，占总卫生支出的79.2%；私人卫生支出估计为737亿土耳其里拉，占比为20.8%，说明土耳其政府在公共卫生方面的关注度不断提高。

---

① OECD members GDP Per Capita 1960—2023 [EB/OL]. https://www.macrotrends.net/countries/OED/oecd-members/gdp-per-capita.

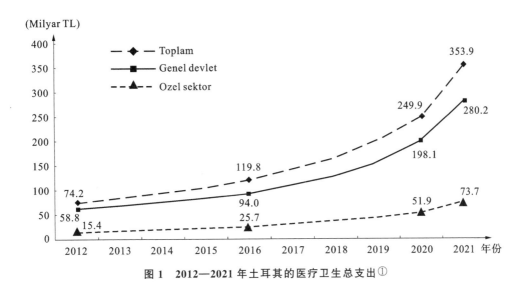

图 1 2012—2021 年土耳其的医疗卫生总支出①

1. 医疗保险制度

土耳其实行全民医疗保险（UHI）制度，为所有公民提供医疗保险覆盖。该制度旨在降低医疗费用，减轻个人负担。卫生转型计划实施之后，土耳其于 2008 年通过了《社会保险和全民医疗保险法》，致力于实现全民强制性医疗保障覆盖。土耳其全民医保（UHI）的筹资主要有三个来源：一是一般税收；二是社保缴款；三是个人自付费用。特殊群体（如儿童、低收入人群、孕妇、退伍军人等）可以无门槛免费享受医疗保障。全民医保的实施在很大程度上提高了参保率，尤其利好贫困人口，为其提供了经济保障。根据 2022 年 OECD 的数据，98.8% 的土耳其人口已参加全民医保，同时 9% 的人口购买了私人医疗保险作为补充②。

2. 医疗服务系统

土耳其的医疗服务系统主要由公立和私立两部分构成，以公立医疗机构为主导、私立医疗机构为补充。由卫生部运营和监管的公立医疗机构提供公立医疗服务，而私立医疗服务则由私立医疗机构与社会保障机构（SSI）签订合同后在公共卫生系统内提供，或者直接向自费（Out-of-Pocket）患者提供。私立医疗机构提供的医疗服务通常更广泛、更快速，质量也更高。

---

① Türkiye İstatistik Kurumu. Sağlık Harcamaları İstatistikleri, 2021 [EB/OL]. https://data.tuik.gov.tr/Bulten/Index? p=Health-Expenditure-Statistics-2021-45728.

② European Observatory. Health systems in action: Türkiye [EB/OL]. (2022-09-12). https://eurohealthobservatory.who.int/publications/i/health-systems-in-action-t%C3%BCrkiye-2022.

(四) 沙特阿拉伯公共卫生政策

沙特阿拉伯是地理面积第二大的阿拉伯国家。作为全球最大的石油输出国，沙特阿拉伯的经济高度依赖于原油出口，为了改善这一状况，2016年沙特阿拉伯政府提出"2030愿景"（Vision 2030），并将医疗卫生作为重点关注的领域之一。在"2030愿景"的推动下，沙特阿拉伯各类卫生人员数量实现了稳步增长，医疗卫生服务的可及性也得到了较大提升。沙特阿拉伯的法律明确了卫生体系的目标是以公平和可及的方式为所有人提供全面和完整的医疗保健，因此其卫生筹资主要来自政府年度预算。但随着人口的增长，国家医保模式的可持续性受到了挑战，沙特阿拉伯政府决定向全民医疗服务模式转型。

沙特阿拉伯基础医疗系统完善，对本国公民实行免费医疗制度。外籍人士只能到私立医院就医，医疗费用昂贵。沙特阿拉伯的大中型城市均分布有24小时药店网点，可凭医生处方购买处方类药品，也可以个人自费购买非处方药品。药品多为欧美原品进口，价格偏高。沙特阿拉伯政府规定，企业雇用外籍员工须为雇员交纳医疗保险。卫生部是沙特阿拉伯最大的医疗保健服务提供者，覆盖了超过60%的医疗卫生服务，私营医疗部门在医疗卫生服务中也逐渐发挥重要作用[1]。

近年来，沙特阿拉伯医疗卫生服务的可及性有了较大提升，根据沙特阿拉伯政府部门统计，在四周内提供专科咨询的比例从2016年的38%提高到了2020年84%，而在本地获得基本医疗卫生服务的比例也从2016年的78%提高到2020年的85.7%。2023年，沙特阿拉伯投入超过500亿美元，用于推动包括数字化医疗服务在内的多项举措，旨在提升医疗保健的效率、可及性和透明度。

三、中国与"一带一路"共建国家公共卫生治理合作

中国与"一带一路"共建国家公共卫生治理合作是当前全球关注的重要议题。随着全球化的发展，公共卫生问题已经超越国界，需要国际社会共同应对。中国积极倡导和参与"一带一路"建设，为共建国家提供公共卫生治理支持，推动合作共赢，助力各国共同应对突发公共卫生事件挑战。在"一带一路"框架下，中国与共建国家加强信息分享、技术交流、人员培训等方面的合作，共同构建公共卫生治理网络。通过资源共享和合作协同，提升各国应对传染病、维护环境卫生、健康教育等方面的能力，实现公共卫生治理水平的整体提升。公共卫生治理合作不仅有助于保障"一带一路"共建国家人民健康，还有助于维护地区和全球公共卫生安全。各国共同应对公共卫生挑战，推动"一带一路"建设不断迈向更加健康、可持续的发展，符合各国共同利益，也符合国际社会的期待与呼吁。

---

[1] 迪拜陪诊帮. 中东医疗保健结构、事实、统计数据！[EB/OL]. (2023-06-20). https://baijiahao.baidu.com/s?id=1769220594023056383&wfr=spider&for=pc&searchword=.

（一）合作协同机制

2016年6月22日，习近平主席在乌兹别克斯坦最高会议立法院发表演讲时首次提议携手打造"健康丝绸之路"，倡导各国深化医疗卫生合作，加强在传染病疫情通报、疾病防控、医疗救援和传统医药领域的合作。"健康丝绸之路"由此成为"一带一路"建设中的新概念。2020年3月21日，习近平主席在致法国总统马克龙的慰问电中首次提出"打造人类卫生健康共同体"的理念，以完善全球公共卫生治理。同年6月17日，习近平主席在中非团结抗疫特别峰会上提出"共同打造中非卫生健康共同体"的新理念。这为中非共建"健康丝绸之路"提供了新动力，注入了新内涵。

未来，"健康丝绸之路"应该着眼于帮助"一带一路"共建国家提升人民的健康水平和生命质量，这不仅需要"一带一路"共建国家之间开展广泛的经济与贸易合作，也需要开展更深入的科技和医疗合作。

第一，搭建"一带一路"共建国家在医疗卫生领域的对话交流，消弭知识与技术差距。通过政府、企业、高校和研究机构的上下联动，形成多方参与的卫生合作交流模式，推进政策对话和经验分享，加强"一带一路"共建国家在医疗卫生领域的合作与交流，构建更紧密的国际合作机制。当前，我国已与许多"一带一路"共建国家建立了双边或多边卫生合作关系，搭建了较高层次的合作机制。例如，华大基因积极践行"一带一路"倡议，与沙特阿拉伯公共卫生局签署了合作谅解备忘录，双方将疫情期间基于传感染疾病检测的合作进一步扩展至生育健康、肿瘤早筛、科研项目和人才培养等领域的全方面合作，助力沙特的公共卫生事业发展。

第二，关注生命健康科技，提高"一带一路"共建国家民众的生命质量。随着我国生命健康领域科技水平进步、模式创新和产业化的不断成熟，可更多推动各国在生物技术、基因组学技术、精准医学等方面的合作。加强疾病预防和早期筛查等智慧医疗领域的合作，实现大群体、低成本、高效率的筛查，将大大提升"一带一路"共建国家民众的生命质量。以结直肠癌为例，通过结直肠癌早期筛查可以显著降低发病率和死亡率。华大基因研发的早期肠癌检测技术可以评估受检者罹患肠癌及癌前病变的风险，通过大人群的早期检测解决了肠镜医疗资源缺乏和受检者依从性低的问题。在直肠癌高发的拉丁美洲国家乌拉圭，其54%的病例直到晚期才被发现[①]。2024年4月，华大基因在乌拉圭建立的首家国际领先水准临床分子检测实验室正式开业，该实验室是华大基因首次在海外将"火眼"气膜方案转化应用于临床分子检测的实验室，将为拉美地区提供生育健康和肿瘤防控等领域的检测服务，用"中国方案"助力拉美国家公共卫生体系发展。

第三，加强"一带一路"共建国家在医疗卫生领域的人才教育和培训。国家卫健

---

① 赵立见. 共筑"健康丝绸之路"，促进"一带一路"国家健康卫生全面提升[EB/OL].（2023-11-20）. https://baijiahao.baidu.com/s?id=1783096574926497278&wfr=spider&for=pc.

委通过建立"一带一路"医学人才培养联盟、医院合作联盟、卫生政策研究网络等，开展中国—东盟"健康丝绸之路"人才培养计划等项目，十年来为发展中国家培养卫生专业技术人员近10万人次，与41个国家的46所医院建立对口合作，共建25个临床重点专科中心[①]。此外，我国医疗集团积极"走出去"，开展国际化合作，在改善医疗水平的同时，也带动了当地卫生健康领域的人才储备。

第四，合作开展"一带一路"共建国家医疗援助与疾病救治。截至2023年10月，国家卫生健康委派出中国援外医疗队开展"光明行"等义诊活动，累计服务受援国患者2000多万人次。2020年疫情对全球公共卫生应对能力提出巨大考验，病毒的精准检测成为疫情防控的关键，华大基因驰援塞尔维亚、沙特阿拉伯、泰国等多个国家，疫情结束后也继续助力当地建立精准医学检测能力，持续为各个国家和地区的民众健康做出积极贡献。

（二）面临的挑战

第一，经济水平不均。"一带一路"共建国家多是发展中国家，经济社会发展水平相对较低，一些国家的民众甚至面临粮食短缺和营养严重失衡的问题，这必然会制约当地民众健康水平的整体提升。受此影响，"一带一路"共建国家的卫生健康水平存在显著差异，根据世界卫生组织数据，心血管疾病、癌症、慢性呼吸道疾病、糖尿病等非传染性疾病每年造成4100万人死亡，相当于全球所有死亡人数的74%，而其中77%发生在低收入和中等收入国家[②]。而这些疾病发生率快速上升将进一步阻碍低收入国家的减贫行动，尤其会增加家庭的卫生保健相关费用。

第二，医疗条件和医疗模式有待提升。"一带一路"建设中的欠发达地区的医疗条件和医疗能力较为薄弱，医疗设备和药品物资匮乏，医疗技术和管理水平欠缺，没有建立起系统性的医疗模式，需要加强公共卫生体系建设。同时，配套基础设施的滞后也限制了医疗体系能力的提高，例如一些国家存在电力供应不足、交通设施错落等问题，同时落后的经济状况使得医疗设施建设难以得到有效的资金支持，阻碍了医疗体系的扩容和建设。以非洲国家为例，据世界卫生组织统计，2010—2018年，在全球每万人所配置的卫生人力资源方面，非洲地区是最少的，每1万人口中医生、护士及助产士人数分别为3.0人和10.1人，为全球最低水平。其中，在贝宁、布基纳法索、布隆迪、喀麦隆、中非共和国、乍得、刚果（金）、吉布提、厄立特里亚、埃塞俄比亚、冈比亚、莱索托、马拉维、莫桑比克、尼日尔、几内亚、塞拉利昂等国，每1万居民不足有1名医生。由此可见，非洲国家的医护人员短缺现象极为严重。2019年，非洲医疗系统在执行《国际卫生条例（2005）》13项关键条款方面的能力得分平均为44

---

① 赵立见．共筑"健康丝绸之路"，促进"一带一路"国家健康卫生全面提升[EB/OL]．（2023-11-20）．https：//baijiahao.baidu.com/s？id=1783096574926497278&wfr=spider&for=pc．

② 赵立见．共筑"健康丝绸之路"，促进"一带一路"国家健康卫生全面提升[EB/OL]．（2023-11-20）．https：//baijiahao.baidu.com/s？id=1783096574926497278&wfr=spider&for=pc．

分,为全球最低分(全球平均得分为63分)。此外,安全饮用水、卫生服务和洗手设施也是衡量医疗服务水平的重要内容。非洲能够用上安全饮用水、安全卫生服务和洗手设施的人口比例也位居全球最低水平。2017年,这三项数据分别为29%、20%和28%,低于全球平均水平(分别为71%、45%和60%)①。

第三,医疗人才短缺。人才是制约"健康丝绸之路"建设的重要基础要素。"一带一路"建设中的欠发达地区教育和医疗环境普遍较差,缺乏系统性的医学基础知识、基本技能培训和提升,不仅妨碍了本地人才的培养,也无法吸引国外人才的引进,从而制约了医疗水平的提升。

(三)"健康丝绸之路"的建设路径

直面问题与解决上述挑战是"一带一路"共建国家未来共建"健康丝绸之路"、深化卫生健康共同体的必由之路。问题与挑战也蕴含着合作机遇和发展潜力,各国医疗卫生合作的新增长点往往就存在于解决前述问题与挑战的过程之中。为此,各国应在大卫生和大健康理念的指导下,遵循共商共建共享原则,致力于实现"健康丝绸之路"的战略目标。

第一,加强顶层设计和政策对接,提升卫生健康在国际合作中的战略地位。疫情使得各国元首前所未有地重视卫生健康议题。2020年6月17日,习近平主席和13个非洲国家领导人以及非盟委员会主席通过视频连线方式召开了中非团结抗疫特别峰会。这是中非关系史上双方领导人首次就疾病防控议题专门举行的首脑会议,显著提升了医疗卫生合作在中非关系中的地位。元首外交在中非联合抗疫过程中发挥着引领作用。疫情期间,习近平主席一直通过电话或信函等方式同非洲国家领导人保持密切沟通与协调,就双边抗疫合作达成共识。未来共建"健康丝绸之路"和打造卫生健康共同体,依然离不开元首外交及其顶层设计的支持。各国加强政策沟通,应继续确保民众健康福祉成为各自外交政策的优先议程和战略目标。破解医疗卫生在各国外交中工具性地位之困境,使其上升为国家发展和安全战略的关键一环,不断健全完善共建"健康丝绸之路"的顶层设计,夯实卫生健康共同体的根基。

第二,加强医学教育和传统医药合作。一个国家要建设强大而有韧性的医疗卫生体系,必须拥有充足的医疗卫生人力资源,需要发达的医疗教育体系。"一带一路"共建国家大多医学教育比较落后,中国应积极支持各国发展医学教育,援助其医学院和护校,在当地培养更多医疗卫生人力资源,支持其医疗卫生体系自主可持续发展。鼓励双方政府、企业和社会力量联合办学,促进中国医学教育走进世界,加强双方医学教育的相互融合。此外,要进一步加强双方在传统医药领域的合作。传统医药因其实用、廉价和高效等特点,更有利于保障普通群众的健康福祉。在"一带一路"共建国家的广大农村和城市基层社区,传统医药在治疗疾病方面仍然发挥着重要作用,且与

---

① 曾爱平. 全球公共卫生治理合作:以中非共建"健康丝路"为视角[EB/OL]. (2021-01-20). https://www.sohu.com/a/445599054_617730.

当地宗教信仰和社会习俗紧密融合。中国医学走进各国应注重与其本土医药相结合，因地制宜，通过适应和改造，促进传统医药之间的融合。

第三，推进医药产能合作，发展卫生健康产业。经济落后和贫困是部分"一带一路"共建国家公共卫生体系不发达的直接原因，一些"一带一路"共建国家在发展经济和摆脱贫困方面面临巨大挑战，主要是因为这些国家在世界经济体系中处于结构性不利地位。中国应积极支持"一带一路"共建国家大陆自贸区建设，在此框架下，帮助共建国家发展卫生健康产业，促进卫生健康产业投资合作。为此，中方应积极推动中国药企投资"一带一路"共建国家，将医药产业作为产能合作重点，提升医药投资合作层次，探索在"一带一路"共建国家建立医药工业园或大型医药生产基地，缓解乃至扭转"一带一路"共建国家缺医少药的困境。积极打造中国的跨国制药巨头，使中国医药行业出现高度国际化的领军企业。

第四，官民并举，充分发挥社会力量的作用。公共卫生涉及千家万户，关系到每一个人。任何行为体均不可能以一己之力独自应对重大传染病疫情和突发公共卫生事件。民间社会组织可有效弥补政府和市场失灵，在医疗卫生领域促进民生改善和民心相通，为建设"健康丝绸之路"和打造卫生健康共同体奠定坚实的民意基础。联合国和世界卫生组织长期以来支持和鼓励社会组织和非国家行为体为全球公共卫生治理做出更大贡献。2020年，中国民间组织国际交流促进会发起"丝路一家亲"民间抗疫共同行动，统筹协调60余家社会组织、企业和民间机构在60余国实施了100多个国际抗疫合作项目，捐赠物资总额近2亿元，同时协调各国民间组织合作网络及其成员组织举办线上经验交流活动近200场①，在"一带一路"共建国家产生了良好反响，为中国民间力量参与"一带一路"共建国家公共卫生治理提供了成功案例。事实上，此前也有中国民间机构参与对非医疗卫生机构援建项目的成功案例。2010年以来，中国扶贫基金会在苏丹南部采用综合的、一体化援助方案实施阿布欧舍友谊医院项目，包括援建医院大楼、参与医院管理、搭建母婴保健网络、培训医护人员等，均取得了良好效果。因此，中方应在政策上扶持和培养中国的非国家行为体，鼓励它们参与非洲国家公共卫生治理，与国际非政府组织在非洲国家结成各种伙伴关系，以中国智慧丰富全球公共卫生治理方案。中国社会蕴藏着丰富的动员潜力。根据胡润全球富豪榜，2019年，全球进入十亿美元俱乐部的富豪达2816人，中国有799人，超过美国的626人，中国慈善力量的潜在作用尚未充分发挥。中国社会应完全有可能产生像美国比尔及梅琳达·盖茨基金会这样具有全球视野的公益组织，助力全球公共卫生治理。

第五，加强国际合作，积极参与全球卫生治理。实力雄厚的跨国医药企业以及有国际影响力的技术机构在大多数全球卫生合作伙伴关系中捐资较多，拥有很大话语权。中国应积极参与全球机构在"一带一路"共建国家的公共卫生治理，通过增加资金和技术支持，与相关国际机构和非国家行为体结成更紧密的合作伙伴关系。在妇幼

---

① 中国社会组织促进会. 中国社会组织参与共建"一带一路"案例选登[EB/OL]. (2023-10-17). https://www.chinanpo.org.cn/ds/23102e1bcf.html.

健康领域，中国积极投身全球卫生治理并与国际社会紧密合作。中国同世界卫生组织、联合国儿童基金会等携手，在东南亚的柬埔寨、老挝等"一带一路"共建国家开展母婴健康项目。中国派遣妇幼专家团队前往当地，为当地医护人员举办专业培训，内容涵盖孕期保健、安全分娩技术、新生儿护理等多方面实用知识与技能。例如，在柬埔寨，中国专家深入偏远乡村诊所，现场指导当地助产士如何正确应对分娩过程中的突发状况，如产后大出血的紧急处理，显著提升了当地母婴分娩的安全性。另外，中国还支持柬埔寨等国制定符合本国国情的妇幼健康发展规划，从政策层面保障项目的可持续推进，全方位为提升当地妇幼健康水平，为全球妇幼卫生治理添砖加瓦。

总之，"健康丝绸之路"建设是一项复杂的系统工程，涉及众多利益相关方，不可能一蹴而就。它涉及林林总总的疾病种类，需要帮助"一带一路"共建国家构建健康完善的公共卫生体系和培养多层次、全方位的医疗卫生人才。健康不单是一个医疗卫生问题，也与经济社会发展水平密切相关。与此同时，"健康丝绸之路"建设也不能仅限于中国与"一带一路"共建国家之间的合作，而需进行开放性合作，坚持多边主义，维护以联合国和世界卫生组织为核心的全球卫生治理体系。共建"健康丝绸之路"是一个漫长的过程，因为人类社会发展过程中，总会出现新的未知病毒和流行性疾病。护佑健康是直抵人心的事业，"健康丝绸之路"建设需要一代又一代人接续奋斗。共建"健康丝绸之路"的过程，也是促进和加深各国民心相通相知的过程。

"一带一路"建设正进入共同发展、深入合作的下一个十年。健康与公共卫生问题是各国政府和人民共同关注的问题，也是推进民心相通的重要桥梁。加强在健康、卫生领域的合作，将为共建国家带来更多的发展机遇，为相关国家人民带来实实在在的好处，这不仅是中国为推动全球卫生健康事业发展付出的实际行动，也是践行坚持以人民为中心的"全球发展倡议"的坚定承诺。

— 参考文献 —

[1] 奚建武. 高风险背景下超大城市健康治理的困境及其出路研究——以上海新冠肺炎疫情防控为例 [J]. 上海城市管理, 2020 (3): 11-19.

[2] 曾爱平. 全球公共卫生治理合作：以中非共建"健康丝路"为视角 [J]. 西亚非洲, 2021 (1): 26-47.

[3] 敖双红, 孙婵. "一带一路"背景下中国参与全球卫生治理机制研究 [J]. 法学论坛, 2019 (3): 150-160.

"一带一路"共建国家儿童政策系列

"一带一路"共建国家儿童福利发展挑战与优化路径探析

雷晓康　郑冰茹　王明慧　雷悦橙

[摘　要]　儿童是人类社会发展的未来，在"一带一路"建设中受到高度关注。本研究梳理了"一带一路"共建国家儿童福利制度的发展阶段，剖析了"一带一路"共建国家儿童福利发展面临的共同挑战，并构建了"一带一路"共建国家儿童福利互助发展的实践路径。研究发现，"一带一路"共建国家儿童福利发展面临贫困和基本需求难以满足、教育不公和健康营养不足、战争冲突和突发灾害频发的外部环境挑战，以及社会贫富差距加剧、劳动力短缺和儿童福利资源闲置与分配不均的内部环境困境。对此，"一带一路"共建国家应当始终坚持共商共建共享的儿童福利发展原则，发挥数字技术的高效赋能作用，构建服务内容全面丰富的儿童福利保护体系，并做好儿童福利保障工作，实现"一带一路"共建国家的合作共赢。

[关键词]　儿童福利；"一带一路"共建国家；互助发展

一、引言

2013年，习近平主席在访问哈萨克斯坦和印度尼西亚时，先后提出共建"丝绸之路经济带"和"21世纪海上丝绸之路"的倡议。"一带一路"倡议起先是一项经济合作倡议，旨在以建设互联互通的基础设施为基础，完善区域内、区域间的互联互通，进而促进多边经济交流，提升贸易投资的便利化和自由化。截至2023年，我国同152个国家、32个国际组织签署了200多份共建"一带一路"合作文件，"六廊六路多国

作者简介：雷晓康，西北大学公共管理学院教授、博士生导师，主要从事社会保障、应急管理、社会治理研究；郑冰茹，西北大学公共管理学院博士研究生，主要从事儿童福利研究；王明慧，西北大学公共管理学院硕士研究生，主要从事社会福利研究；雷悦橙，中国人民大学劳动人事学院博士研究生，主要从事儿童福利研究。

多港"的互联互通架构已基本形成①。据世界银行预测，到 2030 年"一带一路"倡议将帮助相关国家 760 万人摆脱极端贫困、3200 万人摆脱中度贫困，参与国贸易增长 2.8%～9.7%、全球贸易增长 1.7%～6.2%、全球收入增长 0.7%～2.9%。经济水平的提高将为国家社会发展和民生建设带来机遇，"一带一路"倡议的合作范围接续扩大至应急救援、环境保护、数字服务、教育医疗等民生领域，该倡议已成为破解全球治理问题的公共产品②。当前，全球人口变化呈现出区域间增速差异明显、人口老龄化加速、生育率下行等特征，人口结构变迁对儿童福利制度和公共服务体系提出了更高的要求。同时，随着国际经济交流增加，跨国就业者数量迅速增长，跨国公司和跨国就业者对社会保障的国际合作需求随之增长。因此，构建"一带一路"共建国家儿童福利互助发展体系不仅是对构建人类命运共同体价值观的践行，更是为"一带一路"建设培育接班人，也是维护"一带一路"合作稳定、可持续发展的坚实保障，有助于消除跨国劳动者家庭育儿的后顾之忧。

二、"一带一路"共建国家儿童福利制度发展阶段

联合国《儿童权利公约》将儿童定义为 18 岁以下的任何人，并明确儿童具有四项基本权利，分别是生存权、发展权、受保护权和参与权。儿童福利以儿童为对象，是社会福利中的一种特别形态，分为狭义的儿童福利和广义的儿童福利③。狭义的儿童福利是指针对孤儿、残疾儿童、流浪儿童等有特殊需要的困境儿童提供津贴、物质和社会服务，具有特殊性和补救性的特征。广义的儿童福利是指为促进儿童全面发展，由政府、社会等多元主体向儿童提供资金与服务的社会政策与福利事业，具有普遍性、社会性和发展性的特征④。

根据儿童福利的定义，可将儿童福利制度按阶段划分为补缺型儿童福利制度、适度普惠型儿童福利制度和普惠型儿童福利制度三种。补缺型儿童福利制度是在国家经济相对不发达时采取的暂时性、补偿性的儿童福利制度，"一带一路"共建国家中大部分非洲国家受经济水平、国际动荡等因素影响，儿童福利制度仍处于补缺阶段。适度普惠型儿童福利制度是在国家经济进入中等发达阶段时采取的一种过渡性儿童福利制度，目前我国儿童福利制度正处于适度普惠阶段⑤。普惠型儿童福利制度是国家经济

---

① 赵磊，张晗. 共建"一带一路"十年：理论认知与实践效应 [J]. 中共中央党校（国家行政学院）学报，2023（5）：45-55.

② 金碚，孙久文，张可云，等. 共建"一带一路"十周年：成就与展望 [J]. 区域经济评论，2023（6）：5-19.

③ 何芳. 新时代我国儿童福利政策的基本特征、发展逻辑与未来走向——基于《中国儿童发展纲要（2021—2030 年）》的分析 [J]. 学前教育研究，2023（5）：10-19.

④ 陆士桢. 简论中国儿童福利 [J]. 华中师范大学学报（哲学社会科学版），1997（6）：30-34.

⑤ 尹吉东. 从适度普惠走向全面普惠：中国儿童福利发展的必由之路 [J]. 社会保障评论，2022（2）：122-143.

进入发达阶段后采取的一种常态化、积极性的儿童福利制度，以新加坡等国为代表的"一带一路"共建国家采取该制度模式。从我国"一带一路"国际合作拓展线路来看，其主要包括两条线路。一路是中亚、南亚、西亚、东亚和北非等劳动力丰富，经济处于工业化早期或中期阶段的国家，并辐射至西欧国家。这条线路的各国受经济和宗教观念因素影响，大部分国家儿童福利水平较低，儿童福利制度处于补缺阶段。另一路是东欧、东南亚、大洋洲等与中国国情相似、发展阶段相同的新兴工业化国家，该线路还辐射至拉丁美洲国家。这条线路的大部分国家经济情况相对较好，儿童福利制度建设经验较为丰富，大部分处于适度普惠和普惠阶段。本研究通过对两条线路中各国儿童福利制度的深入调查，选取埃及为补缺型儿童福利制度代表、我国为适度普惠型儿童福利制度代表、新加坡为普惠型儿童福利制度代表进行对比分析，研究"一带一路"共建国家各阶段儿童福利制度发展的特征。

(一) 补缺型儿童福利制度：埃及

与其他各国面临的人口低生育率陷阱不同，埃及面临人口过度增长困境。埃及是迄今为止，人口最多的阿拉伯国家，约有1.04亿人口（2024年）。根据官方数据，2022年，埃及出生人口接近220万人。人口的过度增长为埃及的发展带来了巨大的经济压力、粮食压力、资源压力等。1968年，埃及出台《儿童寄养法》，保障被遗弃儿童的基本生存权利[①]。1996年，埃及颁布《儿童福利法》，明确了国家对儿童保护的责任和义务。2011年，埃及爆发大规模抗议游行，推翻穆巴拉克政权。在人口、政治、经济和宗教因素的影响下，埃及的儿童福利制度发展缓慢，儿童福利政策和项目的作用效果不明显，儿童发展问题突出。

1. 埃及的童工问题

联合国儿童基金会公布的数据显示，埃及约有160万名5～17岁的儿童从事童工劳动，并且约有128万名儿童在危险的环境中工作。虽然埃及政府批准了国际劳工组织《准予就业最低年龄公约》（第138号）和《禁止和立即行动消除最恶劣形式的童工劳动公约》（第182号），但是受劳动力短缺和粮食危机等因素的影响，埃及将最低就业年龄定为14岁，并且在农业生产部门可以放松这一年龄界限。同时，埃及贩卖儿童问题严峻，即使在开罗、亚历山大港等大城市，贩卖儿童并对其进行性剥削的现象也时有发生。2004年，埃及批准加入《巴勒莫协定书》，旨在预防和打击人口贩运，尤其是针对妇女儿童的人口贩运。2010年，埃及通过《反人口贩运法》，将贩卖妇女儿童认定为刑事犯罪，加大了对贩卖妇女儿童行为的惩罚。但是根据埃及公开数据，2020年6月至2021年6月，埃及政府调查了259起涉及性贩运、强迫劳动贩运犯罪

---

① Megahead H A. Family foster care for abandoned children in Egypt [J]. J. Soc. & Soc. Welfare, 2008, 35: 29.

案件，其中强迫儿童乞讨案件136起、儿童性贩运案件9起。可见，埃及现有的儿童保护政策并没有起到应有的作用。

2. 埃及的儿童健康问题

由于食物短缺，埃及尤其是其贫困地区的儿童和青少年面临严峻的营养不良、微量元素缺乏等问题。2019年，联合国粮农组织表示，埃及5岁以下儿童中营养不良者的比例为35%，而成年人肥胖症已达到令人担忧的水平。同时，埃及的童婚和女性割礼等问题也严重威胁埃及儿童的健康。2015年，埃及未成年儿童结婚率为8.7%；1~14岁女性儿童割礼率为14.1%，15~19岁女性儿童割礼率为69.6%。童婚和割礼行为加剧了婴儿死亡率和妇女死亡率，联合国公开数据显示，2014年，埃及新生儿每千人中有14人死亡，婴儿每千人中有22人死亡，5岁以下儿童每千人中有27人死亡，孕产妇每千人中有52人死亡。① 由此可见，埃及的儿童基本卫生服务可及性较差，疫苗接种、传染病医疗等问题未得到有效解决。

3. 埃及的儿童教育问题

埃及宪法规定，年满2岁或4岁的儿童可分别进入托儿所和幼儿园，但学前教育并非义务教育，托儿所和幼儿园均为私人开办。由于经济压力，大部分埃及儿童并未接受过学前教育。根据联合国调查，2017年，埃及2~4岁儿童中，仅有47%的儿童参加了学前教育项目，学前教育的净入学率只有26.5%。同时，埃及的义务教育阶段从小学开始，包括6年小学阶段和3年预备学校阶段，普惠性义务教育服务供给依托于联合国儿童基金会的埃及社区学校项目。根据埃及官方和联合国儿童基金会的统计，2017年，埃及小学净入学率为92%，初中毛入学率为60%，约140万名6~17岁儿童未入学和辍学。

（二）适度普惠型儿童福利制度：中国

伴随着人口出生率的逐年下降，2022年我国首次迎来人口负增长。人口低生育率陷阱制约着经济社会的良性发展，而导致我国生育意愿和生育行为下降的核心原因在于我国社会保障体系结构失衡、儿童福利制度建设不完善②。中华人民共和国成立初期，为保障孤儿、农村儿童的生存权益，我国建设了城市儿童福利院，并发展安置农村孤儿的"五保"制度，这两项制度构成我国儿童福利制度的雏形。随后，改革开放促进了我国经济增长与社会转型，传统的单位福利与集体福利消失，儿童福利朝着社会化和市场化发展，传统的儿童福利体系无法适应社会发展需求。在积累了一定的经济基础和制度基础的前提下。2007年，民政部相关负责人表示，我国将推动社会福利

---

① 数据来源：联合国儿童基金会《埃及儿童统计摘要》，https://www.unicef.org/egypt/reports/children-egypt。
② 万国威. 迈向"儿童投资型国家"：我国低生育率的福利逻辑及儿童福利制度的转型升级[J]. 华中科技大学学报（社会科学版），2023（3）：41-49，112.

事业由补缺型向适度普惠型转变。2011年，国务院颁布《中国儿童发展纲要（2011—2020年）》，提出推动儿童福利由补缺型向适度普惠型转变。适度普惠型儿童福利制度的概念正式提出，并于2013年在我国多地展开试点。截至目前，我国适度普惠型儿童福利制度建设取得一定成效，具体体现为儿童福利对象覆盖范围扩大、服务内容供给增多、服务政策趋于完善、津贴水平逐渐升高等。

1. 我国的儿童服务内容

我国儿童服务发展的重点表现在儿童托育服务、儿童健康服务和儿童教育服务三个方面。

（1）儿童托育服务。

2019年5月，国务院办公厅印发《关于促进3岁以下婴幼儿照护服务发展的指导意见》，提出"建立完善促进婴幼儿照护服务发展的政策法规体系、标准规范体系和服务供给体系"，正式拉开了我国托育服务体系建设的序幕。2019年10月，国家卫生健康委印发《托育机构设置标准（试行）》和《托育机构管理规范（试行）》，对托育机构设置的标准和管理规范做了具体规定，明确了托育机构专业化、规范化的发展方向。2022年11月，国家卫生健康委办公厅印发《托育从业人员职业行为准则（试行）》，进一步完善托育服务体系，提升托育从业人员的规范化和专业化水平。2023年3月，国家卫生健康委和发展改革委发布第一批全国婴幼儿照护服务示范城市名单，包括四川省成都市、陕西省西安市在内的33个城市（区）成为婴幼儿照护服务示范城市，我国托育服务建设初显成效。

（2）儿童健康服务。

中华人民共和国成立初期，我国颁布的《中国人民政治协商会议共同纲领》就提出保护母亲、婴儿和儿童健康的要求。随后，我国出台了一系列产妇保健政策和婴幼儿照护措施，使我国婴幼儿死亡率和孕产妇死亡率迅速下降。据统计，我国婴儿死亡率从2000年的32.2‰下降到2010年的13.1‰，2018年该指标降至6.1‰；孕产妇死亡率从2000年的53/10万下降到2010年的30/10万，2018年该指标降至18.3/10万。2021年，国家卫生健康委发布《健康儿童行动提升计划（2021—2025年）》，对提升儿童健康水平的主要目标、重点行动等做了详细规定。2023年，我国婴儿死亡率降至4.5‰，5岁以下儿童死亡率降至6.2‰，孕产妇死亡率降至15.1/10万，儿童健康水平进一步提升。与此同时，我国十分关注儿童视力健康和心理健康。为倡导和推动家庭及全社会重视儿童青少年近视防控工作，2018年教育部等8部门印发《综合防控儿童青少年近视实施方案》，2023年国家卫生健康委办公厅印发《防控儿童青少年近视核心知识十条》，对提高儿童视力水平、保护儿童视力健康提供指导。2023年，民政部等部门联合发布《关于加强困境儿童心理健康关爱服务工作的指导意见》，在心理健康教育与监测、心理关爱等方面提出了加强困境儿童心理健康服务工作的详细措施。

（3）儿童教育服务。

2001年，《中国儿童发展纲要（2001—2010年）》发布，明确了我国儿童教育服务的目标是推动义务教育的普及和质量提升。2010 年，我国学龄儿童入学率达99.7%，初中阶段在校生人数达 5279.3 万人，整体教育质量不断提升。① 2011 年，《中国儿童发展纲要（2011—2020 年）》颁布实施，提出全面推进素质教育，提高儿童科学素养水平；并强调基本公共教育服务均等化建设，推动城乡教育一体化。2016年，教育部等 6 部门发布《教育脱贫攻坚"十三五"规划》，强调加大贫困地区儿童教育支持力度，落实"两免一补"政策，实现发展学前教育、巩固提高九年义务教育水平、普及高中阶段教育的目标，缩小基本公共教育服务的城乡差距。2021 年，《中国儿童发展纲要（2021—2030 年）》发布，提出保障儿童平等发展，强调教育与家庭、社会的协同，关注特殊儿童教育。2022 年，教育部发布《"十四五"特殊教育发展提升行动计划》，提出建设高质量的特殊教育体系，明确提升残障儿童的入学机会及入学率、全面提升特殊儿童教育质量、进一步完善特殊儿童教育保障机制等目标。

2. 我国的儿童保护政策

1980 年，我国出台的《中华人民共和国婚姻法》规定"禁止家庭成员间的虐待和遗弃"，拉开了儿童保护政策建设的帷幕。1989 年，联合国决议通过《儿童权利公约》，我国于 1991 年批准加入该公约，成为该公约缔约国。随后，我国在儿童虐待、拐卖、遗弃等儿童保护关键领域持续发力，相继出台《中华人民共和国未成年人保护法》《中华人民共和国收养法》《中华人民共和国预防未成年人犯罪法》等法律法规。其中，《中华人民共和国未成年人保护法》经过多次修改，2021 年，将未成年人的保护范围分为家庭保护、学校保护、社会保护、网络保护、政府保护和司法保护六大领域。除了对全体儿童的普遍保护，我国也十分关注困境儿童保护政策的发展。2013 年，民政部发布《关于开展未成年人社会保护试点工作的通知》，明确在我国 20 个地区开展未成年人社会保护试点工作，拓展未成年人救助保护的内容和工作方式。2016 年，国务院发布《关于加强农村留守儿童关爱保护工作的意见》，明确建立健全农村留守儿童关爱服务体系和救助保护机制，确保农村留守儿童可以得到妥善监护与照料。2021 年，民政部等 10 部门印发《关于做好因突发事件影响造成监护缺失未成年人救助保护工作的意见》，明确了我国未成年人监护缺失时的应急救助流程，未成年人救助保护工作水平进一步提高。

3. 我国的儿童福利津贴

基于我国经济发展阶段和适度普惠型儿童福利制度建设要求，我国的儿童福利津贴制度保障对象主要为孤儿、艾滋病儿童、残疾儿童和事实无人抚养儿童等。2010年，民政部联合财政部发布《关于发放孤儿基本生活费的通知》，提出建立孤儿基本生活保障制度和津贴制度，对孤儿发放基本生活费补助，我国儿童津贴制度正式建立。2013 年，民政部发布《关于开展适度普惠型儿童福利制度建设试点工作的通知》，将

---

① 数据来源：中华人民共和国教育部，http://www.moe.gov.cn/jyb_sjzl/moe_560/s6200/。

儿童划分为孤儿、困境儿童、困境家庭儿童和普通儿童四种类型，并根据此分类逐步拓宽我国儿童津贴制度的覆盖范围。2019年，中央财政补助东、中、西部的孤儿基本生活费标准在原来每人每月200元、300元、400元的基础上增加50%，提高到每人每月300元、450元、600元。2022年，我国将3岁以下婴幼儿照护费用纳入个人所得税专项附加扣除范围，普惠性的儿童福利津贴以税收优惠的形式建立。

（三）普惠型儿童福利制度：新加坡

20世纪70年代以来，新加坡经济迅速发展，曾被誉为"亚洲四小龙"。与此同时，新加坡的总和生育率却一直处于低水平，为了解决此项问题，新加坡政府在过去的数十年一直鼓励外籍人士移居新加坡，但这并非长久之计。2023年，新加坡总和生育率仅0.97，历年来首次跌至1.0以下。面对持续低迷的生育率，新加坡政府致力于出台各项政策支持那些希望结婚并生育孩子的人。

1. 新加坡的儿童照顾政策

新加坡以儿童照顾支持为核心的儿童福利体系形成于21世纪，由新加坡社会及家庭发展部主导，相关的政策工具主要有金钱资助、税赋减免和产假补贴3种类别。

（1）金钱资助。

金钱资助的项目主要包括4个方面。① 育儿津贴。根据新加坡社会及家庭发展部（MSF）官网介绍，第一个孩子出生后，父母将会获得8000新币的津贴奖励，该奖励在孩子出生后的18个月内，分5次打入家长指定的银行账户。第二个孩子出生后父母也会获得8000新币奖励，从第三个孩子起，每多生一个，父母都会得到10000新币的津贴奖励。② 新生儿医疗津贴。从2015年开始，每一位新生儿都会获得4000新币的医疗津贴，用于支付接种疫苗、住院和门诊治疗等医疗保险费用。③ 儿童发展账户。儿童发展账户（CDA，Child Development Account）是政府为儿童设立的专用于儿童教育与医疗的特殊储蓄账户，该账户一直开放直至受益儿童年满12岁。开设CDA后，受益儿童将获得户头起步津贴（First Step Grant）和户头配对填补津贴（Government Dollar-for-Dollar Matching）两种政府补贴。当第一个孩子出生后，政府会奖励3000新币的户头起步津贴，如果之后父母选择在CDA里存钱，政府也会存相同数额的户头配对填补津贴（最高可达3000新币）。两种政府补贴加起来，第一个孩子总共最多可以获得6000新币，第五个孩子则总共最多可以获得18000新币。这些账户的余额每年可获得2%的利息，孩子的CDA账户中未使用的余额都将在孩子满12岁时转入其中学后延续教育账户。④ 教育储蓄账户。该政策旨在提高新加坡的教育质量，为所有7~16岁的新加坡儿童增加受教育的机会。年满7岁的孩子会自动收到一个教育储蓄账号，从2019年开始，新加坡小学生每人每年获得230新币的资助，初中生每年获得290新币的资助。该账户里的资金可用来支付学费、增益课程费等学校费用。此外，这些账户的余额每年可获得至少 2.5% 的利息,当账户持有人满 17 岁或中学毕业时,账户中未使用的余额将转入其中学后延续教育账户①。

(2) 税赋减免。

税赋减免的项目主要包括两个方面。① 新生儿税负减免(Parenthood Tax Rebate for New Claims Only)。该项政策是新加坡政府对新生儿父母的一次性税务减免,每生育一个孩子可以申请一次,限额为 20000 新币。② 在职母亲的子女税赋减免(WMCR,Working Mother's Child Relief)。如果孩子年龄在 16 岁以下或者是全职学生,且孩子的年收入少于 4000 新币,在职母亲可以获得税赋减免,应税收入额度占其总收入的比例在不同孩次的规定为:第一个孩子 15%,第二个孩子 20%,第三个或以上的孩子 25%,累加最多不超过 100%。对同一个孩子,"新生儿税务减免"和"在职母亲的子女税赋减免"两项加起来的总减免应税收入额度不能超过 50000 新币。另外,在职母亲享受的最高总减免应税收入额度与所有其他纳税人一致,为每年 80000 新币。

(3) 产假补贴。

产假补贴包括 4 种。①育儿假。对于有 7 岁以下小孩的家庭,父母可享有每年 6 天的带薪育儿假,前 3 天薪水由公司支付,后 3 天由政府发放补贴。②产假。如果母亲有工作,则可获得 16 周的带薪产假。前 8 周产假的薪水由公司支付,后 8 周由政府发放补贴,政府补贴的上限为每周 2500 新币;如果母亲生育第 3 个及以上孩子,则产假薪水全部由政府补贴。自雇人士也可以申请产假补贴,补贴金额则基于当年的税单由 MSF 评定,上限与他雇劳动者相同。③陪产假。如果父亲有工作(包括自雇人士),新生儿出生一年内可以享有 2 周的陪产假,政府补贴上限为每周 2500 新币。④父母共用产假。父亲可以与母亲共用 16 周产假,但父亲最多休 4 周,补贴上限为每周 2500 新币。同时,新加坡对最短休假时间做了强制规定且要求父亲也必须进行休假。

2. 新加坡的儿童保护政策

新加坡视儿童为国家的未来,而不是父母的私人财产,政府相信更加完善的儿童保护法案能时刻保护未成年人的权益。新加坡儿童权益保护法律体系十分完善。新加坡的儿童保护制度起源于 1927 年的《儿童保护法令》。第二次世界大战后,新加坡建立社会福利署,在其推动下,先后颁布了以维护和解决家庭纠纷为目的的《妇女宪章》和儿童保护的专门性法规《儿童和青少年法令》。经过 60 多年的努力,新加坡逐渐形成了以《儿童和青少年法令》为中心的综合性、专业型儿童权益保护法律体系,涉及儿童生存权、发展权、受保护权和参与权的保护。在新加坡,任何虐待儿童或者青少年的家长或监护人都将受到严厉处罚。例如,新加坡《儿童和青少年法令》规定,对侵害儿童或青少年权益的犯罪行为,一旦定罪,违法者将被处以最高 4000 新币的罚金

---

① Loke V,Sherraden M. Building assets from brith:Singapore's policies [J]. Asia Pacific Journal of Social Work and Development,2019,29 (1):6-19.

和最长 4 年的监禁；如果导致儿童或青少年死亡，违法者将被处以最高 20000 新币的罚金和最高 7 年的监禁。

在机构设置方面，新加坡政府设立了社区发展、青年与体育部（MCYS）作为国家级的儿童权益保护机构，并成立了儿童虐待登记处作为专门的儿童权益保护管理机构。同时，政府建立了跨部门联网的工作机制，通过开展咨询、调解、心理服务、志愿服务、经济支持、抚养（寄养）、亲属照料和儿童之家等项目，实施永久计划，并设立危机处理委员会和审查委员会等，进一步加强和促进对儿童权益的保护。

3. 新加坡的儿童储蓄政策

新加坡在儿童福利领域颇具特色的一项举措便是针对儿童的资产建设计划。该计划包括三部分：一是 2001 年推出的针对 0～6 岁儿童的宝贝奖励计划（Baby Bonus Scheme）；二是 1993 年推出的教育储蓄计划（Edusave Scheme），该计划是全球第一个儿童资产建设项目；三是针对 7～20 岁人群的高等教育储蓄账户，用于账户持有人进行高中以上教育，未使用的账户余额最终将转入中央公积金账户，并随账户持有人退休撤户。这三个账户从婴儿出生开始，一直延续到高等教育阶段，并与中央公积金账户衔接，形成从出生到死亡的个人资产账户体系。

新加坡的儿童储蓄政策充分体现了其强制储蓄的社会保障理念。根据迈克尔·谢若登的资产建设理论，从儿童时期建立个人资产账户，不仅有助于提升家庭资产积累和稳定性，为抵御风险奠定基础，还能增强个体效能与社会联系，促进政治参与等。当然，新加坡儿童储蓄政策的核心目标在于提高生育率、支持家庭抚养子女，并最终实现人力资本的最大化，同时为儿童各个阶段的发展创造更多机会。

三、"一带一路"共建国家儿童福利发展面临的共同挑战

（一）动荡混乱的外部环境

1. 贫困和基本需求难以满足

近年来，"一带一路"共建国家采取了一系列措施致力于消除贫困。尽管全球多数区域极端贫困人口数量和贫困发生率呈下降趋势[①]，各国消除极端贫困取得了明显成效，但极端贫困问题仍然严峻[②]，许多儿童的生存权仍无法得到保障，尤其是部分非洲国家的儿童仍处于多维匮乏的贫困状态。他们不仅缺乏生存需要的食物、水源、衣

---

① 易成栋，樊正德，刘小奇，等. 全球减贫成效的变化趋势与影响因素研究［J］. 中国人口科学，2021（6）：12-26，126.
② 张晓颖，王小林，陈爱丽. "一带一路"沿线国家贫困治理挑战及减贫合作启示［J］. 国际经济合作，2023（4）：33-45，92.

服、住房等基本资源，还缺乏尊严与机会，无法获得充足的社会保护和安全保障。根据联合国开发计划署（UNDP）与牛津大学贫困和人类发展倡议（OPHI）联合发布的2023年《全球多维贫困指数》（MPI）报告，18岁以下儿童占全球多维贫困人口的一半，约为5.66亿人，儿童贫困率高达27.7%，是成人的2倍多①。此外，2023年，世界银行和联合国儿童基金会联合发布的《根据国际贫困线的全球儿童货币贫困趋势》显示，全球约有3.33亿名儿童生活在极端贫困中，其中撒哈拉以南的非洲地区负担最重，有40%的儿童生活在极端贫困中，而且该地区占全球极端贫困儿童的比重在过去十年升幅最大②。

2. 教育不公和健康营养不足

保障儿童的教育公平，促进儿童健康成长是"一带一路"倡议的重要内容，但全球教育不公平问题依旧突出③。2022年9月1日，联合国教科文组织公开数据显示，全世界仍有2.44亿名6~18岁的儿童和青年失学，其中撒哈拉以南的非洲地区失学率最高，其次是中亚和南亚地区，失学人数达8500万人④。这些儿童因各种原因丧失了接受教育的机会，受教育权受到严重侵害。

肠胃疾病、肥胖症、隐性饥饿、麻疹、发育障碍等疾病威胁着儿童的发育和成长。WHO和UNICEF联合发布的《发育障碍儿童全球报告——从边缘到主流》估计，2019年全球约有3.17亿名19岁以下的儿童和青少年患有发育障碍⑤。2020年全球儿童和青少年代谢综合征患病率分别为2.8%和4.8%，相当于约有2580万名儿童和3550万名青少年患有代谢综合征，其中儿童患病率最高的三个国家是尼加拉瓜、伊朗和墨西哥，青少年患病率最高的三个国家是伊朗、阿拉伯联合酋长国和西班牙⑥。这些国家大多为"一带一路"共建国家，需要更加重视儿童的健康发展状况。

3. 战争冲突和突发灾害频发

"一带一路"共建国家因宗教文化、民族矛盾、政权变动和领土纠纷等问题，频繁

---

① UNDP&OPHI. Global MPI 2023 [EB/OL]. （2023-07-11）. https：//ophi.org.uk/global-mpi-2023/.
② WBG&UNICEF. Global trends in child monetary poverty according to international poverty lines [EB/OL]. （2023-09-13）. https：//www.worldbank.org/en/topic/poverty/publication/global-trends-in-child-monetary-poverty-according-to-international-poverty-lines.
③ Grant M. Monitoring global education inequality [J]. Nature，2020，580（7805）：591-592.
④ UNESCO. 244M children won't start the new school year [EB/OL]. （2022-09-01）. https：//www.unesco.org/gem-report/en/articles/244m-children-wont-start-new-school-year.
⑤ WHO&UNICEF. Global report on children with developmental disabilities — From the margins to the mainstream [EB/OL]. （2023-09-15）. https：//www.unicef.cn/.
⑥ Noubiap J J, Nansseu J R, Lontchi-Yimagou E, et al. Global, regional, and country estimates of metabolic syndrome burden in children and adolescents in 2020：A systematic review and modelling analysis [J]. The Lancet Child & Adolescent Health，2022，6（3）：158-170.

遭受战争冲击，给儿童带来了深重的灾难和持久的创伤。战争和灾害不仅使儿童面临武器伤害的风险，还可能导致他们失去基本生存条件，陷入传染病、饥饿、水源污染等困境，直接威胁其身体健康。此外，全球日益加剧的生态危机与公共卫生危机交织叠加[1]，地震、台风、洪水等自然灾害，以及新冠疫情、SARS 等突发公共卫生事件，也成为威胁儿童健康发展的重要因素。由于儿童的生理发育和免疫系统发育尚不成熟，他们更容易受到疾病传播的影响，可能引发长期的健康问题。同时，战争冲突和突发灾害还可能导致儿童经历亲人失踪、家庭破裂等悲剧，对其心理健康、社会发展和教育造成深远的负面影响。

（二）发展失衡的内部环境

1. 社会贫富差距加剧

贫富差距作为社会公平的重要指标，是社会经济发展的必然产物，但过大的贫富差距必然威胁社会稳定和经济持续发展，亦不利于儿童福利的改善。由于各国在资源禀赋、信息获取、创新能力、技能水平、资本积累和权力分配等方面存在差异，发展要素往往集中在少数群体手中，导致全球范围内的财富不平等问题日益突出。自 1980 年以来，各国贫富差距呈快速上升趋势。联合国 2020 年报告指出，全球超过 2/3 的人口面临收入和财富不平等问题，且这一状况正在加剧。慈善组织乐施会在 2024 年世界经济论坛上发布的数据显示，自 2020 年以来全球前五名富豪的财富总和增加了一倍，而全球近 50 亿人却更加贫困，约 8 亿工人的工资增长在过去两年中未能跟上通货膨胀，相当于每人平均损失了 25 天的收入。社会贫富差距加剧不仅直接影响儿童的生活质量，使其面临更高的生长迟缓、发育不良及其他健康风险，还加剧了教育资源与机会分配的不平等，阻碍了儿童的全面发展。

2. 劳动力短缺

劳动力作为开展人类一切实践活动的基础，是儿童福利发展和服务供给的基石。囿于全球超级老龄化和少子化的趋势以及受疫情冲击[2]，全球劳动人口规模持续萎缩，国际青年失业问题严峻[3]，许多国家已经陷入劳动力不足和高技能人才短缺的困境。国际劳工组织《世界就业和社会展望：2024 年趋势》报告显示，2023 年全球失业率为 5.1%，就业缺口和劳动力市场参与率有所改善，但 2024 年劳动力市场前景和全球失业状况都将恶化。这不仅导致供给侧经济活力下降，使劳动力市场出现用工难且贵的

---

[1] 方世南，张云婷. 以人类共同价值构建人类卫生健康共同体 [J]. 福建师范大学学报（哲学社会科学版），2021（5）：1-9，166.

[2] 席恒. 全球新冠肺炎疫情、超级老龄化、新型就业三重挑战下的中国社会保障 [J]. 社会保障评论，2022（1）：35-46.

[3] 陈衍，王佳倩，郑潇敏. 面向全球技能发展：青年、教育与就业 [J]. 华东师范大学学报（教育科学版），2024（4）：39-50.

问题，进而阻碍经济发展，而且对以经济为基础的社会福利产生消极影响，使儿童福利服务供给减少，给儿童福利体系带来巨大压力，甚至使其面临崩溃的威胁。

3. 儿童福利资源闲置与分配不均

新加坡、中国等国家正面临人口出生率持续下降的挑战。幼儿数量的减少导致幼儿园、托儿所、儿科科室等儿童福利资源闲置，难以实现公共资源的最优配置和效益最大化。根据国家统计局的数据，2023年中国学前教育在园幼儿人数为4093万，较2022年减少了534.5万人。人口出生率的下降叠加疫情的冲击，使中国迎来幼儿园关闭潮，过去两年内共有2.04万所幼儿园关闭。此外，地区间及国家间的儿童福利资源分配不均也是"一带一路"共建国家面临的共性问题。由于各地资源条件、政策执行力度以及资金管理体系的差异，地区之间和群体之间在儿童社会福利资源的分配上存在显著不公。

四、"一带一路"共建国家儿童福利互助发展路径构建

1989年，联合国批准了第一部有关保障儿童权利且具有法律约束力的国际性约定，即《儿童权利公约》，这对世界儿童的成长和发展具有重大意义。目前"一带一路"共建国家的儿童福利发展水平高低不一，大部分国家儿童福利制度面临贫困和基本需求难以满足、教育不公和健康营养不足、战争冲突和突发灾害频发等困境。本研究主张发挥"一带一路"倡议的引领指导性作用，通过"一带一路"共建国家的互助合作，实现各国儿童福利事业的协同发展。

（一）始终坚持共商共建共享的儿童福利发展原则

共商共建共享原则是"一带一路"倡议的根本原则，这一原则解决了怎么建设、谁来建设、为谁建设的问题。各国应秉持合作共赢、共同发展的理念，推动"一带一路"共建国家儿童保护的互助式合作[1]。一是共建国家在儿童福利领域开展更为紧密的跨国合作。通过建立联合机制和协同机制，共同投资并开展交流合作，推动儿童医疗援助、教育等跨国合作项目，共同应对儿童面临的各种挑战，实现儿童福利的共建。二是发挥联合国作用，推动建立符合国际标准的儿童权益法律法规，制定儿童福利与保护政策，促进儿童教育和医疗服务的平等分配，形成相互监督、相互扶持的儿童福利保障氛围，实现儿童福利的共商。三是建立国家医疗、教育等领域的共享资源机制。通过各国间的利益交换与有效沟通推动儿童医疗、教育、生活领域跨国援助项目的落实，实现医疗资源、教育资源、保护理念等不同领域的合作互通，共同建立跨学科的

---

[1] "共同体视域下的国家治理体系和治理能力现代化研究"课题组，彭国华，王慧，等. 深刻把握构建人类命运共同体思想的科学体系 [J]. 人民论坛，2024（4）：40-45.

研究和实践团队，为国际社会发展培育高素质、高能力的后备人才，推动儿童福利服务的综合化、国际化发展，实现儿童福利的共享。

（二）数字技术赋能国家儿童福利高质量发展

随着大数据、物联网、云计算和人工智能等新一代信息技术飞速发展，通过数字技术赋能公共服务可以提高服务效率和公共决策能力，促进产业创新并提升核心竞争力。要实现儿童福利高质量发展，需发挥数字技术的潜力优势，利用"一带一路"倡议基础设施建设成果，推动"一带一路"共建国家数字技术开发与应用。一是促进共建国家儿童医疗健康服务数字化建设。促进儿童健康医疗的数字化转型，构建远程儿童医疗服务体系，推广远程检查、会诊，借助 AI 平台实现疾病诊断和健康管理的高效化、快捷化和精准化。借助各类平台开展"一带一路"共建国家儿童健康新技术交流与合作，促进新型前沿技术研发并形成优化儿童健康医疗服务的新动力。二是实现共建国家数字化教育资源共享。依托"一带一路"数字化教育平台，提供多语种在线教育课程、电子教材等数字化资源，加大各自优秀儿童文学、儿童影视和知识资源等数字内容开发，促进"一带一路"共建国家之间的教育资源共享和文化交流合作，实现儿童教育资源优势互补，解决教育资源不均衡问题，提高经济落后地区儿童教育资源的可及性。三是加快共建国家儿童保护体系数字化建设进程。借助数据监测、风险评估等手段，提前发现可能对儿童构成危害的情况，做好儿童风险预防关口前移，并通过在线咨询、远程辅导等方式提供家庭和儿童心理健康支持，优化社会工作服务，提高儿童保护的效率、效果和效益，确保共建国家儿童健康成长。

（三）构建服务内容全面丰富的儿童福利保护体系

儿童福利内容不应只局限在困难儿童群体，而应该将儿童福利覆盖范围扩大至所有儿童，也就是实现普惠型儿童福利，这是所有"一带一路"共建国家的发展目标①。实现普惠型儿童福利需要循序渐进，稳步推动儿童福利事业的发展。一是逐步构建内容全面丰富的儿童福利保护体系。这一体系应包括：以儿童健康体检、疫苗接种、营养服务为核心的健康保障体系；涵盖早期教育、义务教育和职业培训的教育体系；提供家庭经济援助、家庭辅导和心理健康支持的社会工作服务体系；防止儿童虐待和校园霸凌的儿童保护体系；确保儿童在法律纠纷中得到公正对待的法律支持体系等。二是政府不仅应提供资金支持，还需完善儿童服务工作。"一带一路"共建国家的政府应加强与市场、社会、家庭、国际组织等多方主体的合作，提升儿童福利的覆盖水平，为儿童创造更加美好的未来；主动承担为儿童服务的责任，积极整合市场、社会、家庭和国际组织等多方力量，协调各类资源，扮演好儿童福利制度的决策者、政策的调

---

① 张向达，夏聪明. 中国儿童福利研究的演进、热点与展望：基于 CiteSpace 的可视化分析 [J]. 当代青年研究，2024（1）：97-110.

整者、支出的承担者以及各方主体的协调者角色。三是加强政府监管工作，构建多层次监管体系。以行政监管为主体、技术监督为支撑、社会监督为基础，形成全方位的监管网络。同时，加大对挪用儿童福利资金、虐待伤害儿童等违法行为的惩治力度，严肃处理相关责任人，为儿童营造一个安全、温暖的福利保护环境。

（四）做好"一带一路"共建国家的儿童福利保障工作

目前，"一带一路"共建国家在政府支持、社会组织、设施资源、人才支撑等方面发展不均衡。例如，埃及等国面临政府财政投入不足、社会组织力量薄弱、设施资源匮乏以及专业人才短缺等问题，导致其儿童福利水平仍处于补缺型阶段。"一带一路"共建国家应秉持合作共赢的理念，推动儿童福利事业的互助发展，让儿童福利发展水平较高的国家带动相对落后的国家，共同绘制儿童福利发展的未来蓝图。一是鼓励国际社会组织参与。推动成立"一带一路"共建国家儿童福利相关国际社会组织，大力发展儿童福利公益事业，促进多边与双边的有益合作，充分发挥联合国儿童基金会、世界健康医疗基金组织、国际儿童村组织等国际社会组织的积极作用。二是完善专业人才体系建设并推动跨国劳动力流动。对标国际教育标准，探索儿童福利领域的跨国合作办学和国际化人才培养模式，深入推进"一带一路"国际留学生交流项目，联合培养无国界医生、多语种教育工作者、心理咨询师、国际社工等儿童福利领域的专业人才，提升国际儿童服务的专业化水平。同时，各共建国家应结合自身劳动力优势，规范开展劳动力的跨地区与跨国流动，并通过跨国培训服务提高劳动人口的国际劳务市场适应性，缓解儿童福利发展面临的劳动力短缺问题。三是完善法律法规并优化儿童服务设施建设。"一带一路"共建国家应完善儿童权益保护的相关法律法规和政策，明确政府在儿童福利和保护方面的职责与义务，加强政府部门之间、层级之间以及与国际标准的对接，确保政策有效落实和紧密衔接。相对落后的国家可在其他国家的帮扶下，保障儿童医疗设备和教育设施的充足供应，并通过数字化手段实现远程医疗服务，推动数字化教育资源的开发，确保偏远地区的儿童也能获得及时的医疗支持和高质量、多元化的教育服务。

— 参考文献 —

[1] 赵磊，张晗. 共建"一带一路"十年：理论认知与实践效应 [J]. 中共中央党校（国家行政学院）学报，2023（5）：45-55.

[2] 金碚，孙久文，张可云，等. 共建"一带一路"十周年：成就与展望 [J]. 区域经济评论，2023（6）：5-19.

[3] 何芳. 新时代我国儿童福利政策的基本特征、发展逻辑与未来走向——基于《中国儿童发展纲要（2021—2030年）》的分析 [J]. 学前教育研究，2023（5）：10-19.

［4］陆士桢. 简论中国儿童福利［J］. 华中师范大学学报（哲学社会科学版），1997（6）：30-34.

［5］尹吉东. 从适度普惠走向全面普惠：中国儿童福利发展的必由之路［J］. 社会保障评论，2022（2）：122-143.

［6］Megahead H A. Family foster care for abandoned children in Egypt［J］. J. Soc. & Soc. Welfare，2008，35：29.

［7］万国威. 迈向"儿童投资型国家"：我国低生育率的福利逻辑及儿童福利制度的转型升级［J］. 华中科技大学学报（社会科学版），2023（3）：41-49，112.

［8］Loke V，Sherraden M. Building assets from brith：Singapore's policies［J］. Asia Pacific Journal of Social Work and Development，2019，29（1）：6-19.

［9］易成栋，樊正德，刘小奇，等. 全球减贫成效的变化趋势与影响因素研究［J］. 中国人口科学，2021（6）：12-26，126.

［10］张晓颖，王小林，陈爱丽. "一带一路"国家贫困治理挑战及减贫合作启示［J］. 国际经济合作，2023（4）：33-45，92.

［11］UNDP&OPHI. Global MPI 2023［EB/OL］.（2023-07-11）. https：//ophi. org. uk/global-mpi-2023/.

［12］WBG&UNICEF. Global trends in child monetary poverty according to international poverty lines［EB/OL］.（2023-9-13）. https：//www. worldbank. org/en/topic/poverty/publication/global-trends-in-child-monetary-poverty-according-to-international-poverty-lines.

［13］Grant M. Monitoring global education inequality［J］. Nature，2020，580（7805）：591-592.

［14］UNESCO. 244M children won't start the new school year［EB/OL］.（2022-09-01）. https：//www. unesco. org/gem-report/en/articles/244m-children-wont-start-new-school-year.

［15］WHO&UNICEF. Global report on children with developmental disabilities—from the margins to the mainstream［EB/OL］.（2023-09-15）. https：//www. unicef. cn/.

［16］Noubiap J J，Nansseu J R，Lontchi-Yimagou E，et al. Global，regional，and country estimates of metabolic syndrome burden in children and adolescents in 2020：A systematic review and modelling analysis［J］. The Lancet Child & Adolescent Health，2022，6（3）：158-170.

［17］方世南，张云婷. 以人类共同价值构建人类卫生健康共同体［J］. 福建师范大学学报（哲学社会科学版），2021（5）：1-9，166.

［18］席恒. 全球新冠肺炎疫情、超级老龄化、新型就业三重挑战下的中国社会保障［J］. 社会保障评论，2022（1）：35-46.

［19］陈衍，王佳倩，郑潇敏. 面向全球技能发展：青年、教育与就业［J］. 华东师范大学学报（教育科学版），2024（4）：39-50.

[20]"共同体视域下的国家治理体系和治理能力现代化研究"课题组,彭国华,王慧,等.深刻把握构建人类命运共同体思想的科学体系[J].人民论坛,2024(4):40-45.

[21]张向达,夏聪明.中国儿童福利研究的演进、热点与展望:基于CiteSpace的可视化分析[J].当代青年研究,2024(1):97-110.

"一带一路"共建国家儿童福利政策发展与改革

梁发超　林小敏

[摘　要]　儿童福利政策对于国家的未来和社会的福祉具有深远的影响。在全球化背景下，尤其是"一带一路"倡议下，其他国家儿童福利政策的优化显得尤为关键。中国、俄罗斯和土耳其作为这一倡议中的关键节点，其儿童福利政策的制定与实施对各个国家具有示范和引领作用。目前，中国、俄罗斯和土耳其的儿童福利政策正逐渐从补缺型向普惠型转变，为更多儿童提供了全面的保障，但是也存在发展不平衡不充分、贫困和不平等问题仍然突出、资源分配不均、家庭和社会成员对儿童权益的忽视和侵犯现象等情况。本研究总结了这三个国家在儿童福利政策领域的成功经验和存在的问题，并针对儿童福利政策提出以下建议：强化政策体系的系统性与协同性；加大资源投入，提升服务质量；注重对特殊儿童群体的关爱与支持。

[关键词]　"一带一路"共建国家；儿童福利政策；变迁发展；改革路径

一、导言

儿童福利政策是一套旨在增进儿童幸福生活的指导原则和行动规范，其核心目标是推动所有儿童在身心和社会福利方面得到全面发展。这一政策的内容，从广义上说，涵盖了儿童需求的满足、儿童权利的保障，以及儿童保护工作的全面推进；从狭义上看，它特指从儿童社会工作的视角出发，针对儿童生存环境、地区性问题和特定需求而制定的旨在促进儿童健康成长与发展的政策保障[①]。这些政策不仅包括医疗、教育等各个领域，还涉及未成年人保护等法律层面的内容。在全球化的浪潮下，儿童福利

作者简介：梁发超，华侨大学政治与公共管理学院教授、博士生导师，主要从事公共政策与土地行政管理研究；林小敏，华侨大学政治与公共管理学院硕士研究生，主要从事公共政策研究。

① 杜宝贵，杜雅琼.中国儿童福利观的历史演进——基于改革开放以来的儿童福利政策框架[J].社会保障研究，2016（5）：82-88.

政策不仅扮演着各国社会保障体系的关键角色,更是评估一个国家文明程度和社会发展水平的重要标尺。这一政策不仅关乎儿童的福祉,也是体现国家关怀和社会进步的重要标志。特别是在"一带一路"倡议的推动下,各国之间的交流与合作不断深化,儿童福利政策的比较研究显得尤为重要。中国、俄罗斯和土耳其作为这一宏伟蓝图中的关键节点,其儿童福利政策的制定与实施不仅关乎本国民众的福祉,也对其他国家的儿童福利事业具有示范和引领作用。中国作为世界上最大的发展中国家,其儿童福利政策在保障儿童权益、促进儿童发展方面取得了显著成就。俄罗斯和土耳其的儿童福利政策同样具有各自的特色和成效。然而,随着社会的快速发展和变革,这三个国家都面临着新的挑战和机遇。如何进一步完善儿童福利政策,更好地满足儿童的成长需求,成为各国政府和社会各界共同关注的焦点。本研究旨在通过对中国、俄罗斯和土耳其儿童福利政策的深入研究与比较,分析各国政策的特点、成效及面临的挑战,以期为完善各个国家儿童福利政策提供借鉴和参考。通过这一研究,我们希望能够为构建更加公平、包容和可持续的儿童福利体系贡献智慧与力量,为各个国家乃至全球儿童福利事业的发展贡献力量。

二、"一带一路"共建国家儿童福利政策发展的重要意义

随着全球人口老龄化不断加剧,儿童在国家发展中的作用日渐重要。儿童福利政策作为衡量一个国家文明进步与社会发展的重要指标,其深远意义不仅仅局限于儿童的当下福祉,更关乎国家未来的命运和走向。一个健全的儿童福利体系不仅能为儿童提供基本的生活保障和成长环境,更是国家对下一代进行投资的具体体现。从人口结构的长远视角来看,儿童福利政策能够影响一个国家的劳动力供应、老龄化问题的应对以及社会经济的可持续发展。同时,儿童福利政策也是社会公平正义的体现,关系到每个家庭的和谐稳定。在全球化的今天,儿童福利政策更是国家软实力和国际形象的重要体现。因此,深入研究和探讨儿童福利政策的意义、挑战与未来发展方向,对于促进国家整体发展、增加人民福祉具有重大的现实意义和深远的历史意义。

(一)促进儿童全面发展,奠定国家未来基石

儿童是国家的未来和希望,他们的健康成长和全面发展对于国家的未来至关重要。儿童福利政策通过提供教育、医疗、营养等方面的保障,为儿童的全面发展提供了坚实的基础。

首先,儿童福利政策确保每个儿童都能接受到优质的教育资源,通过普及义务教育和提高教育质量,为国家的未来发展培养大批高素质的人才。这不仅提高了国民的整体素质,也增强了国家的竞争力。其次,儿童福利政策关注儿童的身心健康,通过实施疫苗接种、健康检查等措施,有效预防和控制儿童疾病的发生和传播,为国家的公共卫生事业做出积极贡献。此外,儿童福利政策还致力于满足儿童的营养需求,通

过提供营养餐和改善贫困地区儿童的饮食条件，确保他们能够获得充足的营养，为他们的健康成长提供坚实的支持。这些举措共同促进了儿童的全面发展，为国家的经济、社会、文化等各个领域的发展提供了源源不断的动力。因此，儿童福利政策不仅关乎儿童的福祉，更是国家长远发展的基石。

（二）增强家庭幸福感，维护社会稳定和谐

儿童福利政策的重要性不仅体现在对儿童的直接关怀上，更在于它对整个社会稳定和谐的深远影响。通过为儿童提供全面的福利保障，国家不仅确保了儿童的生存权和发展权，还从根源上减少了社会矛盾和冲突。弱势儿童群体得到了及时的救助和保护，让他们感受到社会的温暖和关爱，这不仅减少了社会的不公平现象，还有助于构建和谐的社会关系。同时，儿童福利政策的实施需要社会各界的广泛参与和支持，这种共同努力营造了全社会关心儿童、爱护儿童的良好氛围，进一步增强了国家的凝聚力和向心力。当家庭中的儿童得到充分的关爱和保障时，家庭的幸福感和社会的稳定性也会随之增强。因此，儿童福利政策不仅是保障儿童权益的重要措施，更是维护社会稳定和谐、推动国家长治久安的重要力量。在一个充满关爱和和谐的社会环境中，国家的各项事业才能得以顺利发展，为未来的繁荣和进步奠定坚实的基础。

（三）健全国家社会保障体系，提升国家形象与影响力

儿童福利政策作为展现国家软实力和人文关怀的关键要素，对于塑造和提升国家的国际形象与影响力、健全国家社会保障体系具有不可或缺的作用。一个致力于改善儿童福祉、积极承担国际责任的国家，通常能够赢得国际社会的广泛赞誉和尊重，这种正面形象无疑会提升其在国际舞台上的形象与影响力。此外，儿童福利政策的完善度和执行情况也是衡量一个国家社会保障体系健全程度的关键指标。一个拥有全面且高效的儿童福利政策的国家，不仅能够吸引更多的国际投资，还能吸引顶尖人才，从而推动其经济社会的全面发展。更重要的是，通过加强与其他国家在儿童福利领域的深入合作与交流，国家之间可以共同分享经验、技术，推动全球儿童福利事业不断向前发展。这种开放与合作的姿态，无疑将提升国家的国际影响力以及在全球治理体系中的地位。因此，儿童福利政策不仅关乎儿童的幸福与未来，更是国家长远发展的有力支撑。在全球化的今天，重视儿童福利、积极履行国际义务的国家，必将在国际舞台上扮演更加重要的角色。

儿童福利政策对国家发展具有深远的意义。它不仅关乎儿童的生存和成长，更影响着国家的未来和命运。通过促进儿童全面发展、维护社会稳定和谐以及提升国家形象与影响力等，儿童福利政策为国家的长远发展奠定了坚实的基础。因此，我们应该高度重视儿童福利政策的制定和实施工作，为儿童的健康成长和国家的繁荣发展做出更大的贡献。

三、"一带一路"共建国家儿童福利政策发展现状

（一）中国儿童福利政策发展现状

截至 2023 年，我国已与 152 个国家、32 个国际组织签署了 200 多份共建"一带一路"合作文件，覆盖我国 83％的建交国[1]。中国是首先提出"一带一路"倡议的国家，也是世界上人口最多的发展中国家。中国是人口大国，也是儿童人口大国，儿童数量位居世界第二位，当前约有 0～17 周岁儿童 3 亿人。中华人民共和国成立以来，我国儿童福利事业获得了巨大发展，特别是改革开放以来，儿童福利逐渐演变为国家级、独立性、战略性和全局性议题[2]。随着经济发展、体制变革与社会问题的演化，我国儿童福利政策经历了阶段性发展的过程。从发展总体来看，中国的儿童福利政策可以分为四个阶段。

1. 儿童福利政策的探索阶段（1949—1977 年）

中华人民共和国成立初期，儿童福利政策深受当时社会历史背景的影响。长期的战乱和贫困给儿童的生存和健康状况带来了极大的挑战，因此，改善儿童的生存状况成为国家的重要任务之一。在这一阶段，国家开始逐渐重视儿童福利问题，并采取了一系列措施来保障儿童权益。1951 年全国城市救济福利工作会议通过的《关于旧有社会救济福利团体的团结改造问题》，提出改造原有的儿童福利机构，收养因战争而导致家庭照顾缺位的孤残儿童，由国家财政负担进行院内集中供养[3]。在教育领域，政府推行了义务教育制度。1951 年，政务院公布了《关于改革学制的决定》，明确规定实施小学义务教育并推广发展群众性的工农业余教育，基础教育成为儿童福利政策的重要组成部分。同时，政府还加大了对教育资源的投入，提高了教师的待遇和教学水平，进一步提升了基础教育的质量。这标志着国家开始重视并着手普及基础教育，为儿童提供了接受教育的机会，确保了他们的基本受教育权利。除了基础教育外，儿童保健服务和对孤残儿童的关注也是儿童福利政策的重要方面。1950 年，政务院提出建立妇幼保健机构，开展儿童健康检查和预防接种等工作。这些政策的实施，有效地提高了儿童的健康水平，降低了儿童的患病率，为儿童的健康成长创造了更好的条件。孤残儿童是社会中的脆弱群体之一，迫切需要国家的高度关注。政府针对孤残儿童制定了一系列特殊照顾政策，包括设立专门的福利机构、提供生活和教育保障等。这些措施

---

[1] 中华人民共和国中央人民政府. 我国已与 152 个国家、32 个国际组织签署共建"一带一路"合作文件［EB/OL］.（2023-08-24）［2024-03-22］. https：//www.gov.cn/lianbo/bumen/202308/content_6899977.htm.

[2] 于建琳，宣朝庆.70 年来儿童福利的政策演进及其路径探析［J］. 社会建设，2019（5）：3-12，39.

[3] 贾志科，李文强，王思嘉. 新中国成立后我国儿童福利政策的演进历程——兼述政策效果及未来方向［J］. 少年儿童研究，2019（10），28-40.

为孤残儿童提供了必要的帮助和支持，使他们能够像其他儿童一样享受到基本的生存和发展的权利。

需要指出的是，在探索阶段，儿童福利政策的实施主要依赖于家庭和社区的支持。当时的社会经济条件相对有限，国家层面的政策相对较少，家庭仍然是儿童福利的主要承担者。许多家庭在有限的资源下，努力为儿童提供必要的生活和教育支持。同时，社区也发挥了一定的作用，通过邻里互助、慈善捐赠等方式，为儿童提供了一定的福利保障。但是，在1967—1977年，我国的儿童福利政策几乎处于停滞状态，虽然政府采取了一系列措施来保护儿童的权益和福利，但由于缺乏有效的政策和制度保障，这些努力并没有得到充分的实施。此外，受社会经济条件的限制，政府无法投入更多的资源来支持儿童福利事业的发展。因此，这一时期的儿童福利政策发展受到了严重的影响。

2. 儿童福利政策的快速发展阶段（1978—1990年）

1978年，中国实行改革开放政策，进入了现代化建设新时期。20世纪80年代中期，社会经济、教育文化领域启动改革，建立与社会主义市场经济体制相适应的福利制度成为社会需求。伴随着改革开放的推进，中国儿童福利政策进入快速发展的新阶段。1984年，民政部提出"社会福利社会办"的指导思想，进一步推动了福利制度的完善。1986年，第六届全国人民代表大会第四次会议更是首次明确提出"社会保障"的概念。除了延续保障基本生活的福利观念外，邓小平同志也强调经济建设应关注福利需求，为福利事业的发展指明了方向。在这一时期，我国在延续部分计划经济时期的"国家—单位"福利供给模式的基础上，开始积极探索社会化的转变和社会力量的参与，逐步形成了"国家—企业—社会"的合作模式，并尝试了多种供给渠道，使得福利制度的覆盖面和效益得到了显著增加。

此外，这一时期民政部、团中央和妇联等部门也积极行动，针对儿童领域开展了恢复重建工作，确保了儿童的基本生存和受教育权利。在教育、医疗保健及生命安全等领域，专门的儿童福利政策逐渐增多，多个法律文件也强调了对儿童权利的保护，展现了国家对儿童福利的高度重视。同时，政府提高了对儿童福利事业的财政补贴。为了保障儿童的基本生活和教育需求，对特殊儿童群体（如残疾儿童、孤儿等）的补贴力度有所增加。这些补贴资金用于支付儿童的生活费用、教育费用以及医疗费用等，确保他们能够享受到基本的福利保障。

虽然政府在这一阶段加大了对儿童福利政策的投入，但由于当时的社会经济条件有限，投入力度和覆盖范围仍存在一定的局限性。但这些努力为后来的儿童福利事业发展奠定了坚实的基础，也为政府在未来继续加大投入、完善政策提供了宝贵的经验和借鉴。

3. 儿童福利政策的转型发展阶段（1991—2010年）

在20世纪90年代，随着社会主义市场经济体制的逐步建立，儿童福利政策开始更加注重制度化和法治化。中国 1991 年至 2010 年的儿童福利政策发展是一个渐进且不断深化的过程，既反映了国内社会经济的巨大变革，也体现了对国际儿童权益保护标准的积极响应。政府不仅加大了对儿童教育的投入，推动了义务教育的普及，还针对孤儿、残疾儿童等特殊群体，推出了更为细化的福利政策。例如，设立儿童福利机构，为孤儿和弃婴提供生活照料和教育支持。在这一时期出台的一系列重要的法律法规，为儿童福利政策的实施提供了有力保障。1991 年，《中华人民共和国未成年人保护法》的颁布为儿童权益保护提供了法律基础。随后，政府又相继出台了《关于加强孤儿救助工作的意见》《关于进一步加强和改进未成年人思想道德建设的若干意见》等一系列政策文件，进一步细化和完善了儿童福利政策。同在 1991 年，中国正式加入联合国《儿童权利公约》，国际社会对儿童发展和保护达成共识。中国还积极参与了联合国儿童基金会等国际组织发起的多个儿童福利项目，如"中国儿童发展伙伴计划"等。

在教育领域，除了"两免一补"政策的实施，政府还针对农村地区和贫困地区的学校进行了大量的改扩建工作，提升了学校的硬件设施水平。针对特殊教育，政府设立了特殊教育专项经费，为残疾儿童提供了专门的教材和辅助器具，还培训了大量特殊教育师资，确保残疾儿童能够得到高质量的教育。在医疗保健方面，政府推动了儿童基本医疗保险的普及，特别是针对新生儿的医疗救助制度得到了加强。政府还加大了对疫苗研发的投入，不断完善免疫规划，有效降低了儿童传染病的发生率。政府设立了多个儿童福利机构，如儿童福利院、儿童救助保护中心等，为孤儿、流浪儿童等提供了临时照料和长期安置。同时，政府还加强了对收养家庭的评估和监管，确保被收养儿童能够在健康、安全的环境中成长。此外，政府还推动了儿童福利社会化的发展，鼓励企业、社会组织和个人参与儿童福利事业，形成了多元化的儿童福利服务格局。

4. 儿童福利政策逐步由补缺型向普惠型迈进（2010 年至今）

进入 21 世纪特别是 2010 年以后，我国在社会发展进程中适时做出社会福利由补缺型向适度普惠型转变的决定，并明确认识到我国儿童福利保障对象的范围随着经济发展和社会进步应从孤儿、困境儿童拓展到所有儿童。2010 年被国内一些学者称为"儿童福利元年"，其中一个重要标志是 2010 年国务院办公厅印发《关于加强孤儿保障工作的意见》，提出采取亲属抚养、机构养育、家庭寄养、依法收养等多渠道妥善安置孤儿，并要建立孤儿基本生活保障制度，加强孤儿医疗、教育、成年后就业和住房等各项保障[①]。2022 年，孤儿保障水平稳步提升。浙江、云南、河南、宁夏、四川、山东、广东等地孤儿养育的省级指导标准得到提高，孤困儿童得到切实有效保障。例如，湖北省武汉市自 2011 年建立孤儿养育标准自然增长机制以来，10 年间共提标了 8 次，全市集中供养和社会散居孤儿平均养育标准分别达到每人每月 2912 元和 1820 元，位

---

① 于建琳，宣朝庆 . 70 年来儿童福利的政策演进及其路径探析［J］. 社会建设，2019（5），3-12，39.

居全国前列。2022年部分地区孤儿养育标准如图1所示。

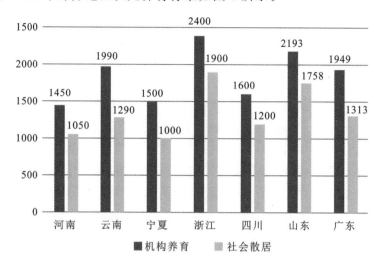

图1　2022年部分地区孤儿养育标准（元/人·月）

（资料来源：https://www.sohu.com/a/637833744_121478296）

随着《中国儿童发展纲要（2001—2010年）》的颁布，我国儿童福利发展进入新阶段。儿童福利政策逐步由补缺型向适度普惠型转变。据统计，1990年民政事业费对社会福利及其他社会救济费支出为10.8亿元，2000年增至65.4亿元[①]，而到2011年，民政事业费仅对儿童福利支出就将近40亿元[②]，儿童福利的快速发展可见一斑。根据《中国儿童发展纲要（2021—2030年）》（以下简称《纲要》），截至2020年底，婴儿、5岁以下儿童死亡率分别从2010年的13.1‰、16.4‰下降到5.4‰、7.5‰；学前教育毛入园率从2010年的56.6%上升到85.2%，九年义务教育巩固率从2010年的91.1%上升到95.2%，高中阶段毛入学率从2010年的82.5%上升到91.2%；农村留守儿童、困境儿童等弱势群体得到更多爱和保护，儿童发展和儿童事业取得了历史性新成就。《纲要》在儿童健康、安全、教育、福利、家庭、环境与法律保护方面做了全面而细致的规划，通过加强基本公共服务均等化、巩固提高医疗保障水平、构建营养改善项目支持体系、加快普惠托育服务体系建设以及保障特殊儿童群体权益等措施，为儿童的全面发展提供了有力保障，这些政策的实施将有助于提升儿童的生活质量和幸福感，促进社会的和谐与进步。

中国的儿童福利政策发展与国家的经济社会发展阶段和国家发展战略紧密相连，相互适应。党和政府坚持"以人民为中心"的发展理念，其中的人民具有广泛性，儿童不再仅仅是社会和家庭的附属品，而是被视作独立的权利主体。基于这一理念，儿童福利政策在制定内容和特点上呈现出明显的阶段性差异，具体见表1。

表1　中国儿童福利政策发展阶段的内容和特点

---

① 中华人民共和国民政部.中国民政统计年鉴2007［M］.北京：中国统计出版社，2007.
② 北京师范大学中国公益研究院.中国儿童福利政策报告（2013）摘要版［EB/OL］.https://www.unicef.cn/media/6581/file/.

阶段	时间	政策内容	政策特点
探索	1949—1977年	国家和集体统合中的儿童福利；单位体制在城市中形成，单位福利为主；儿童被视为未来建设者和生产者	集体组织主导；计划经济体制下的福利保障
快速发展	1978—1990年	改革开放后福利体系逐渐转型；家庭教育、医疗等福利政策开始恢复；逐步建立儿童保护法律体系；加强与国际儿童福利领域的交流与合作	市场化改革影响；法治化进程开始；国际化趋势显现
转型发展	1991—2010年	《中华人民共和国未成年人保护法》等法律法规的完善；教育、医疗等基本福利普及；特殊儿童福利政策加强；社会力量参与增加	法治化进程加速；特殊群体关注增加；社会化趋势加强
由补缺型向惠普型迈进	2011年至今	儿童福利政策更加全面、系统；加强儿童心理健康、网络安全等新型福利政策；深化与国际儿童福利领域的合作；推动儿童福利服务的社会化、专业化	综合性、系统性；国际化深入发展；社会化、专业化发展

（资料来源：根据文献整理）

需要注意的是，受经济社会发展水平制约，我国儿童事业发展仍然存在不平衡不充分问题。首先，城乡二元结构导致城乡儿童事业发展存在明显差距。城市儿童由于生活在经济发达、社会资源丰富的环境中，享受着得天独厚的优势，无论是教育环境、医疗保健还是文化娱乐活动，他们都遥遥领先于农村儿童。这种城乡之间的儿童福利差距不仅影响了农村儿童的成长环境和发展机会，也加剧了城乡之间的社会不平等。在区域方面，东部地区与中西部地区的儿童福利发展也存在较大差异。东部地区得益于其发达的经济和较高的开放程度，儿童福利政策的实施相对完善。这些地区通常拥有更为丰富的社会资源，能够为儿童提供更为全面的福利保障。相比之下，中西部地区的儿童福利事业发展相对滞后。不同儿童群体之间也存在福利差距。特殊儿童群体，如孤儿、残疾儿童等，受自身条件的限制和社会环境的制约，往往面临更大的生活困境和发展难题。

(二) 俄罗斯儿童福利政策发展现状

俄罗斯是世界上国土面积最大的国家，但其人口数量相对较少。20世纪90年代以来，俄罗斯人口出生率长期低于死亡率，人口结构呈现负增长的态势。俄罗斯2023年人口普查数据显示，其总人口约为1.46亿人，儿童与青少年（0~14岁人口）约占俄罗斯总人口的17.57%[①]。人口少子化指的是生育率下降，导致幼年人口（通常指0～14岁或0～18岁年龄段的人口）逐渐减少的现象。数据显示（见图2），俄罗斯进入21世纪以来就一直处于人口少子化阶段。与此同时，2024年一季度俄罗斯出生人数为30.02万人，同比下降3.5%，而死亡人数却增加4.4%。有学者预测，俄罗斯人口将以每年约50万人的速度减少。

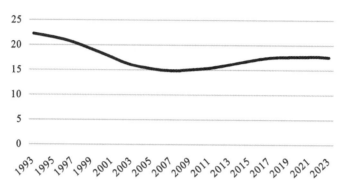

图2 俄罗斯0～14岁人口占总人口的百分比（%）

（数据来源：世界银行）

面对日益严峻的人口少子化挑战，为鼓励生育，2007年俄罗斯政府推出了"母亲基金"计划。该计划旨在利用经济激励措施，通过向生育后的家庭提供一笔现金奖励，以支持孩子的成长与教育，从而提升家庭的生育意愿。2023年，生育第一胎可获得约58.7万卢布。如果母亲生育一胎时未能领取补贴，生育第二胎时则可以领到77.6万卢布；如果已领取一胎补贴，则二胎补贴为18.9万卢布。"母亲基金"的使用受到一定限制，以确保资金用于支持孩子的成长和教育。根据规定，这笔钱可以用于改善家庭住房条件，为孩子支付学费、学杂费、住校的住宿水电费等，也可以被存入母亲的养老金储蓄账户等。"母亲基金"计划在一定程度上提高了生育率，尤其是在政策刚推出时效果较为显著。从2006年到2014年，俄罗斯的出生率有所上升，新生儿数量从约150万人增加到约200万人。除了广受关注的"母亲基金"计划外，政府还推行了生育补贴政策，根据家庭的具体经济状况及生育孩子的数量等因素，量身定制补贴标准，为家庭提供实质性的经济援助。同时，针对拥有多个子女的家庭，政府还实施了税收减免的优惠政策，通过减轻这些家庭的经济负担，进一步鼓励生育。俄罗斯政府于2018年启动了"儿童十年"项目，该项目是在总结过去儿童保护政策的基础上，结合当前社会经济发展的实际情况提出的一项长期性、系统性的儿童发展计划。其目的在于通过一系列的政策和措施，为俄罗斯儿童创造一个更加安全、健康、友爱的成长环境。"儿童十年"项目的内容涵盖了儿童健康、儿童教育和儿童福利等多个方面，核心目的是确保俄罗斯儿童的全面发展。

---

① 数据来源：https://rosstat.gov.ru/compendium/document/13284。

除了少子化问题，俄罗斯也是欧洲孤儿数量较多的国家，每年有大量孤儿游离于社会边缘。成为孤儿的孩子通常是由于失去了父母的抚养或监护，例如父母双亡、父母丧失抚养能力、父母放弃抚养权等。但值得注意的是，俄罗斯还存在一种特殊孤儿群体，即"社会孤儿"。这些孩子的父母可能健在，但由于种种原因（如贫困、酗酒、家庭暴力、离婚等）无法或不愿履行抚养义务，导致孩子实际上处于无人抚养的状态。这些孩子虽然法律上仍有父母，但在现实生活中却像孤儿一样无助。根据国际公约和俄罗斯宪法要求，在俄罗斯，每个孩子都有免费获得社会保障的权利①。在当前人口形势严峻的情况下，俄罗斯应将"社会孤儿"问题置于人口战略与社会政策优先位置。政府不仅需关注孤儿的基本生活保障，还应加大对其教育、医疗及心理健康的全面支持，确保孤儿群体能够享有公平的成长机会与资源。为此，1999年俄罗斯通过了《预防无人照顾儿童和未成年人犯罪法》，旨在预防无人照顾的儿童和未成年人陷入犯罪的风险，并通过一系列措施来保障他们的权益。同时，《俄罗斯联邦家庭法典》对无人照顾儿童的安置形式进行了明确规定，包括收养家庭、监护或保护家庭、寄养家庭以及所有类型的儿童福利机构。1993年，俄罗斯的社会救助体系尚处于初级阶段，全国范围内仅设有4个社会救助所（暂时把无家可归的儿童安置在那里），2002年已经达到1162个，可救助3.6万名孤儿。其中莫斯科有11个救助所，能救助1300名孤儿，必要时能增加到2000名。②

但是受历史、经济、文化等多方面因素的影响，俄罗斯的儿童福利政策仍面临诸多挑战和困境。在俄罗斯的社会历史变迁中，儿童福利状况经历了复杂的发展历程。尽管俄罗斯近年来在保障儿童权益和福利方面做出了显著努力，但历史上也存在过儿童权益被相对忽视的时期，特别是在社会经济转型期，贫困、家庭结构变化以及资源分配不均等问题，对儿童的成长造成了影响。尽管俄罗斯在改善儿童福利方面取得了积极进展，但仍面临着不少挑战。一方面，地区间发展不平衡导致一些偏远地区或经济欠发达地区的儿童难以充分享受到高质量的教育、医疗等服务；另一方面，贫困、家庭解体、单亲家庭增多等现象也增加了儿童面临的风险和脆弱性。5岁以下儿童死亡率是指年内未满5岁儿童死亡人数与活产数之比，是衡量一个国家或地区儿童健康和社会发展水平的重要指标之一。这一指标能够反映出儿童在生命早期所面临的健康风险和社会环境的优劣。根据联合国儿童基金会公布的数据（见图3），在2022年，俄罗斯5岁以下儿童死亡率达到了57.7‰，这个数字不仅反映了俄罗斯在儿童健康和社会福利方面面临的挑战，也凸显了该国在保障儿童生存权方面需要付出更多努力。

---

① 许艳丽. 俄罗斯的儿童保护与社会保障［J］. 工会理论研究（上海工会管理职业学院学报），2017（4）：44-47.
② 蓝瑛波. 俄罗斯儿童福利与保障制度述评［J］. 中国青年研究，2009（2）：22-25.

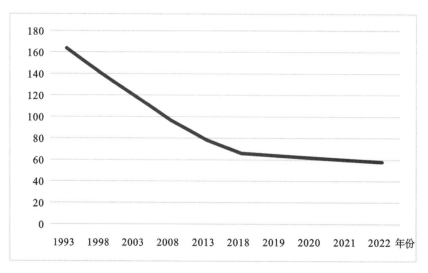

图 3　俄罗斯 5 岁以下儿童死亡率（‰）

（资料来源：http://www.childmortality.org）

（三）土耳其儿童福利政策发展现状

1. 政策探索期（奥斯曼帝国晚期：约 1860 年至第一次世界大战）

奥斯曼帝国晚期，国内持续发生战乱，军队实力丧失，无法再通过武力扩张来解决问题。长期的战乱和经济萧条导致大量家庭破裂，孤儿和贫童数量激增，成为严重的社会问题。为了应对这一挑战，政府开始关注儿童福利问题，并将其视为现代化和城市化改革的重要部分。这一阶段，土耳其（当时为奥斯曼帝国）开始尝试实施儿童福利政策。政府颁布了一系列法令和措施，主要涉及儿童收容、收养以及教育等方面。最具代表性的措施是感化院的建立，政府承担起了抚育和管教孤儿、贫困儿童的责任，这被视为帝国晚期政府为儿童实施的福利措施中最显著的成就。1876 年，奥斯曼帝国第一条关于感化院的法令正式出台。自 19 世纪 60 年代开始，特别是 1862—1899 年，有超过 30 所感化院创办①。感化院不仅帮助缓解难民儿童问题，还作为新式教育培训机构，开设了各类基础教育和职业技能培训课程，对帝国晚期国内传统手工业经济的复兴起到推动作用。这些感化院的建立，标志着奥斯曼帝国政府正式将儿童福利纳入国家责任范畴，尽管当时该制度尚处于初级阶段，未能达到与同期欧洲社会相媲美的福利水平，然而，对于深植于传统伊斯兰文化土壤的奥斯曼帝国而言，其意义尤为深远且重大，为后来的儿童福利政策发展奠定了坚实的基础。

总体而言，这一时期的儿童福利政策以政府为主导，兼具救济与教育功能，并与经济复兴相结合。但由于帝国晚期政治腐败、资源匮乏等问题的存在，政策的执行力度有限。感化院等福利机构在数量、规模和质量上都无法满足所有孤儿和贫困儿童的

---

① 郑学慧. 土耳其儿童福利发展研究（1860—1945）[D]. 贵阳：贵州师范大学，2019.

需求。此外，政策的实施还受到地方官员执行能力和社会观念的影响，导致实际效果参差不齐。

2. 政策休整与完善期（土耳其共和国初期：第一次世界大战后至20世纪80年代）

在土耳其共和国初期，随着凯末尔世俗化改革的深化，儿童福利政策迎来了前所未有的发展机遇。这一时期，儿童权利观念在土耳其社会广泛兴起，成为推动社会进步的重要力量。凯末尔政府深刻认识到儿童是国家未来的基石，其福祉与国家命运紧密相连，因此，通过教育普及、宣传引导及鼓励儿童参与社会活动，提升公众对儿童权利的认知，进一步强化了儿童权利观念的社会基础。1945年以后，在联合国儿童组织的倡导下，土耳其政府尤为关注全世界儿童的权利问题。同时，在国内，政府制定了一系列法律法规，特别是童工保护法的实施，有效遏制了儿童剥削与虐待现象，为儿童的身心健康发展与受教育权提供了法律保障。此外，政府还不断完善儿童权利保护的法律体系，确保儿童权利的全面实现。在福利体系构建方面，政府聚焦于儿童健康与教育两大核心领域。通过建立完善的儿童医疗保健体系，提供免费医疗服务与加强疾病预防控制，显著降低了儿童死亡率，提升了儿童健康水平。在教育方面，政府加大教育投入，改善教育设施，确保每个儿童都能享受到高质量的教育资源。从相关数据上看，在土耳其共和国成立后的头十年，教育方面取得不少成果：1923—1932年，小学人数从341941人增加到489299人（女童入学率从18.4%增加到35%）；普通学校和技术学校的入学人数从6547人增加到9296人（女童比例从21%增加到34.5%）。① 同时，政府还设立了儿童福利机构，如"儿童之家"、寄养家庭等，为孤儿、被遗弃儿童等特殊群体提供全方位关爱与支持。在政府倡导下，社会组织通过募捐、志愿服务等形式，为儿童提供物质与精神上的帮助。

3. 政策深化与拓展期（20世纪90年代至今）

进入20世纪90年代，土耳其的儿童福利事业在前期积累的基础上取得了显著的发展。土耳其儿童福利政策在这一时期更加注重全面性和综合性。政府不仅关注儿童的基本生活和教育需求，还注重儿童的身心健康、社会参与和未来发展等方面。1990年，土耳其政府签署了联合国《儿童权利公约》，并于1995年正式批准。这一公约的签署和批准，标志着土耳其政府对儿童权利的正式承诺，并为土耳其儿童福利事业的发展提供了国际法律保障。此外，土耳其政府与国际劳工组织密切合作，研究和改善童工法，旨在保护儿童免受剥削性劳动的伤害。随着国际儿童权利运动的兴起，土耳其政府和社会各界也积极参与其中，推动儿童权利保护事业的发展。在教育方面，土耳其政府延长了义务教育年限，从原来的8年延长至12年，并改为小学4年、初中4年和职业专科学校4年的模式，这不仅减轻了家庭的教育负担，还提高了国民的整

---

① 郑学慧. 土耳其儿童福利发展研究（1860—1945）[D]. 贵阳：贵州师范大学，2019.

体教育水平。同时，政府还为受教育的学生提供各种补贴，确保每个孩子都能接受良好的教育。在医疗方面，土耳其的医疗卫生条件较好，各个城市均有健全的医院、诊所和急救设施。医疗保险覆盖大部分城镇，享受医疗保险者在公立医院就医几乎免费。这为儿童提供了良好的医疗保障，确保了他们的健康成长。社会组织和民间力量在土耳其儿童福利事业的发展中也发挥着重要作用，通过提供援助、开展活动、宣传倡导等方式，积极参与儿童福利事业的建设和发展。例如，儿童保护协会、红新月会及其各级分支机构、私人收容所和附属于学校的寄宿之家等机构为儿童提供了重要的支持和帮助。

四、中国、俄罗斯和土耳其儿童福利政策的差异分析

中国、俄罗斯和土耳其均致力于提升儿童的生活质量、促进其健康成长与全面发展，并坚定地保护儿童权益。然而，这三个国家在儿童福利政策的实施上呈现出一些差异，主要体现在以下方面。

（1）主题侧重点不同。俄罗斯的儿童福利政策注重传统福利制度的延续与创新。俄罗斯深受以前时期社会福利政策的影响，其儿童福利政策在继承传统的基础上，不断创新与发展。政府通过一系列精准措施，为孤儿、无父母监管儿童等困境儿童提供全方位的支持与保障。这些措施不仅包括提供基本的生活费用、教育资助和职业培训，还涵盖了心理健康、住房保障等多个方面。俄罗斯政府致力于通过这些政策，帮助困境儿童摆脱困境，融入社会，实现自我价值。土耳其的儿童福利政策注重贫困与社会不平等的解决。面对国内普遍存在的贫困和流浪儿童问题，土耳其政府将解决这些问题作为儿童福利政策的核心任务。政府通过制定和实施一系列有针对性的政策措施，努力降低婴儿和儿童死亡率，改善儿童健康状况，提高儿童教育水平，并防止虐待童工等剥削性行为的发生。同时，土耳其政府还鼓励社区和非政府组织积极参与儿童福利工作，形成多元化的儿童福利服务体系，共同为提高儿童的生活水平和社会地位而努力。通过这些措施，土耳其政府旨在减少贫困和社会不平等对儿童的影响，为所有儿童创造一个更加公平、包容的社会环境。在制定儿童福利政策时，中国政府强调公平性和普及性，注重保障儿童的基本生活和教育需求。政府认为，儿童是国家的未来和希望，他们的健康成长对于国家的长远发展具有重要意义。因此，中国政府致力于构建覆盖城乡、惠及全体儿童的福利体系，通过加大投入、完善制度、优化服务等方式，促进儿童的全面发展。

（2）内容涵盖侧重点不同。俄罗斯的儿童福利政策将重点放在为儿童提供全面的经济与生活支持上。政府通过发放各类补贴与津贴，确保儿童及其家庭的基本生活需求得到满足。此外，俄罗斯还注重为特殊群体如多子女家庭、残疾儿童等提供额外的支持与关怀。在实施上，俄罗斯依托其完善的社会保障体系，为儿童提供包括医疗、教育、住房在内的全方位保障，确保儿童能够享受到高质量的生活与教育资源。土耳其的儿童福利政策主要聚焦于反贫困与促进社会平等，致力于通过政策手段减少儿童贫困现象，改善儿童的整体福利状况。政府通过制定并实施一系列有针对性的福利措

施，如为孤儿和被遗弃儿童提供住所与教育机会等，来直接解决儿童面临的困境。中国的儿童福利政策内容涵盖了教育、医疗、康复、营养等多个领域。政府加大对教育的投入力度，改善学校设施和教学条件，确保儿童能够接受优质的教育。中国政府还注重提升儿童的营养水平，通过实施营养改善计划等措施，保障儿童的健康成长。

（3）最终成效不同。俄罗斯儿童福利政策的最终成效主要体现在对孤儿和困境儿童的全面支持上。政府通过提供一系列经济与生活支持措施，如免费职业培训、住房补贴、公共交通免费等，有效改善了这些儿童的生活条件，使他们能够享受到更加稳定和幸福的生活。同时，俄罗斯政府还注重儿童的教育机会和心理健康问题，通过提供免费职业培训和心理咨询等服务，为儿童提供了更多的成长机会和心理健康支持。此外，俄罗斯还通过立法手段加强对儿童权益的保护，不断完善儿童福利法律体系，为儿童福利政策的实施提供了有力保障。土耳其儿童福利政策的最终成效体现在多个方面。首先，儿童权利在土耳其得到了广泛认可和尊重，政府积极参与国际儿童权利合作活动，签署联合国《儿童权利公约》等重要国际文件，提高了社会对儿童权利的认识和重视程度。其次，土耳其政府通过制定和实施一系列儿童福利政策，逐步建立了较为完善的儿童保护机制，包括儿童权利保护法律、儿童福利服务体系等，为儿童提供了全方位的保护和支持。这些措施有效改善了儿童的生活条件，提高了他们的生活质量。此外，土耳其还积极与国际组织合作，共同推动儿童福利事业的发展，获得了更多的国际支持和资源，推动了本国儿童福利政策的不断完善和发展。中国儿童福利政策的实施取得了积极进展，儿童福利体系得到不断完善和发展。通过实施一系列政策措施，中国儿童的基本生活和教育需求得到了较好保障。政府还加强了与社会各界的合作与联动，共同为儿童创造更加良好的成长环境。

这些差异反映了各国在社会经济条件、文化传统和发展水平等方面的不同。通过加强国际合作与交流，各国可以相互借鉴经验，共同推动儿童福利事业的发展，为儿童的健康成长创造更加美好的未来。

五、"一带一路"共建国家儿童福利政策的改革路径

儿童作为国家的未来和希望，其健康成长和全面发展越来越受到社会的广泛关注。然而由于各种原因，儿童在成长过程中仍然面临着诸多挑战和困境，需要得到更加全面、细致的关爱和支持。虽然各国政府纷纷制定和实施各类儿童福利政策，旨在为儿童提供更好的生活条件和成长环境，但是儿童福利政策的制定与实施仍存在诸多问题和挑战，需要进一步完善和优化。因此，本研究提出了以下建议，以期为推动儿童福利事业的发展贡献一分力量，为儿童的健康成长和全面发展创造更加良好的环境。

（一）强化政策体系的系统性与协同性

儿童福利政策的完善，需要构建一个系统、连贯且协同的政策体系。这一体系应涵

盖儿童成长的各个阶段，从儿童的出生、教育、健康到未来的职业发展，都应有明确的政策指导和保障。第一，政府各部门之间需要加强沟通与协作，打破政策壁垒，确保政策之间的连贯性和一致性。具体而言，政府可以设立专门的儿童福利政策协调机构，负责统筹和协调各部门之间的政策制定和实施工作。第二，政策体系还应注重与社会的协同。政府应鼓励社会各界参与儿童福利事业，包括企业、社会组织、学校、家庭等。可以建立多方参与的合作机制，共同制定和实施儿童福利政策，形成政府主导、社会参与的多元化服务模式。第三，建立有效的评估和反馈机制。定期对儿童福利政策进行评估，了解政策实施的效果和存在的问题，及时进行调整和优化。与此同时，畅通的反馈渠道也是必要之举，听取社会各界和儿童自身的意见和建议，使政策更加贴近实际需求。

（二）加大资源投入，提升服务质量

儿童福利事业的发展离不开充足的资源支持。政府应继续加大对儿童福利事业的投入力度，包括资金、人力和物力等方面。这些资源将直接用于改善儿童的生活环境、提高教育水平、加强医疗保障等方面，为儿童的健康成长提供有力保障。在资金方面，政府可以通过增加财政预算、设立专项资金、引导社会资本投入等方式，为儿童福利事业提供稳定的资金来源；同时要加强对资金使用的监管和评估，确保资金使用的合规性和有效性。在人力方面，应加强对儿童福利工作队伍的建设和管理。可以加大对相关人员的培训力度，提高他们的专业素质和服务能力；还应建立健全的激励机制，吸引更多优秀人才投身于儿童福利事业。在物力方面，可以加强儿童福利设施的建设和改造，如建设更多的儿童公园、图书馆、医疗机构等，为儿童提供更好的生活和学习环境。除了加大投入外，提升服务质量也是至关重要的。政府应加强对儿童福利服务质量的监管和评估，确保服务符合标准和要求。

（三）注重对特殊儿童群体的关爱与支持

特殊儿童群体，如残疾儿童、贫困儿童、孤儿等，是儿童福利政策需要特别关注的对象。这些儿童由于各种原因面临着更多的困难和挑战，需要得到更多的关爱和支持。政府应制定更加具体、有针对性的政策措施，为特殊儿童群体提供更加全面、细致的保障。例如，可以为残疾儿童提供康复训练和特殊教育服务，帮助他们提高生活自理能力和融入社会的能力；可以为贫困儿童提供生活补贴和助学金，保障他们的基本生活和学习需求；可以为孤儿提供寄养、收养等服务，为他们提供一个温暖的家庭环境。此外，可以建立特殊儿童群体档案，定期跟踪他们的生活和成长情况，及时发现问题并采取有效措施加以解决；还可以加强对特殊儿童群体心理健康的关注和干预，为他们提供心理咨询和辅导服务，帮助他们建立积极、健康的心态。同时，政府还应积极引导社会各界关注和支持特殊儿童群体的事业。可以通过媒体宣传、公益活动等方式，提高公众对特殊儿童群体的认知度和关注度；可以鼓励企业、社会组织和个人参与特殊儿童群体的关爱行动，为他们提供更多的帮助和支持。

六、结语

儿童作为国家的未来和希望，承载着民族发展的重任，其福利政策的完善与否直接关系到国家的长远发展和社会的和谐稳定。中国发起的"一带一路"倡议聚焦于推动国家的经济社会发展，在这一进程中，儿童福利的改善与提升显得尤为关键。随着人口老龄化和出生率的逐步降低，建立系统、连贯且符合各国国情的儿童福利政策体系具有重要的实践价值。未来，各国应在交流合作过程中不断探索发展儿童福利的新路径，通过共建"一带一路"携手增进各国人民福祉，共同推动儿童福利事业的发展，为儿童的健康成长和全面发展创造更加良好的环境。

— 参考文献 —

[1] 杜宝贵，杜雅琼. 中国儿童福利观的历史演进——基于改革开放以来的儿童福利政策框架［J］. 社会保障研究，2016（5）：82-88.

[2] 刘继同. 中国儿童福利制度研究［M］. 北京：中国社会出版社，2017.

[3] 贾志科，李文强，王思嘉. 新中国成立后我国儿童福利政策的演进历程——兼述政策效果及未来方向［J］. 少年儿童研究，2019（10）：28-40.

[4] 于建琳，宣朝庆. 70年来儿童福利的政策演进及其路径探析［J］. 社会建设，2019（5）：3-12，39.

[5] 廉婷婷，乔东平. 中国儿童福利政策发展的逻辑与趋向［J］. 中国公共政策评论，2021（1）：1-18.

[6] 许艳丽. 俄罗斯的儿童保护与社会保障［J］. 工会理论研究（上海工会管理职业学院学报），2017（4）：44-47.

[7] 杨倩雯. 当代俄罗斯社会孤儿现象探析［J］. 黑河学院学报，2024（2）：80-83.

[8] 郑学慧. 土耳其儿童福利发展研究（1860—1945）［D］. 贵阳：贵州师范大学，2019.

[9] 尚晓媛，王小林. 中国儿童福利前沿（2011）［M］. 北京：社会科学文献出版社，2011.

"一带一路"共建国家流浪儿童救助体系

周碧华　许冠标

[摘　要]　流浪儿童现象在全球范围内普遍存在，他们处于弱势群体中的底层，生存权等基本权利难以得到保障。随着"一带一路"倡议的推进，我国与共建国家在流浪儿童救助方面的合作日益紧密，共同提升儿童福利水平。本研究对我国以及部分"一带一路"共建国家流浪儿童救助体系发展情况进行梳理和总结，介绍各国流浪儿童救助体系的具体内容，并在此基础上分析我国在提升"一带一路"共建国家整体儿童救助水平方面可以发挥的作用，为促进各国之间儿童福利事业的相互交流与合作提供努力方向。

[关键词]　"一带一路"；流浪儿童；儿童救助

一、引言

当前，无论是在国内还是国际范围内，流浪乞讨现象都异常突出，成为一个既迫切又棘手的全球性问题。这一现象的广泛存在，对国家的安定和谐构成了严峻挑战，对社会进步形成了重重障碍，其所带来的负面效应深远且严重。

流浪儿童，是流浪乞讨群体中的特殊群体，他们既是其中的未成年部分，与其他流浪者有着相似的境遇，同时也面临着独特的困境。在经济和政治地位上，流浪儿童往往比其他流浪乞讨人员更加边缘化，流浪儿童位于弱势群体的底层，时常被社会忽略。这些孩子的生存权、发展权等基本人权难以得到应有的保障，这一现状迫切需要社会各界的关注和行动。

自2013年习近平主席在出访哈萨克斯坦和印度尼西亚时提出共建"一带一路"的重要倡议以来，中国和"一带一路"共建国家在流浪儿童救助方面的联系与合作日益

作者简介：周碧华，华侨大学政治与公共管理学院教授、华侨大学公共危机管理研究中心主任；许冠标，华侨大学政治与公共管理学院硕士研究生。

紧密，我国对"一带一路"共建国家的流浪儿童救助事业发展提供了重要支持，并且也得到了国际组织的认可与支持。2019年，联合国儿童基金会执行主任亨丽埃塔·福尔在一次采访中表示，"一带一路"倡议为国家儿童福利事业的发展提供了前所未有的机遇，并愿意在这方面与中国加强合作，"在实施'一带一路'倡议的过程中，联合国儿童基金会希望成为中国良好的合作伙伴，并愿与中国一路同行"。[①] 2022年4月29日，南非宋庆龄基金会成员来到位于开普敦的"SOS儿童村"，为生活在这里的弱势儿童捐赠过冬衣物和食品等物资，帮助他们健康成长[②]。可见，在推进"一带一路"建设过程中，我国和共建国家在儿童福利事业发展方面形成了良性互动，共同努力促进儿童福利水平的提升。

二、流浪儿童概念及其成因

(一) 流浪儿童概念界定

根据联合国《儿童权利公约》，流浪儿童是指离开家人、监护人后在外滞留24小时以上并且无收入来源而陷入困境的18岁以下未成年人[③]。流浪儿童一般可分为两类人群：一是完全流浪儿童，指那些无家可归，经常性居住在废弃的楼层或桥洞之下的一些流浪儿童，他们是完全没有任何成年人保护和照顾的一个未成年群体；二是不完全流浪儿童，指未到法定工作年龄的劳动者，为了帮助家庭解决生活困难而在白天外出工作维持生计，拥有住所的未成年群体。根据联合国《儿童权利公约》的精神，我国对流浪儿童的定义是："18岁以下的离开家人或监护人在外游荡超过24小时且无可靠生存保障并最终陷入困境的人。"

(二) 流浪儿童成因分析

1. 社会因素

第一，经济发展不平衡。在贫困地区，由于经济条件落后，许多家庭无法提供给孩子基本的生活和教育保障。一些家庭为了生计，不得不将孩子留在家乡或让他们提前进入劳动市场。然而，这些孩子往往因为缺乏必要的技能和知识而难以找到稳定的工作，最终可能沦为流浪儿童。此外，城乡之间、地区之间的经济发展差异也加剧了流浪儿童问题的严重性。一些贫困地区的儿童为了寻求更好的生活机会，可能会选择

---

① 中国一带一路网. 联合国儿基会执行主任：愿与中国一路同行共建"一带一路"[EB/OL]. (2019-03-17). https://www.yidaiyilu.gov.cn/ghsl/hwksl/82814.htm.
② 新华网. 南非宋庆龄基金会捐助当地弱势儿童[EB/OL]. (2022-04-30). http://www.news.cn/2022-04/30/c_1128611497.htm.
③ 杨慧，许永霞. 流浪儿童的社会工作与社会救助：超越与融合[J]. 华东理工大学学报（社会科学版），2015 (1)：22-28.

离家出走，前往城市或其他经济较为发达的地区。然而，由于他们缺乏社会经验和自我保护意识，很容易在城市中迷失方向，成为流浪儿童。

第二，社会保障制度不健全。法律虽规定家庭是抚养儿童的主要责任方，但实际上政府对那些失去家庭保护或处于困境中的儿童提供的支持十分有限。这使得这些儿童在面临家庭困境或变故时，难以得到必要的支持和帮助，只能选择离家出走或在街头流浪。此外，一些地区的儿童福利机构也存在资金不足、设施不完善等问题，无法满足流浪儿童的基本需求，这也进一步加剧了流浪儿童问题的严重性。

第三，不法分子利用。一些犯罪分子利用儿童的弱势地位和无助心理，通过诱拐、胁迫等手段将他们变成犯罪工具或乞讨道具。这些儿童在被利用的过程中，不仅身心受到严重伤害，还可能被迫从事违法犯罪活动。此外，一些不法分子还利用流浪儿童进行偷窃、贩毒等违法犯罪活动，从中牟取暴利。不法分子利用这些孩子达成目的后，为避免麻烦，通常会将这些孩子放逐。这些行为不仅严重侵害了儿童的权益和尊严，也给社会带来了极大的安全隐患和不稳定因素。

2. 学校因素

目前，中国正在深入推进素质教育，但不可否认的是，目前我国的教育体系仍存在一些不足之处，即应试教育仍然十分普遍。目前，我国部分地区，尤其是贫困地区，并不是为了教育而教育，更多的是为了应试而教育，应试教育注重考试成绩和升学率，忽视了学生的全面发展和个性差异。这种教育观念导致一些学生在学校中感到压抑和挫败，精神紧张造成了他们的心理负担增加，同时过于紧张的学习氛围可能会使学生的厌学情绪增加，最终选择逃离学校，走上流浪的道路。

3. 家庭因素

第一，家庭贫困。家庭贫困是流浪儿童产生的最普遍原因。贫困在世界各地普遍存在，在某些贫困国家和地区，多数居民仍过着靠天吃饭的日子，这种情况下，一旦出现自然灾害，父母为了生存不得已外出务工，有些可能让年老的祖父母去照顾这些未成年的孩子，有些可能携带孩子一起进城，还有些甚至让孩子独自外出打工。无论采取何种方式，未成年子女都没有得到来自家庭的照顾和保护，也没能从父母身上得到关心，教育和保护的疏忽也会致使儿童外出流浪。

第二，家庭的歧视或放弃。部分家庭仍然存在重男轻女、重视长子或忽视残疾儿童的现象，这些歧视行为会导致受歧视的儿童感到被排斥和不公平对待。长期受到歧视的儿童可能会产生自卑、愤怒和叛逆等负面情绪，最终选择离家出走。

第三，家庭结构变化。例如，父母离婚、再婚、死亡或长期分居等情况都可能导致家庭结构的不稳定。这种不稳定性可能使孩子缺乏安全感和归属感，从而选择离家出走。父母离婚，孩子缺乏家庭环境的完整性，可能也缺乏家庭关爱，使得身心健康受到影响，最终选择离开家。在有些再婚家庭中，孩子和父母之间的矛盾十分突出，甚至父母会虐待和遗弃孩子，而迫使孩子离家。此外，一些留守儿童由于长期与父母分离，缺乏家庭的关爱和陪伴，也可能产生离家出走的念头。

第四，家庭教育不当。一些家长可能缺乏教育意识和教育方法，无法为孩子提供良好的家庭教育环境。家长可能会忽视孩子的情感需求、学习和社交发展等方面的问题，导致孩子在成长过程中遇到各种困难和挑战。一些家长甚至可能对孩子进行体罚、虐待，平时对孩子不闻不问，孩子犯了错误时，家长也只会用打骂的方式来教育，在长期的家庭暴力下孩子的身心都受到很大的危害，最终选择离家出走，流浪街头。

4. 个人因素

流浪儿童一般都具有一定的心理共性，如较强的自主意识、逆反心理，渴望自由，不希望受到老师、家长的约束。他们在认知上有一定的局限性甚至是偏差，有时会产生一些极端行为，希望自己的个性和独立能够得到家长和社会的尊重。家长或老师的教育方式不恰当时，可能会使一些孩子产生偏激想法而负气离家出走。此外，部分农村孩子看到周边村民、同龄人去外面务工，也会盲目跟从，产生出外打工的念头，但是他们缺乏必要的谋生技能，很难获得稳定的工作，最终难以得到物质生活支撑而四处漂泊。

三、中国流浪儿童救助体系发展情况

近年来，随着国家经济结构的深度调整以及社会结构和意识形态的持续演变，我国流浪儿童的生存状况发生了显著变化。例如，与之前相比，流浪儿童接受救助的总体数量已出现大幅下降。这一受助群体特征的转变也反映出我国当前社会救助体系与数年前相比已经有了显著差异。因此，对当前流浪儿童救助状况进行全面了解显得尤为重要。经过长期的努力与完善，我国的社会救助体系已经取得了显著进步，特别是在针对流浪儿童这一特殊群体的救助工作上，更是取得了丰硕的成果。目前我国已形成了政府、市场、民间专业组织和基层（家庭、社区）多方供给的相对完善的流浪儿童救助体系，如图1所示。

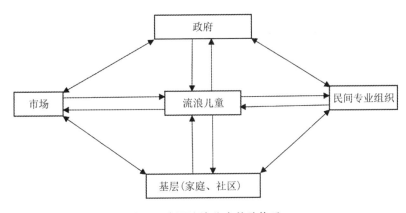

图 1　我国流浪儿童救助体系

(一) 国家政策文件频发，构建全面政策体系

近年来，我国政府在流浪儿童救助方面密集出台了一系列政策文件，逐步构建起包括长期生活救助、专项分类救助以及临时应急救助在内的全面救助体系。这些政策覆盖了流浪儿童的生活保障、教育发展、医疗健康等多个方面，并逐步将救助对象扩大到所有18岁以下的儿童，凸显了救助体系的普适性特征。据统计，截至2023年，我国涉及流浪儿童救助的项目文件已达到80余份，同时，各地政府也积极响应，出台地方政策以保障当地流浪儿童的权益。此外，为了切实保障流浪儿童的权益，各省（市、区）纷纷采取积极举措。北京、天津、河北等地针对流浪儿童问题，相继推出了强制报告、应急处置和监护干预等一系列制度，旨在确保流浪儿童得到及时有效的救助和保护。同时，湖南等地也积极行动，推出了"明天计划"，旨在将救助体系进一步扩展到散居孤儿群体，确保他们也能得到必要的关怀和帮助[①]。

(二) 市场服务体系蓬勃发展，多元服务惠及广大儿童

随着社会的进步和发展，市场服务体系在儿童福利与保护领域也呈现出蓬勃发展的态势。多年来，我国不断加强儿童疾病防控、早期发展服务、教育培训等方面的工作，为儿童的健康成长提供了有力支持。据统计，截至2023年底，福建、北京、重庆等地试点开展的新生儿早期基本保健服务已覆盖千余名医务人员，有效改善了儿童及孕妇的保健状况。同时，辽宁、北京等7省（市、区）试点建设的社区儿童早期发展中心也为2万多个家庭提供了家访服务，筛查并随访了早期发育迟缓的儿童。这些服务的开展不仅提升了儿童的生活质量，也为他们的未来发展奠定了坚实基础。此外，广西、宁夏等11省（市、区）16县的农村学校开展的社会情感学习项目，关注到了儿童的心理健康和人际关系处理能力。这些项目通过专业的方法和手段，帮助儿童疏导情绪、建立自信、培养合作精神，为他们的全面发展提供了有力支持[②]。

(三) 民间专业组织积极参与，形成多元化救助格局

除了政府和市场服务体系的努力外，民间专业组织也在逐步参与到流浪儿童救助工作中。这些组织通过引进专业社会力量，创新救助方式和标准，为流浪儿童提供更加个性化、专业化的救助服务。基金会中心网数据显示，截至2022年，在全国范围

---

① 中国公益研究院，联合国儿童基金会. 全国基层儿童福利与保护服务体系建设工作2019年度报告[EB/OL]. https://www.unicef.cn/reports/national-grassroot-children-welfare-and-protection-service-system-building-annual-report-2019.

② 联合国儿童基金会. 中国经验 全球视角——联合国儿童基金会在华合作项目概览[EB/OL]. https://www.unicef.cn/reports/unicef-china-and-beyond.

内，共有超百家基金会致力改善困境儿童营养状态，共开展百余个项目，支出 7 亿余元；15 家基金会关注儿童虐待问题，共开展 16 个项目，支出 640 万元；16 家基金会关注儿童权益问题，开展 18 个项目，支出 3526 万元。

此外，民间专业组织所蕴含的专业资源在帮助流浪儿童改善自身缺陷、转变公众对于流浪儿童的认知、推动政策立法转变等方面也逐步显现出较大的影响力，以保障儿童健康成长。

(四) 基层儿童福利与保护服务体系逐步建立，织密儿童保护网

基层社区和村居是儿童福利与保护服务的重要阵地。近年来，我国不断加强基层儿童福利与保护服务体系建设，逐步建立起县—乡—村三级工作网络，并配置了专业的儿童主任队伍。这些举措为基层有需要的儿童和家庭提供了及时有效的福利服务，织密了儿童保护网。

《中国儿童发展报告 2023》[①] 显示，截至 2022 年 8 月底，已有 70 余万农村留守儿童得到了有效监护。这些孩子可以通过两种途径被重新安置：返还原生家庭和指定监护人。除了这两种路径，部分儿童由村（居）委会、救助管理机构、儿童福利机构等提供临时监护。同时，在教育部门、公安部门等多方主体的联动之下，失学辍学儿童返校复学、无户籍儿童办理户口登记等工作也取得了显著成效。这些成果的取得离不开基层儿童福利与保护服务体系的建立和完善。

四、"一带一路"共建国家儿童救助体系发展情况

截至 2023 年，我国已同 152 个国家、32 个国际组织签署了 200 余份共建"一带一路"合作文件，并且我国和共建国家就流浪儿童救助问题进行了积极交流与相互借鉴，因此，分析"一带一路"共建国家的流浪儿童救助体系发展情况能够为各国后续合作与交流提供一定参考。总体而言，由于每个国家的价值观以及政治制度不同，各国福利理念、救助理念存在区别，进而在儿童救助事业方面有所差异，下文将介绍部分"一带一路"共建国家的流浪儿童救助体系发展情况。

(一) 新加坡流浪儿童救助体系

1. 新加坡流浪儿童救助支柱

新加坡流浪儿童救助体系以儿童为中心，把儿童的最大利益放在首位。该体系基于八大支柱（新加坡社会及家庭发展部，2012 年），如图 2 所示。

---

① 苑立新，中国儿童中心．中国儿童发展报告（2023）[M]．北京：社会科学文献出版社，2023.

图 2　新加坡流浪儿童救助工作的八大支柱

首先，新加坡以儿童为中心，注重流浪儿童预防工作，这涉及尽可能与儿童的父母密切合作。儿童的直接社区，如学校、大家庭和社会工作机构，也被动员起来向儿童及其家庭提供支持。其次，为了有效地保护流浪儿童，所有相关的专业人员之间应实现相关信息的共享、合作，为儿童制订并实施适当和个性化的照顾及救助计划。再次，政府要求从事儿童福利工作的专业人员，无论其职责层次如何，均须接受全面且最新的流浪儿童救助专业培训，并接受高级管理人员的定期监督与指导，以确保服务质量与专业性。此外，新加坡设立了一个由多机构、多学科成员组成的小组，检讨每例虐待或忽视儿童案例，并协助制订适当的照顾计划，定期检讨。最后，通过定期审查和必要时更新重要立法来确保流浪儿童救助工作的有效性。

2. 新加坡流浪儿童救助法规体系

新加坡的法律制度深受英国法律制度的影响。然而，多年来，新加坡从其他法律传统中学习，逐步构建起独具特色的法律框架。在流浪儿童救助方面，新加坡主要立法包括《刑法典》《儿童和青少年法》《妇女宪章》《儿童收养法》《托儿中心法》。

《儿童和青少年法》作为流浪儿童救助的核心法律，为流浪、被忽视或虐待的儿童及青少年提供了法律上的干预依据。除了界定侵害儿童和青少年的罪行并阐明对犯罪者的惩罚外，该法还规定对犯罪或不受父母控制及其他可能从事犯罪和破坏行为的流浪儿童的矫治措施（新加坡社区发展、青年和体育部，2008 年），包括社区干预、心理社会评估与治疗等，旨在通过法律手段促进流浪儿童的身心康复，帮助他们回归社会。该法赋予儿童保护机构、法院、警方以寻找流浪儿童并将其转移到安全地点或医疗机构，以及将流浪儿童及其父母送去接受强制性医疗或心理社会评估与治疗的权利。此外，该法赋予法院评估父母或监护人是否能为儿童提供适当的照顾和监护的权利，并规定如果父母被评估为不适合照顾孩子，则授权法院可将孩子交给合适的人或送到安全的地方。

《刑法典》则将遗弃儿童明确列为侵害儿童行为，并规定了相应的法律责任，进一步强化了对儿童权益的法律保障。《妇女宪章》通过保护 14 岁以下女童免受性剥削、确保父母履行经济抚养义务等条款，间接预防了因家庭贫困或性别歧视导致的儿童流浪现象。

《儿童收养法》着眼于流浪儿童的未来安置，确保收养过程符合儿童利益最大化原则。该法规定了收养前的强制性简介会、收养监护人的角色与职责、社会调查与报告制度以及收养令的颁发等程序，确保了收养过程的规范性与透明度。同时，该法还禁止未经法院许可的收养费用支付，防止了因经济利益诱惑而导致的非法收养行为。《托儿中心法》则通过许可证颁发、监督检查等手段，规范了托儿中心的运营与管理，为流浪儿童在机构内的救助提供了法律保障。该法还要求托儿中心经营者及时报告疑似虐待流浪儿童案件，确保了流浪儿童在机构内的安全与健康。

在这些法规的基础上，新加坡近年来在流浪儿童救助方面做了相当多的有益探索。2008 年，新加坡成立了儿童法庭，旨在处理涉及儿童保护和福利的法律诉讼。它强调要以儿童为中心而非以传统的对抗方式处理儿童监护和访问事宜，为流浪儿童提供了更加人性化的司法服务[①]。

3. 新加坡流浪儿童救助机构体系

流浪儿童救助是一项涉及多学科、多机构的工作，在新加坡流浪儿童救助机构体系中，社会及家庭发展部下属的儿童保护服务处（CPS）发挥主导作用，并与医疗机构、社区志愿社会工作机构、学校、警方、法院和总检察长办公室等机构进行合作。

CPS 在处理流浪儿童救助事宜上拥有法定权力，在保护流浪儿童和防止儿童流浪方面发挥主要作用，由接纳及评估部门、调查部门和干预部门组成。

CPS 采用系统方法，确保照顾和保护流浪儿童。当 CPS 收到流浪儿童相关投诉时，接纳及评估部门会展开调查。指定的儿童保护官员将与儿童交谈，并从所有相关方面收集信息，如儿童的老师、儿童保育工作者、社会工作者和医生，评估儿童面临的直接风险。如果需要进行医疗评估或护理，则立即将儿童送去进行医疗评估/治疗。然后，视其家庭状况评估其后续去向：对于"不完全流浪儿童"，若该儿童返回家庭被认为会对其安全构成直接威胁，他将被转移到安全的地方；如果评估认为照料者无法保护儿童免受进一步伤害，则该儿童将与其他"完全流浪儿童"一样，被转移到其他寄养家庭或儿童之家。如有必要，可延长这一保护儿童的临时安排。

在接收流浪儿童后的 14 天内，CPS 召集所有相关专业人员和高级儿童保护官员举行跨机构、多学科会议。在每周一次的儿童保护小组（CAPT）会议上，各种专业人

---

① Pathy P, Cai S Y, Ong S H, et al. Child protection and children's rights in Singapore [J]. Adolescent Psychiatry, 2014, 4 (4): 242-250.

员（如高级儿童保护官员、心理学家、儿科医生、儿童精神病学家、辅导员、教师和警察）分享有关儿童及其家庭的相关信息和意见，评估并确定儿童和家庭的特殊需要。根据评估结果，CPS 在各机构的帮助下制订并实施救助计划，并监测救助计划的进展情况。

此外，社会及家庭发展部还通过 CPS 为面临困境和社会问题的儿童及其家庭提供个案工作和咨询服务。该部门配备了专业的辅导员和治疗师，为复杂个案提供专门服务；临床和法医心理学处则为流浪儿童和青少年提供心理评估以及个人、家庭和团体干预。具体服务项目包括：为需要育儿指导的父母开设 3P 育儿课程，为遭受性虐待的儿童幸存者提供团体治疗计划，以及为家庭内儿童性虐待受害者的照顾者设立支持小组，旨在为这些照顾者提供心理支持和专业咨询。

在社区层面，家庭服务中心是流浪儿童救助的重要一环。根据新加坡社会及家庭发展部数据，截至 2023 年，新加坡有超过 40 家家庭服务中心，覆盖全国各个社区。这些中心不仅为受虐待与忽视的流浪儿童提供及时的评估与干预，还广泛服务于面临社会、个人及情感挑战的个人与家庭，成为社区支持体系的重要组成部分。同时，家庭服务中心还积极开展公众教育活动，增加社会对流浪儿童问题的认识与关注。

在既有机构体系的基础上，社会及家庭发展部提出了各种措施以完善流浪儿童救助体系。①治疗团体之家（Therapeutic Group Home）。针对流浪儿童普遍面临严重情感创伤与特殊需求的问题，现有服务或寄养家庭往往难以充分满足其复杂需求。为此，社会及家庭发展部推出了"治疗团体之家"项目。该项目以 1∶3 的工作人员与儿童比例，为流浪儿童提供密集且高度专业化的服务方案。其核心目标是提供以治疗创伤和依恋为基础的护理与干预服务，同时为儿童营造一个安全、受关怀的环境。项目团队与儿童家庭保持密切合作，确保对儿童的治疗进展进行持续监测，并根据需要适时调整服务方案。②寄养计划（Fostering Scheme）。为解决流浪儿童因被虐待、忽视或父母健康状况不佳导致的无人照料问题，社会及家庭发展部推出了寄养计划。该计划通过精心招募和培训合适的志愿者，为这些儿童提供紧急且必要的短期照顾服务，并可根据实际需要延长至长期照顾。在安排寄养时，优先考虑儿童亲属，以确保儿童在熟悉的环境中获得情感支持。同时，社会及家庭发展部也在积极探索其他适宜的寄养方式，以最大限度地满足儿童的成长需求。③社区志愿者计划（Community Volunteer Programme）。为加强家庭支持网络，社会及家庭发展部实施了社区志愿者计划，旨在招募并培训志愿者，协助在育儿过程中遇到困难的父母。该计划为父母提供实质性帮助与支持，为预防儿童流浪问题奠定了坚实的社会基础。

（二）菲律宾流浪儿童救助体系

1. 菲律宾流浪儿童现状

菲律宾政府将流浪儿童定义为 5～18 岁的在街头生活、工作的儿童，菲律宾"阶梯"基金会将流浪儿童分为以下几类①。

（1）"街上儿童"。这类儿童占流浪儿童总数的约70%，他们通常白天仍在上学，并且晚上返回家中与家人保持正常联系。尽管他们暂时流落街头，但他们与家人之间的联系并未完全断裂。

（2）"街道儿童"。这类儿童占流浪儿童总数的约20%，他们将街道视为自己的家，没有固定的返家时间，生活极度不规律。他们可能在街头流浪很长时间，甚至数年，与家人的联系非常有限或者完全没有联系。

（3）被遗弃和被忽视的儿童。这类儿童与家庭的关系相对紧张，他们可能因为各种原因被家庭遗弃或忽视。为了满足自己的生活需求，他们已经学会独立生活，常常在街头流浪寻找食物和庇护所。他们被认为是真正意义上的流浪儿童，因为他们没有任何固定的家庭支持。

（4）流浪家庭的儿童。这类儿童属于流浪家庭的一部分，他们与家人一起生活在街头。他们可能有一定的家庭支持，但生活条件仍然非常恶劣。白天他们在街上四处流浪，晚上在人少的地方休息。

2. 菲律宾的流浪儿童救助模式

（1）建立全面法规框架。

菲律宾政府对流浪儿童的救助工作极为重视，并通过一系列精心设计的法律法规来全面保障儿童的权益。这些法规具有连贯性和递进性，从多个层面为儿童提供了法律保护。首先，1974年颁布的《儿童与少年福利法》奠定了儿童福利的基础。随后，1992年颁布的《特别保护儿童免受虐待、剥削和歧视儿童法》针对儿童面临的特定风险制定了更为具体的保护措施。1997年颁布的《家庭法庭法》则进一步强化了家庭在儿童成长中的法律地位，为处理儿童家庭问题提供了专门的司法途径。2000年颁布的《儿童早期保育与发展法案》关注儿童早期发展阶段的需求，体现了政府对儿童全面发展的重视。

值得一提的是，菲律宾国会专门颁布了《反流浪法案》。该法案不仅明确禁止街头流浪行为，以遏制流浪儿童数量的增长，更重要的是，它强调了政府与非政府组织在救助工作中的紧密合作关系。这种合作模式确保了流浪儿童能够及时获得必要的救助和支持，体现了菲律宾政府在儿童保护问题上的前瞻性和包容性。

（2）明确政府部门职责分工。

菲律宾为有效推进儿童保护工作，特别设立了儿童福利委员会。这是一个由多个关键政府部门组成的跨部门协调机构，直接受总统委员会领导。儿童福利委员会由国家经济与发展委员会、卫生部牵头，辅以劳工与就业部、农业部、司法部、国家营养

---

① 梁瀛尹.菲律宾流浪儿童非正规教育援助策略及启示——基于五个成功援助案例的分析[J].世界教育信息，2015（8）：43-49.

委员会、社会福利与发展部、教育部、内务与地方政府部、国家反贫困委员会等重要部门的力量。

为了更精细化地实施儿童保护策略,儿童福利委员会下设儿童特殊保护委员会、家庭和寄养照料委员会、基本公民权利委员会、儿童早期照料和发展委员会等专门机构。这些机构在儿童福利委员会的统一指导下,有针对性地协调并推进各项儿童福利和保护工作。

为确保政策的落地实施,儿童福利委员会在全国范围内设立了17个大区办公室。这些办公室不仅为大区内的各省提供儿童救助保护工作的政策指导和协调,还确保各项政策和措施能够得到有效执行。同时,各大区内的省、市、乡镇也建立了相应的儿童福利委员会,负责具体落实和执行儿童福利工作,从而形成了一个从中央到地方,全方位、多层次的儿童保护体系。

在福利委员会的指导下,社会福利与发展部负责儿童保护工作,该部门在全国设有13个地区办公室,每个省、市也都设有社会福利与发展部门,各级社会福利与发展部门设立单独的流浪儿童保护机构,为流浪儿童提供生活照料、教育、职业技能培训等服务。社会福利与发展部从1983年开始与联合国儿童基金会合作实施全国流浪儿童计划,成立了国家流浪儿童特别工作组来保障流浪儿童救助工作的开展。

(3)开展多样化的流浪儿童保护项目。

菲律宾针对流浪儿童群体开展了多样化的保护项目,这些项目根据儿童与家庭的联系程度灵活分类,主要包括以社区、街头和家庭服务中心为基础的三类项目。

首先,以社区为基础的项目主要针对那些虽然与家庭保持固定联系,但大部分时间却在街头工作的儿童,这类儿童约占流浪儿童总数的70%。该项目通过社区宣传儿童权利、动员社区居民参与、提供经济援助和小额信贷以及教育援助等活动,努力改善这部分儿童的生活环境。

其次,以街头为基础的项目则重点关注与家庭保持不定期联系的儿童,他们约占流浪儿童总数的20%。这个项目通过外展社会工作服务和街头教育等活动,为这些儿童提供必要的帮助和支持。

最后,针对那些彻底被家庭遗弃的儿童,菲律宾开展了以家庭服务中心为基础的项目。这类儿童占流浪儿童总数的5%~10%,项目主要为他们提供生活照料、医疗服务、咨询服务以及正规或非正规的教育和职业技能培训。近年来,该项目还开始尝试为这部分儿童提供家庭寄养和收养服务,以期为他们创造一个更加稳定和有爱的环境。

(4)非政府组织的积极参与。

在菲律宾的流浪儿童救助工作中,非政府组织的参与是一大特色。这些非政府组织数量众多,提供的服务内容广泛且富有创新性,因此在社会上产生了深远的影响。其中,以Childhope Philippines Foundation、亚洲·菲律宾儿童希望工程(Childhope Asia Philippines)、图洛伊基金为代表的多家非政府组织实施了流浪儿童保护项目,这些项目的资金主要来源于国内外基金会的捐赠。非政府组织的积极参与不仅为流浪儿童提供了更多的救助机会,还推动了菲律宾流浪儿童救助工作的不断发展和完善。

(三) 越南流浪儿童救助体系

1. 国家层面立法保障

越南作为亚洲首个、全球第二个签署联合国《儿童权利公约》的国家，一贯将贫困儿童的救助工作视为国家发展的重要任务。在立法层面，越南国会于1991年通过了专门的儿童保护法案，并在2004年对其进行了全面的修订，以更好地适应儿童权利保护的新形势与新需求。

修订后的儿童保护法案，其核心在于强化并维护儿童的四大基本权利：生存权、发展权、受保护权以及参与权。这四大权利相互依存、相互促进，共同构成了儿童全面发展的基石，为儿童福利保障提供了坚实的法律基础。另外，从1990年开始，越南就以十年为期签署儿童发展纲要，这显示出其对儿童福祉的长期承诺。当前正在执行的2021年发布的儿童发展纲要进一步扩大了保护范围，涵盖了儿童性骚扰、儿童传染病等新出现的问题，为各部门在儿童保护方面的工作提供了明确的指导。

2. 政府职责划分

在越南政府机构中，民政部门和家庭人口委员会是负责救助贫困儿童的主要部门。民政部门负责制定相关政策和规划，确保儿童救助工作的整体方向和策略得当。家庭人口委员会则负责具体执行这些政策，并及时反馈实施情况，以便不断完善和调整救助措施。

为了确保救助工作能够全面覆盖并深入基层，家庭人口委员会在全国范围内广泛建立了分支机构，遍布所有省、县、社[1]。这一举措极大地增强了救助体系的触达能力，使得更多需要帮助的儿童能够得到及时的援助。同时，为了更专业地服务流浪儿童这一特殊群体，民政部门还特别组建了专门的儿童福利机构。这些机构为流浪儿童提供集中的救助和供养服务，成为他们临时庇护的重要场所。值得一提的是，流浪儿童福利中心作为这些机构中的核心组成部分，其运营所需资源全部由家庭人口委员会负责提供。此外，家庭人口委员会还派遣了志愿者组成工作团队，为流浪儿童提供全方位的帮助。

3. 跨部门合作与协调机制

为了更有效地开展流浪儿童救助工作，越南政府各部门之间建立了紧密的合作与协调机制。例如，公安部门负责进行儿童登记工作，掌握儿童的动态信息及家庭情况，为救助工作提供准确的数据支持；社会保障部门负责儿童安置后的跟踪服务，确保他们能够得到持续的关注和帮助；卫生部门则承担起为儿童提供医疗保障的重要职责，确保他们能得到及时有效的呵护。

---

[1] 王英梅，洛丁，孙丹秋. 越南流浪儿童的救助保护工作 [J]. 社会福利，2004 (3)：52-59.

4. 政府主导的救助方式

与菲律宾等国家相比，越南主要采取的是政府主导的救助方式，非政府救助组织相对较少。这意味着越南的流浪儿童救助主要依靠政府部门的直接介入和推动，从而保证了救助工作的有序和高效。这种救助方式不仅确保了资源的集中投入和有效利用，还提高了救助工作的权威性和公信力。

（四）泰国流浪儿童救助体系

泰国针对流浪儿童问题，实施了一套以分层救助为核心的政策。该政策旨在通过政府与民间的协同合作，为流浪儿童提供全面、系统的救助与保护。

1. 二级保护机构

泰国设有专门为流浪儿童提供保护的二级保护机构，这些机构主要承担两大职责。一是发挥中介协调作用。作为政府与民间组织之间的桥梁，这些机构确保双方资源得到有效整合和利用，从而形成强大的救助合力。二是开展直接街头干预。社会工作者深入流浪儿童常聚集的地点，通过设立活动点与儿童建立深厚的信任关系。这些活动以娱乐和游戏为媒介，不仅为儿童带来欢乐，更为他们打开了接受救助的大门。随后，社会工作者会劝说这些儿童进入由民间组织运营的救助中心。这些救助中心为儿童提供多种选择，包括长期和短期的居留服务，以及一次性的紧急援助。此外，救助中心还致力于为儿童提供正式和非正式的教育机会，助力他们重返社会。

2. 收容所

对于那些缺乏法律保护的儿童，泰国设立了收容所，为其提供必要的庇护。收容所的主要工作涵盖收容教育、医疗康复以及送养转介。其工作流程清晰明确：从接收儿童开始，进行体检、建立详细档案，再到分组照顾、转介及最终安置。

进入收容所的儿童将根据其具体情况被妥善安置。一部分儿童可能会被送回亲属家中照料，另一部分则可能会被收养家庭接纳。对于那些年龄超过6岁的流浪未成年人，收容所会将他们转送至政府设立的特定的照顾所。

此外，对于未婚先孕但仍需外出工作的"少女妈妈"，收容所不仅提供日间婴儿照顾和哺乳服务，还为这些"少女妈妈"提供养育指导和职业技能培训。然而，为了确保儿童能在健康、稳定的环境中成长，收容所通常不建议他们在此长期滞留。一般来说，如果儿童在收容所的滞留时间超过6个月，他们可能会被转介至专门的民办救助机构。

五、"一带一路"共建国家流浪儿童救助事业展望

通过对部分"一带一路"共建国家流浪儿童救助体系发展情况的分析，可以发现

由于各国的经济发展水平等方面的差异,各国的救助水平依旧参差不齐。各国可以在"一带一路"倡议实施过程中,加大对儿童福利方面的投入与合作,促进各国流浪儿童救助水平的提升。作为"一带一路"倡议的提出方,我国在促进"一带一路"共建国家流浪儿童救助事业发展中可以发挥主导作用,在未来合作中我国可以在以下几个方面发挥重要作用。

(一) 推动建立"一带一路"共建国家流浪儿童救助合作机制

我国可以倡导并推动建立"一带一路"共建国家流浪儿童救助合作机制,为各国提供一个共同研究、交流和合作的平台。通过定期举办高层论坛、研讨会等活动,促进各国在流浪儿童问题上的对话与交流,共同研究制定符合地区实际的救助策略和行动计划。同时,我国还可以利用自身在全球治理体系中的影响力,推动将流浪儿童问题纳入"一带一路"国际合作议程,引起国际社会的广泛关注。

(二) 提供资金和技术支持

我国可以依托自身强大的经济实力和技术优势,为"一带一路"共建国家提供实质性的支持。通过提供资金援助、技术指导和专业培训等方式,帮助当地救助机构提升服务质量和效率。此外,我国还可以推动建立跨国界的流浪儿童信息共享机制,以便及时跟踪和响应流浪儿童的动态需求。这些支持将有助于提升"一带一路"共建国家在流浪儿童救助领域的能力和水平。

(三) 促进社会参与和民间合作

我国可以鼓励和支持国内慈善机构、志愿者团体等社会力量参与"一带一路"共建国家的流浪儿童救助项目。通过搭建合作平台、提供政策支持和资源共享等方式,促进政府、企业和社会组织之间的多方参与和合作。同时,借助中国广泛的媒体网络,加强对流浪儿童问题的公益宣传和教育普及,提高公众对流浪儿童权益的认识和关注。这将有助于形成全社会共同参与的良好氛围,推动流浪儿童救助事业的发展。

(四) 加强法律保障和国际执法合作

我国可以与"一带一路"共建国家共同研究制定针对流浪儿童的国际法律标准或指导原则。通过推动各国在国内立法中加强对流浪儿童权益的保护力度,确保他们在身份认定、教育、医疗、心理康复等方面的基本权益得到有效保障。同时,推动各国积极参与国际执法合作,打击跨国界的儿童拐卖、虐待等犯罪行为,为流浪儿童提供安全的成长环境。这将有助于维护"一带一路"共建国家的社会稳定和人民福祉。

(五) 推广中国成功案例和经验

我国在流浪儿童救助领域取得了显著成效和宝贵经验,这些成功案例和经验对于

"一带一路"共建国家完善救助政策具有重要的借鉴意义。我国可以通过编写案例集、制作宣传片、举办展览等方式，向国际社会展示在流浪儿童救助方面的创新实践和成果贡献。这些成功案例不仅可以为其他国家提供有益的参考和借鉴，还可以激励更多的国家和力量加入流浪儿童救助事业中来。此外，中国还可以积极分享其在政策制定、执行和监督等方面的经验做法，推动形成更加完善、有效的流浪儿童救助体系。

— 参考文献 —

[1] 中国一带一路网.联合国儿基会执行主任：愿与中国一路同行共建"一带一路"[EB/OL].（2019-03-17）.https：//www.yidaiyilu.gov.cn/ghsl/hwksl/82814.htm.

[2] 新华网.南非宋庆龄基金会捐助当地弱势儿童[EB/OL].（2022-04-30）.http：//www.news.cn/2022-04-30/c_1128611497.htm.

[3] 杨慧，许永霞.流浪儿童的社会工作与社会救助：超越与融合[J].华东理工大学学报（社会科学版），2015（1）：22-28.

[4] 中国公益研究院，联合国儿童基金会.全国基层儿童福利与保护服务体系建设工作2019年度报告[EB/OL].https：//www.unicef.cn.

[5] 联合国儿童基金会.中国经验 全球视角——联合国儿童基金会在华合作项目概览[EB/OL].https：//www.unicef.cn/reports/unicef-china-and-beyond.

[6] Pathy P, Cai S Y, Ong S H, et al. Child protection and children's rights in Singapore [J]. Adolescent Psychiatry, 2014, 4（4）：242-250.

[7] 梁瀛尹.菲律宾流浪儿童非正规教育援助策略及启示——基于五个成功援助案例的分析[J].世界教育信息，2015（8）：43-49.

[8] 王英梅，洛丁，孙丹秋.越南流浪儿童的救助保护工作[J].社会福利，2004（3）：52-59.

俄罗斯儿童福利政策的发展演进及对中国的启示

韩 艳　张可昕

[摘　要]　儿童是一个民族和国家的未来,儿童福利政策是世界很多国家社会福利体系的重要组成部分。梳理俄罗斯儿童福利政策,可以把其划分为政府大包大揽阶段、叶利钦执政时期的改革阶段、普京执政时期的系统发展阶段、梅德韦杰夫执政时期的现代化阶段以及普京重新执政后的日渐完善和健全阶段五个发展阶段,其主要内容有儿童健康与医疗保障政策、儿童教育政策、家庭福利政策、孤儿福利政策以及特殊儿童福利政策,呈现出家庭本位、教育为重、兼具普惠性和层次性、政策工具多元等特点。俄罗斯的儿童福利政策给我国以下启示:强化以家庭为本位的儿童福利政策制定;延长义务教育年限,加大儿童教育支持力度;建立多层次、全方位的儿童福利制度体系;积极探索和运用多元化的儿童福利政策工具。

[关键词]　俄罗斯;儿童福利;政策;教育

一、引言

生育对人类社会的繁衍和发展具有重要意义。随着现代生活模式和科技进步的不断发展,人们繁衍后代的意愿不断降低,低生育率成为人类社会面临的巨大挑战。世界银行的统计数据显示,20世纪60年代世界平均生育率是4.9,即平均每个妇女生4.9个孩子,远高于维持人口稳定的2.1的正常生育率[①]。到2000年,世界平均生育

作者简介:韩艳,华侨大学政治与公共管理学院副教授,主要从事公共服务和社会保障研究;张可昕,华侨大学政治与公共管理学院行政管理专业学生。

① 正常生育率是指在一个民族或地区内,女性在生育年龄内每年平均生育的婴儿数量。根据世界卫生组织的标准,正常生育率应该在2.1左右。如果生育率低于这个水平,便会出现人口老龄化、经济下滑、社会稳定性下降等问题。

率降至 2.7，而 2020 年和 2021 年的平均生育率只有 2.4 和 2.3。① 在这种形势下，如何提振生育率已成为世界很多国家的重要议题。为此，很多国家出台了儿童福利政策，如多子女家庭享受税收优惠、发放育儿津贴、提供儿童福利金等，这些政策在提振生育率方面发挥了一定的效果，对于我国生育政策的制定和调整或许具有参考价值。

俄罗斯是首批积极响应"一带一路"倡议的国家之一，也是中国"一带一路"倡议的积极支持者、重要参与者和关键合作伙伴。两国不仅是重要的经贸伙伴，还是政治互信、文化包容的命运共同体和责任共同体。两国都有着深厚的历史和文化底蕴，家庭观念较为浓厚，均视家庭为社会的基本单位，重视亲情、孝道等传统价值观。经过多年的发展和完善，俄罗斯已经建立和形成一套较为完备的覆盖儿童生命健康、教育文化、社交娱乐等多方面需求的儿童社会福利政策，且使俄罗斯的生育危机在一定程度上得到缓解。数据显示，俄罗斯的总和生育率从 1999 年的 1.16 回升至 2012 年的 1.69，并在 2006—2012 年大幅提高，增长率达到 30%，至 2022 年基本保持在 1.5 以上。② 他山之石，可以攻玉。以俄罗斯为例，分析俄罗斯儿童福利政策的发展历程、政策构成及特点等，可以为我国儿童福利政策的调整和改进提供借鉴。

二、俄罗斯儿童福利政策的发展历程

儿童福利政策是衡量一个国家或地区文明程度的重要指标。俄罗斯儿童福利政策随着经济社会的发展变化而不断调整，特别是在成为"一带一路"倡议的合作伙伴之后，其儿童福利权益保护工作日益细化。纵观其历史，可以把俄罗斯儿童福利政策的发展演进划分为以下五个阶段。

（一）1922—1991 年：政府大包大揽阶段

1991 年前，俄罗斯的儿童福利政策已有了初步的发展，国家成立了救济人民委员会来领导和管理社会保障及社会救济工作。为了与高度集中的计划经济相适应，政府对各项社会福利项目实行大包大揽、统一筹资、高度集中管理的方式，建立了全体免费、覆盖全民的社会福利制度。此时期儿童福利政策主要有以下内容。

一是实行怀孕和生育补助金制度。自 1981 年起，为女工提供为期一年的带薪产假。

二是实行多子女补助金和单身母亲补助金制度。政府规定，针对孕育多子女的家庭，从第三胎开始为其发放一次性补助金，从第四胎开始每月发放补助金。针对单身母亲，在孩子出生直至 16 周岁期间，有权在抚养和教育子女方面获得每个孩子每月

---

① 联合国. 世界人口展望 2022 [EB/OL]. （2022-07-09）[2024-03-29]. https://population.un.org/wpp/.

② 唐龙妹，许佳琳，张军，等. 鼓励生育政策的国际比较 [J]. 生殖医学杂志，2023（11）：1753-1759.

20 卢布的国家补助金，如果孩子在上学但未获得奖学金，补助金将发放到孩子年满 18 岁。①

三是实行低收入家庭儿童补助金制度。自 1974 年 11 月起，政府为低收入家庭的儿童提供儿童补助金，标准为每人每月 12 卢布。要获得这项补助金，儿童家庭必须满足以下条件：一是家庭的人均总收入每月不超过 50 卢布（对于远东、西伯利亚和北部地区的低收入家庭，人均总收入的要求为不超过每月 75 卢布）；二是家庭中必须有 8 岁以下的儿童。②

四是普及义务教育。为了推动儿童义务教育的普及，政府提供财政支持以确保所有儿童都能接受基础教育。1934 年，开始实行 4 年制全民义务教育，1956 年起义务教育调整为 7 年制，1959 年起又调整为 8 年制。自 1972 年始，政府进一步增加了对教育事业的助学金投入，并扩大了领取助学金的资格条件，使更多孩子有机会接受高质量的教育。③ 至 1976 年，开始全面推行义务中等教育。

五是加大儿童幼托福利的投入。政府明确承诺，国家的每一位儿童都有机会享受到由社会消费基金提供的幼托机构的看护服务。为了提升儿童福祉，政府进一步加大了对儿童幼托福利的投入，用于儿童日常的看护、健康检查和必要的心理支持等。

六是对特殊儿童及家庭实行援助。政府为照顾生病儿童的家长提供长达 14 天的带薪休假时间。政府还对孤儿和被剥夺父母权利的儿童投入大量资金，一部分用于资助孤儿院和其他相关机构的建设，另一部分用于寄养家庭，以改善寄养儿童的生活条件，确保他们得到充分的关爱和照顾。④

总体上看，1922—1991 年，政府高度重视儿童福利建设，将其纳入国家发展计划，形成了由国家和单位承担所有支出的儿童福利体制，具有全面性、普及性、免费性、平均性的特点，体现出社会主义制度的特色，为无产阶级进行社会主义社会儿童福利事业的实践提供了范例。但随着社会实践的不断发展，这一时期的儿童福利政策遇到了财政负担过重、效率低下等挑战。

（二）叶利钦执政时期：儿童福利政策改革阶段

1991 年后，俄罗斯经历了经济转轨时期，原先的社会保障制度已经不能正常发挥"稳定器"的功能。为适应经济社会的新发展，俄罗斯开始探索具有市场经济特征的、与新经济体制相适应的社会保障体系，儿童福利政策也随之改革。具体来讲，这一时期儿童福利政策进行了以下几方面的调整。

一是对儿童和母亲的补助金进行了调整。1993 年 12 月，叶利钦签署关于优化国家社会补助金制度的命令，对儿童补助金进行整合，将其精简为 3 种，不再通过社会

---

① 廖成梅. 浅析苏联社会保障制度 [J]. 社会主义研究，2008 (2)：43-50.
② 廖成梅. 浅析苏联社会保障制度 [J]. 社会主义研究，2008 (2)：43-50.
③ 孔令慧. 俄罗斯社会保障制度的演变 [J]. 纳税，2017 (18)：114.
④ 李忠杰. 苏联的社会福利 [J]. 世界经济与政治论坛，1990 (4)：13-17.

补助金和补偿费的形式发放儿童福利，而是为每个儿童提供统一的每月补助金。儿童补助金的金额与最低工资及年龄联系起来，未满 6 岁的儿童将享受相当于国家最低月工资 70% 的补助金，年龄为 6～16 岁的儿童，其补助金最高不超过最低月工资的 60%。针对单身母亲的子女、现役军人的子女和父母、被拒绝支付子女抚养费的儿童以及法律所列不能申请抚养费的儿童，政府将对其额外增加 50% 的补助金。① 在母亲补助金方面，从 1994 年 1 月 1 日起，针对服兵役的母亲、需要照顾婴儿至 1 岁半而申请休假的母亲以及离开岗位进行学习的母亲，发放的补助金数额与最低月工资的数额保持一致。

二是颁布了《俄罗斯联邦儿童保护法》。俄罗斯于 1998 年颁布执行《俄罗斯联邦儿童保护法》，为儿童的成长与发展提供制度性、权威性的保障。《俄罗斯联邦儿童保护法》所涉内容涵盖了儿童生活的各个方面，包括家庭、教育、医疗和社会支持等。除专门针对儿童权利进行立法外，叶利钦时期实施的"社会保障方案"中的部分政策也体现出对儿童的保护和关爱。1993 年 12 月通过的俄罗斯联邦新宪法第 7 条规定，国家保护父母、儿童、老年人、残疾人和家庭；第 39 条规定，宪法保障每个公民在生病、残疾、丧失抚养人、教育子女等情况下享受国家的社会保障。② 这为俄罗斯的儿童福利体系改革奠定了法律基础。

三是通过教育进行改革以提升对儿童权利的保障。在教育模式方面，这一时期政府提出要重视个性发展和学生自治，提倡以学生为中心的教育模式，注重培养学生的实践能力与创新精神，如引入选修课程、推广学分制、建立学生自治组织等。同时，叶利钦政府还强调教育的人文价值，注重培养学生的人文精神与文化素养，加强历史、艺术、文学等人文学科的教学，推广跨文化交流等。1992 年 7 月 10 日，叶利钦签署颁布了《俄罗斯联邦教育法》，首次系统地、全面地规范了俄罗斯联邦的教育关系，规定了教育的公平性、公正性和多样性，保障每个学生都能获得平等的受教育机会，为儿童受教育权利提供了明确的法律保障。

总体上看，此时期的儿童福利政策改变了政府大包大揽的局面，开始实行由政府、企业、个人共同筹集资金的儿童福利体制，儿童补助金的发放更加简化、透明，并根据社会经济发展状况和儿童的需求不断进行调整，通过立法的形式为儿童权益保护提供强有力的法律保障。然而，由于市场机制的不完善和社会保障资金的短缺，此时俄罗斯的儿童福利政策存在福利待遇低、规范性和普及性不足的问题。③

（三）普京执政时期（2000—2008 年）：儿童福利政策系统发展阶段

普京执政伊始就强调要加强强国意识，重塑新俄罗斯思想，并表示要在经济领域

---

① 王义祥. 俄罗斯的社会保障制度 [J]. 东欧中亚研究，2001（1）：92-94.
② 叶召霞. 俄罗斯社会保障制度的变迁 [J]. 西伯利亚研究，2012（1）：14-19.
③ 赵定东，朱励群. 1990—2000 年前苏联与东欧国家失业状况与治理 [J]. 东北亚论坛，2006（3）：101-108.

建立完整的国家调控体系。新一届政府积极应对通货膨胀、严厉惩罚寡头、实施税收改革。通过一系列措施，俄罗斯扭转了经济颓势，使国家公共税收大幅增加、社会保障资金得到充实，为俄罗斯儿童福利政策的改革和调整奠定了经济基础。

该时期，俄罗斯提出了"俄罗斯儿童"联邦专项计划，对儿童福利工作进行总体布局与指导，为儿童福利政策指明了发展方向。根据俄罗斯卫星通讯社的报道，在2003—2006年，俄罗斯政府共从联邦预算中拨出67亿卢布，并从地方预算中筹集了210亿卢布用于实施此专项计划。此专项计划为儿童权利的保障提供了有力支撑，成功实现了保护儿童健康、支持有才能的儿童发展、降低儿童患病率和死亡率、保障残障儿童正常生活等多项目标。

在教育支持层面，普京政府把高中教育纳入义务教育阶段，延长了义务教育年限。普京在2006年签署的总统令中指出，俄罗斯实行从小学到高中的11年义务教育制度。俄罗斯还加大了对基础教育的投入力度和管理能力建设，提高了教师的工资待遇和社会地位，并积极推进教育信息化和现代化建设。在家庭支持层面，俄罗斯于2007年设立"母亲基金"，"母亲基金"的补贴金额根据家庭生育孩子的数量而有所不同。对于生育第二个孩子的家庭，补贴金额约为25万卢布，生育第三个及更多孩子的家庭则获得更高的一次性补贴。此外，政府还计划为多子女家庭提供其他财政支持，例如为家庭第三个或后续出生的孩子每月发放补贴，直到孩子成年。

为了更全面地关注和保障儿童的权益与福利，俄罗斯不仅设立了覆盖范围更广的儿童救济所，还创建了专门的基金会和儿童意见网站。1993年，俄罗斯的儿童救助所尚显匮乏，仅有4个；然而到了2002年，这一数字已显著增长至1162个，救助范围更广，足以涵盖3.6万名孤儿。[①] 2008年3月26日，普京签署总统令，正式宣布成立困境儿童援助基金会，进一步彰显了国家对困境儿童需求的高度重视。此外，普京在2004年开通了专门为儿童设立的总统网站——"学龄公民—俄罗斯总统"网站，全俄罗斯的儿童可以通过这一特设网站和总统交流沟通，通过网站反映面临的困难，表达内心的意见。

在此阶段，普京政府将儿童福利政策作为一个整体来考虑，确立了"俄罗斯儿童"的总体性指导计划，并不断拓宽儿童福利的项目，提高儿童福利水平。此阶段儿童福利政策呈现出连贯性、综合性、系统性的特点。

（四）梅德韦杰夫执政期间（2008—2012年）：儿童福利政策现代化阶段

普京任期结束后，身退至总理和统一俄罗斯党主席的位置，将总统职务交给梅德韦杰夫。在这种特殊的"双头制"政权下，梅德韦杰夫政府在延续普京时期大多数儿童福利政策的基础上，对俄国儿童福利政策进行了改革和发展。

一是继续推进教育现代化改革。梅德韦杰夫强调教育现代化的重要性。2009年，俄罗斯教育科学部通过"我们的新学校"的倡议方案，提出要推动教学设备的现代化

---

① 蓝瑛波．俄罗斯儿童福利与保障制度述评［J］．中国青年研究，2009（2）：22-25．

和教师队伍的高质量发展,提供更加灵活、多样化的课程和学习方式,更好地满足儿童的学习需求和兴趣。

二是在学前教育的问题上,梅德韦杰夫提出要全面解决"上幼儿园难"的社会现象。2010年,俄政府专门制定了"学前教育发展特别计划",并于2012年向各地方政府拨款了80亿卢布,用来推动学前教育的发展和普及。梅德韦杰夫政府还加大对生育的支持力度。2010年,"母亲基金"的额度提升至34.3卢布,受益母亲可以使用这笔资金来偿还债务本金和抵押贷款,且"母亲基金"的发放不再受子女年龄的限制。①

三是梅德韦杰夫还从伦理和法律方面保障生育和儿童权益。梅德韦杰夫将生育多孩提升到了爱国主义的高度,将多生多育当作为国家和社会做贡献的重要体现。为表彰为国家繁衍后代的多子女家庭,他亲自向他们颁发了"光荣父母"勋章。与此同时,在法律上,俄政府严格管制堕胎,规定怀孕12周之后的堕胎属于违法行为。2011年,梅德韦杰夫签署了《俄罗斯联邦刑法典》修正案,将性侵犯未成年人的最高刑罚从15年监禁延长到20年监禁。2012年的《俄罗斯联邦儿童保护法》修正案又规定,对未成年人进行性侵害的罪犯将被禁止在任何情况下担任与儿童有关的职业。

综上,梅德韦杰夫执政期间不断对儿童福利政策进行优化,不仅关注儿童的基本生活需求,还注重儿童的发展潜力,并通过提供高质量的教育资源、建立现代化教育体系等措施,为儿童的未来发展奠定坚实基础,具有延续性、教化性和现代化的特点。该时期的政策还充分体现出宗教和伦理的作用,通过加强人民对生育的认同感、对堕胎的罪恶感等使个体从思想上高度认同保护儿童的重要性。

(五)普京重新执政至今(2012年至今):儿童福利政策日渐完善和健全阶段

在普京重新执政后,为了培养具备新世纪竞争力的俄罗斯儿童,加速国家的现代化步伐,新一届政府制定并实施了一系列重要的国家政策,如《2011—2015年俄罗斯联邦教育发展目标纲要》《2020年前俄罗斯联邦创新发展战略》《2012—2017年儿童利益国家行动战略》和《2015—2025年俄罗斯联邦家庭教育政策》等。② 2015年5月,普京签署了第996号总统令——《2015—2025年俄罗斯联邦儿童教育发展战略》,提出俄罗斯未来十年儿童教育发展的战略总目标是培养21世纪俄罗斯新公民,为此,要完成四项战略任务,即充分发挥家庭教育的作用、合理利用社会教育资源、优化国家教育系统和学校教育质量以及公平开展教育资源配置。

2018年,俄罗斯政府正式启动"儿童十年"项目,该项目的第一阶段于2020年完成,并取得了良好成效。2021年初,俄罗斯总理米哈伊尔·米舒斯京签署了第122号政府令,批准了"儿童十年"第二阶段的行动计划。该行动计划详尽地列出了129

---

① 于连平,于小琴.俄罗斯低生育率的成因及"母亲资本法"的成效评价[J].人口学刊,2010(4):13-17.
② 周常稳,周霖.《2015—2025年俄罗斯联邦儿童教育发展战略》政策内容分析[J].外国中小学教育,2017(10):1-7.

项具体措施，全方位地涵盖了儿童的教育、健康、社会福利等各个领域，确保儿童的全面发展与福祉得到充分的保障与提升。例如，在儿童的健康方面，提出要完善学校和社区现代化的医药设备配置，提高儿童医疗服务的水平和质量，同时关注残疾儿童的健康状态和社会适应能力，加强康复产品的使用和心理辅导的援助；在儿童的教育方面，提出要为学前儿童提供普及性的早期教育、扩大儿童补充教育的覆盖范围；在儿童的社会福利方面，提出为学生提供免费热餐、建设现代化的儿童文化和体育设施等。俄罗斯国内的有关调查和研究显示，在该项目执行期间俄罗斯儿童的生活质量和幸福感得到了明显提高，福利政策效果显著。

2018年，俄罗斯推出由10个联邦级项目组成的《俄罗斯国家教育方案》，其中之一是《为了每个儿童的成功》，以通过补充教育来为天才儿童职业定向提供支持。该方案面向5~18岁俄罗斯儿童和青少年，要求全俄80%的适龄儿童和青少年都要参与补充教育计划，使教育适应时代新要求。《俄罗斯国家教育方案》涉及未来儿童教育发展方向、目标和任务以及资源配置和管理方案。此外，2019—2021年，俄罗斯政府拨款约1470亿卢布新建约27万个托儿所以解决新生儿入托问题，到2022年，全国已基本实现幼儿园全覆盖。①

为增强俄罗斯儿童的健康体质，普京政府强调为儿童的健康成长提供充分的营养保证。2020年3月，《俄罗斯联邦食品质量和安全法》与《俄罗斯联邦教育法》中新增了提供免费热餐的专门法条，② 规定儿童热餐由政府提供财政经费、由学校承担安全责任、由相关机构和家长联合监管。这是俄罗斯第一次以立法形式对在校儿童营养做出规定。

在普京的带领下，俄罗斯的社会保障制度和儿童福利政策日渐完善和健全，呈现出延续性、体系化的特征。这一时期，政府对社会资源的调控能力进一步提升，为儿童福利政策的调整和完善提供了良好的条件。

三、俄罗斯儿童福利政策的构成

纵观俄罗斯的发展历史，其儿童福利政策在不断调适发展中逐步定型。当前的俄罗斯儿童福利政策主要由以下几个部分构成。

（一）儿童健康与医疗保障政策

俄罗斯高度重视儿童的健康发展。《俄罗斯联邦教育法》明确提出，为保障儿童的基本生活和健康，国家需建立相应的社会机制，保护他们免受歧视和伤害，助其健康

---

① 肖甦，杨春雪，刘婷婷，等．应对老龄化叠加少子化危机：俄罗斯的社会与教育破局进路［J］．比较教育研究，2023（11）：46-58.
② 肖甦，杨春雪，刘婷婷，等．应对老龄化叠加少子化危机：俄罗斯的社会与教育破局进路［J］．比较教育研究，2023（11）：46-58.

成长。为提升儿童身体健康水平，自 2015 年起，俄罗斯为未成年人提供每年一次的免费体检，以提早发现和预防儿童潜在的健康问题。此外，俄政府强调儿童预防接种的重要性，确保儿童获得必要免疫保护。在疫苗接种覆盖率上，俄罗斯在世界各国中表现优异。根据俄罗斯卫星通讯社的报道，截至 2021 年，俄罗斯接种麻疹与脊髓灰质炎疫苗的儿童覆盖率接近 100%，近年新纳入国家疫苗接种日历的肺炎球菌疫苗也有 80% 儿童接种。而针对儿童心理健康，2010 年 12 月，俄罗斯颁布了《保护儿童免受对其健康和发展有害信息干扰法》，限制有害信息在媒体上的传播，并对部分产品实施年龄分级与警示性标记。

在医疗保障方面，俄罗斯政府为所有儿童提供免费的义务医疗保险，确保每个孩子都能获得必要的医疗保障。在俄罗斯，针对儿童的保险比较多，主要包括医疗保险、意外事故保险和人寿保险等。每个儿童都可以获得义务医疗保险单，凭借保险单儿童就可以免费接受相应医疗服务，包括急救服务、门诊治疗（儿科专家咨询、预防接种、X 射线检查、理疗等）、住院治疗和口腔治疗等。

（二）儿童教育政策

俄罗斯十分重视本国未成年人的教育问题，主要体现为完善的教育体系的建立、对安全教育的凸显、对补充教育的投入以及对天才儿童的特别培养。

首先，在教育方面，从学前教育到高等教育，存在一个层次分明、连贯有序的教育链条。根据《俄罗斯联邦教育法》的规定，俄罗斯教育现行体系主要包括学前教育（4 年左右）、初等普通教育（4 年）、基础普通教育（5 年）、中等普通教育（2 年）以及中等职业教育（2~3 年）和高等教育（4~6 年），且补充教育始终贯穿于整个教育过程。其中，初等普通教育、基础普通教育和中等普通教育共同构成了俄罗斯的 11 年制义务教育，确保了每一个俄罗斯儿童都能享受到基础教育的权利。[①]

其次，俄罗斯非常重视儿童的安全教育，是世界上第一个将安全教育提升至国家级课程的国家。安全教育是每个儿童必须接受的教育，俄罗斯中小学开设了"生命安全基础"课程，并且根据不同教育阶段的儿童制定了相应的内容。

再次，俄罗斯重视补充教育，政府承担了大部分儿童补充教育的费用。2017 年，俄罗斯提出 6 个教育优先发展项目，把补充教育提高到与基础教育、高等教育和职业教育并列的同等高度。俄罗斯补充教育体系涉及自然科学、旅游和地方研究、技术、社会和人文、艺术、体育运动等。

最后，俄罗斯重视天才儿童的培养。2012 年，俄罗斯政府颁布《天才发现与培养全国体系纲要》，旨在识别和培养天才儿童。为提高儿童科学技术创新能力，俄罗斯出台了《2013—2020 年科学技术发展联邦国家纲要》和《关于实现国家技术创新计划》，为具有特殊才能的儿童提供了更多的发展机会。[②]

[①] 席宇晴，冯永刚，王永丽. 多系统学制体系的构建——俄罗斯基础教育学制发展研究 [J]. 基础教育参考，2023（7）：48-57.

[②] 徐晖. 俄罗斯加速推进人才培养质量提升工程 [N]. 中国教育报，2023-01-12.

（三）家庭福利政策

针对俄罗斯社会出现的生育意愿低、单亲家庭逐渐增多、家庭解体、儿童抚养难等现象，政府将儿童福利政策与家庭政策紧密结合，通过优化家庭福利政策来有效减少家庭结构性问题可能对儿童福利带来的不利影响，从而确保儿童的福祉得到最大限度的保障。

2014年8月，俄罗斯教育科学部颁布《2015—2025年俄罗斯联邦家庭教育政策》，强调家庭在儿童早期发育和未来整体发展中的重要角色。为保障儿童拥有幸福的家庭生活，俄罗斯以家庭为单位发放各式各样的补贴，如孕妇和产妇的一次性补贴、生子补贴、孕妇健康优惠券、失业妇女补贴、在职妇女工资补助等。针对多子女家庭，俄罗斯政府给予家庭税收减免优惠。目前，一个俄罗斯家庭在第一个孩子出生时可获得63万卢布的补助，在第二个孩子出生时可获得83.4万卢布的补助。在2024年的国情咨文中，普京计划将生育第二个孩子的家庭每月税收减免额增加一倍，达到每月2800卢布，拥有第三个及更多孩子的家庭每月减税额最高为6000卢布。在俄罗斯的部分地区，多子女家庭的中小学生可以享受免费早午餐和免费的课外兴趣班。多子女家庭还可以使用政府提供的补贴购房。

从2007年起，俄罗斯政府推出了"母亲基金"，为生育第二个或更多孩子的母亲们提供一次性的生育补贴。从2020年开始，政策的覆盖范围进一步扩大，生育第一个孩子的妇女也有机会获得"母亲基金"的慷慨补贴，金额超过46万卢布，且每新增一个孩子，补贴金额将增加15万卢布。针对无家庭或者特殊状况儿童，政府也积极给予一系列补贴，包括单亲儿童补贴、残疾儿童补贴、家长残疾的儿童补贴和多子女家庭补贴等。

（四）孤儿福利政策

《俄罗斯联邦家庭法典》专门规定了"无父母照管子女的安置"制度，针对孤儿群体的安置分为监护或保护、寄养、收养三种。其中，"监护或保护"最为普遍，即对于没有父母照看的孩子，其祖父祖母、叔舅姑姨等近亲可获得抚养权。"监护"适用于14岁以下的未成年人，而"保护"应用于14~18岁的未成年人。其次是"寄养"，即把孤儿交由家庭寄养，寄养家庭与相关机构签订协议。为鼓励寄养家庭为孤儿提供照顾，俄罗斯政府为寄养家庭提供不菲的物质支持和福利。最后是"收养"，即本国或外国公民认养俄罗斯孤儿为养子（女）。鉴于外国收养家庭可能会将俄罗斯孤儿用于非法活动，俄罗斯政府在2012年推出《季马·雅科夫列夫法》，禁止美国人收养俄罗斯孤儿，后将有效性扩大至侵犯俄罗斯儿童权利的所有国家公民。针对本国的收养家庭，《俄罗斯联邦家庭法典》明确规定，被收养子女与养父母之间的关系，在法律上被视为和婚生子女与父母之间的关系相同，这有助于孤儿们更好地融入新家庭。此外，《俄罗斯联邦家庭法典》还规定了试收养期制度，为养父母和被收养子女提供了一个相互适应和了解的机会。①

（五）特殊儿童福利政策

在俄罗斯，身心发展存在障碍或差异的儿童可以享受多种补贴和服务。俄罗斯政府为这些特殊儿童提供教育补贴和医疗保健补贴，用于支付学费和治疗费用，以确保他们能够接受适合其特殊需求的教育和必要的医疗和保健服务。另外，俄罗斯还设有专门为特殊儿童提供服务的机构，如康复中心、特殊教育机构等，为特殊儿童提供个性化的教育计划、康复训练以及其他必要的支持和服务。这些政策的实施为特殊儿童提供了经济上的保障和社会上的关怀，让他们能够尽可能像正常儿童一样享有平等的机会和权利。

为推动特殊儿童更好地融入社会，2008年俄罗斯提出为行动困难残疾儿童发展远程教育。2009年，俄罗斯发展残疾儿童远程教育项目正式实施。为引导更多力量加入关照特殊儿童的行动中，在2012年6月1日，普京签署了第761号总统令《2012—2017年儿童利益国家行动战略》，将实行针对残疾儿童的喘息计划写入国家规划中。2015年，俄罗斯教育科学部联合联邦教育发展研究所成立俄罗斯特殊教育联盟，呼吁"关注社会中的特殊儿童"。2021年，俄罗斯开始实施残疾儿童综合康复和适应训练系统项目，为残疾儿童康复提供保障。俄罗斯从教育、医疗等多方面为特殊儿童提供政策帮助，形成了以政府为主导、社会公众积极参与的特殊儿童福利体系。

四、俄罗斯儿童福利政策的特点

随着俄罗斯经济社会的发展，俄罗斯对儿童福利的重视程度不断提高，儿童福利政策的发展理念和项目内容也不断更新。当前俄罗斯儿童福利政策主要呈现出以下四大特点。

第一，家庭是儿童福利政策的本位。家庭是儿童成长的最主要场所，父母是儿童的第一照顾者。《俄罗斯联邦宪法》明确指出，关怀和培养子女是父母不可推卸的义务，作为儿童的监护人，父母肩负着确保儿童生存与发展的重大责任。在俄罗斯，儿童福利政策与家庭福利及妇女福利政策紧密相联，积极配套孕妇福利和家庭福利，以鼓励生育和援助养育为出发点，发放怀孕和生育津贴、母亲的医疗救助等。此外，俄罗斯还关注家庭的经济稳定性和生活质量。政府通过提供住房补贴、税收优惠等政策措施，减轻家庭的经济负担，提高家庭的生活水平。俄罗斯家庭福利政策的实施有助于提升家庭的稳定性和幸福感，为儿童的健康成长创造良好的家庭环境。这不仅有助于家庭内部的和谐与幸福，也为整个儿童福利的可持续发展做出重要贡献。

---

① 张力. 民法典背景下的中国与俄罗斯当代家庭法比较[J]. 荆楚法学，2021（2）：61-73.

第二，教育是儿童福利政策的重点。俄罗斯儿童教育政策是儿童福利政策的重要构成。国家在教育的普及与平等、全面性与个性化、天才儿童教育等方面制定了细密的政策措施，如通过制定法律法规来确保儿童教育的普及度与平等性，在强调儿童教育现代化的同时尊重儿童的个体差异。政府不仅通过各种财政支持为孩子成长营造良好的环境，还承担了除义务教育以外的课外教育，确保所有儿童能平等享受到课外教育机会，充分挖掘每一个孩子的潜能，为儿童提供极大的福利政策。在国家政策的支持下，俄罗斯"人才与成功"教育基金会创建了"天狼星"教育中心，主要执行天才儿童的全方面培养计划。该中心的教育项目由俄罗斯重要研究机构和高等院校组织实施，为培养和发现更多天才儿童提供了机会，这类补充教育机构也是天才儿童培养和支持模式的重要支撑。

第三，儿童福利政策兼具普惠性和层次性。一方面，俄罗斯的儿童福利日益呈现出普惠的趋势。随着社会福利制度改革的深化，儿童福利不再局限于狭义范围，而是向广义拓展，从具有针对性的救济型政策转变为常态化、普惠化的积极政策，从先前仅关注贫困和不幸的儿童转向致力于促进所有儿童全面、健康的成长。另一方面，俄罗斯的儿童福利政策具有层次性和针对性，对不同儿童群体进行精细化关怀和管理。俄罗斯在关注全体儿童的基础上，特别针对孤儿等特殊儿童群体制定了专门的福利政策。对于残疾、贫困的儿童，政府提供必要的基础性救助、保护和教育培养，确保他们的基本生活需求得到满足。对于无人照顾的孤残儿童，政府则更加关注他们的安置和成长问题，通过制定相关收养法律，为他们找到适配的家庭，努力让他们在正常的环境中健康成长。

第四，儿童福利政策工具多元化。俄罗斯福利政策工具箱已形成多种政策工具并存的局面，不仅有激励型工具，还有命令型工具和劝告型工具等，而激励型工具包括直接的经济补贴、税收优惠等，命令型工具包括法律法规、行政命令等强制性手段，劝告型工具包括表彰鼓励、引导激励等软性手段。这种多元化的政策工具箱使俄罗斯儿童福利政策可以通过各种政策工具的配合产生效用的最大化。首先，直接的经济补贴和税收优惠是俄罗斯儿童福利政策中重要的工具。政府通过向符合条件的家庭提供儿童补助金、教育补助金等，直接减轻家庭养育儿童的经济成本。其次，俄罗斯政府制定了一系列关于儿童权益保护的法律法规，明确了儿童的基本权益和保障措施。这些法律法规涵盖教育、卫生、安全等儿童生活的方方面面。最后，俄罗斯政府通过表彰鼓励、引导激励等劝告型工具来推动儿童福利政策的实施。政府通过设置"光荣母亲"勋章等手段以鼓励生育，表彰生育多个孩子的母亲和家庭，在社会上弘扬生育光荣的风气。同时，政府还激励社会各界积极参与儿童福利事业，形成全社会关心和支持儿童发展的良好氛围。多种政策工具的运用，使俄罗斯儿童福利政策的实施更加灵活、有效。

五、俄罗斯儿童福利政策对我国的启示

我国在儿童福利政策的制定与落实工作中，应深入考量本国儿童发展的实际状况，积极且审慎地借鉴俄罗斯在儿童福利领域的成功经验，努力构建一个与我国发展战略目标相一致的儿童福利政策体系。俄罗斯儿童福利政策对我国有以下启示。

（一）加强以家庭为本位的儿童福利政策制定

家庭是儿童接触最早且对儿童影响最大的环境。在俄罗斯，政府高度重视家庭在儿童成长中的基础性作用，通过一系列政策措施来提升家庭对儿童的养育能力。俄罗斯家庭福利政策注重满足不同家庭的需求，针对低收入家庭、特殊儿童家庭等设置相应的补助和福利。同时，生育补助金、"母亲基金"等福利政策为家庭养育儿童提供了有效的支持。参考以上举措，我国应充分吸收其经验，将家庭作为儿童福利政策的重要支点。

首先，我国城乡问题中一个严峻的现象就是留守儿童的大量存在，留守儿童的家庭教育问题至今缺乏具体可行的法律或政策来缓解。因此，我国应学习俄罗斯关注特殊家庭的特殊需求，不止步于口号，真正加大对这些特殊儿童的倾斜程度，设置差异化的生活优惠和补助金，对留守家庭的儿童给予实质性的关怀和帮助。

其次，针对我国家庭结构不稳定和养儿育儿难等问题，参考俄罗斯的生育补助金、"母亲基金"等福利政策，我国应建立更加完善的家庭福利体系，包括生育补贴、育儿津贴、教育补助等，通过宏观政策提高妇女的生育意愿，降低家庭育儿的经济成本，实现儿童的无忧成长。而到目前为止，我国大部分地区的儿童教育成本和健康成本仍然完全由家庭承担，这些为子女提供教育和医疗保障等方面的经济压力需要由国家分担。

总之，只有家庭得到了充分的发展和支持，儿童福利政策才能够真正落地生根、取得实效。我国要加大对儿童家庭的支持力度，在促进儿童发展的同时改善家庭支持系统。

（二）延长义务教育年限，加大儿童教育支持力度

在俄罗斯，学生普遍能够享受到长达11年的义务教育，这一规定为俄罗斯的儿童提供了充足的学习时间和机会，有助于他们全面发展，提升整体素质；并且俄罗斯高度重视对教育的投入，体现在对现代化学校的建设以及教师职业素质和教学方法的培养上。此外，俄罗斯注重教育改革，特别是现代化学科改革和教育科技的应用。针对以上做法，首先，我国可以结合我国的实际情况进行考虑，适当延长义务教育年限，把普通高中教育纳入进来，以进一步推动教育公平，为国家的长远发展培养更多高素质的人才。其次，我国可以进一步加大对教育的投入，特别是在提高教师待遇、优化

教育资源配置、加强科研支持等方面。在现实中，我国许多学校，尤其是贫困地区的学校，由于资金不足，难以配备先进的教学设施和吸引高素质的教师人才。这些问题严重影响了儿童的教学质量，使得他们难以获得应有的教育机会。最后，借鉴俄罗斯的经验，我国应深化教育改革，为贫困地区建起教育高地，促进全体儿童更为公平地享有教育机会。同时，推动教育科技的创新和应用，通过出台和实施税收优惠、费用减免和财政补贴等政策，鼓励社会资金向儿童教育倾斜，引入更多的社会资源和创新模式，共同推动儿童教育事业的现代化发展。

（三）建立多层次、全方位的儿童福利制度体系

俄罗斯普惠型、多层次的儿童福利体系对我国有多方面的启示。俄罗斯普惠型的儿童福利体系强调了公平性和普及性，确保所有儿童都能享受到基本的服务和保障，而多层次的儿童福利体系保障了不同年龄段、不同需求的儿童都得到相应的帮助。我国可以借鉴这一理念，进一步扩大福利的覆盖面，同时充分考虑儿童的多样性和差异化。具体而言，中国儿童福利的制度体系和政策框架应当涵盖以下三个关键点。一是高度关注特殊儿童和孤儿群体，确保他们的基本权益得到充分保障。这要求我们加强针对不同层次儿童群体的福利体制管理，确保各项政策和资源能够精准地流向这些最需要帮助的儿童。二是为不同年龄段儿童的身心健康和幸福成长营造一个良好的政策环境，针对婴幼儿期儿童，完善严格的监护责任制度，加强儿童用品和食品的安全监管。针对学龄期儿童，充分保障受教育权，制定行之有效的校园欺凌防治制度，加强网络安全保护等。三是完善覆盖全面和内容多样的儿童福利服务，以基础教育、家庭教育、特殊教育、公民教育和职业技术教育等为重点，为儿童融入社会并独立生存提供保障。

（四）积极探索和运用多元化的儿童福利政策工具

俄罗斯在保障儿童权益与福利的道路上，巧妙地发挥着政策工具箱的效用，通过对激励型、命令型和劝告型工具进行灵活选择、适时结合，推动儿童福利政策的深入实施。俄罗斯政府不仅积极投入资金和资源，推动儿童福利服务的普及和优化，还注重相关法律法规的制定与完善，为儿童福利提供法律保障。此外，还使用表彰鼓励、引导激励等软性手段，有如春风化雨，引导社会各界共同呵护儿童的美好未来。

俄罗斯的做法或为我国完善儿童福利体系提供了一定的思路。党的二十大报告提出要"保障妇女儿童合法权益"，这一表述充分彰显了党对儿童事业发展的高度重视。这是对我国儿童福利事业的新定位和新要求，明确了新的历史阶段我国儿童福利事业的方向和目标。在此目标的指引下，我国在儿童福利政策的制定和实施上，要综合发挥各类政策工具的效用，努力形成多元化的儿童福利供给格局。首先，在提升儿童福利水平的过程中，我国应加大对相关领域的财政投入，确保儿童能够享受到更全面、更高质量的福利服务。借鉴俄罗斯的做法，我国可设立专项资金用于改善儿童教育、

医疗、康复等基础设施，提高儿童福利的质量和覆盖率。其次，在立法方面，我国要不断完善儿童福利相关的法律法规，明确各方责任，确保儿童权益得到切实保障。再次，加强执法力度，对侵害儿童权益的行为进行严厉打击，将命令型工具威严挥出。最后，在劝告型工具的使用上，我国可以通过举办各类表彰活动、设立奖励机制等方式，激发妇女生育的积极性。同时，还应加强宣传教育，提高公众对儿童福利事业的关注度和参与度，形成全社会共同关爱儿童的良好氛围。

参考文献

[1] 刁莉，高玉芳．过渡中的俄罗斯社会保障制度解析［J］．经济社会体制比较，2003（4）：101-105.

[2] 丁奕宁，魏云娜．俄罗斯社会保障体系发展的研究与启示［J］．当代经济，2019（2）：139-141.

[3] 高全靓．浅析俄罗斯社会保障制度于我国之借鉴与启示［J］．劳动保障世界，2019（24）：36.

[4] 郭连成，史元．俄罗斯收入分配问题评析［J］．财经问题研究，2021（1）：114-122.

[5] 金永授．俄罗斯的社会保障制度［J］．今日东欧中亚，1995（4）：42-45.

[6] 孔令慧．俄罗斯社会保障制度的演变［J］．纳税，2017（18）：114.

[7] 蓝瑛波．俄罗斯儿童福利与保障制度述评［J］．中国青年研究，2009（2）：22-25.

[8] 李静，李明晔．俄罗斯天才儿童教育管理体系构建：基于高校天才儿童支持与发展机构的实践［J］．中国特殊教育，2022（6）：68-77.

[9] 李文祥．从多元参与到公共协商：儿童福利建设的取向转换与机制重构［J］．社会科学，2023（7）：145-153.

[10] 李原．我国儿童发展福利问题研究［D］．北京：北京交通大学，2009.

[11] 李忠杰．苏联的社会福利［J］．世界经济与政治论坛，1990（4）：13-17.

[12] 廖成梅．浅析苏联社会保障制度［J］．社会主义研究，2008（2）：43-50.

[13] 廖成梅．论苏联社会保障制度中的平等和差别［J］．北京印刷学院学报，2008（1）：55-58.

[14] 王义祥．俄罗斯的社会保障制度［J］．东欧中亚研究，2001（1）：92-94.

[15] 徐兴文，刘芳．低生育率时代典型国家家庭政策的实践与启示［J］．四川轻化工大学学报（社会科学版），2020（3）：1-26.

[16] 许艳丽．俄罗斯的儿童保护与社会保障［J］．工会理论研究（上海工会管理职业学院学报），2017（4）：44-47.

[17] 许艳丽．俄罗斯家庭政策与家庭福利体系［J］．中华女子学院学报，2022（3）：71-78.

［18］席宇晴，冯永刚，王永丽．多系统学制体系的构建——俄罗斯基础教育学制发展研究［J］．基础教育参考，2023（7）：48-57．

［19］宣飞霞，王玥．国外儿童福利模式及孤儿、弃婴救助经验评介［J］．广东工业大学学报（社会科学版），2013（2）：38-44，92．

［20］叶召霞．俄罗斯社会保障制度的变迁［J］．西伯利亚研究，2012（1）：14-19．

［21］于树一．引入人群维度的社会福利体系构建——借鉴俄罗斯及拉美三国的经验［J］．财贸经济，2013（2）：28-36．

［22］张力．民法典背景下的中国与俄罗斯当代家庭法比较［J］．荆楚法学，2021（2）：61-73．

［23］张树华，李雅君．俄罗斯社会保障法律制度［J］．外国法译评，1998（4）：91-95．

［24］赵定东，朱励群．1990—2000年前苏联与东欧国家失业状况与治理［J］．东北亚论坛，2006（3）：101-108．

［25］赵定东．转型期俄罗斯社会保障制度的变迁及其实质［J］．辽东学院学报（社会科学版），2007（5）：24-29．

［26］An S, Kulmala M. Global deinstitutionalisation policy in the post-Soviet space: A comparison of child-welfare reforms in Russia and Kazakhstan［J］. Global Social Policy, 2021, 21（1）: 51-74.

［27］Heino E. Reforming child welfare in the post-Soviet space: Institutional change in Russia［J］. Nordic Social Work Research, 2022, 12（1）: 206-208.

［28］Meri K, Michael R, Zhanna C. Overhauling Russia's child welfare system: Institutional and ideational factors behind the paradigm shift［J］. Zhurnal Issledovanii Sotsial'noi Politiki, 2017, 15（3）: 353-366.

"一带一路"共建国家社会福利系列

奥地利、匈牙利社会住房制度研究

汤兆云　周　游

[摘　要]　社会住房是公共住房在私有化改革中的产物，其不以营利为目的、按需分配的性质使得住房资源更公平地流向低收入群体。近年来国际经济形势发生变化，在人口动态发展的加持下，"一带一路"共建国家的住房供需矛盾日益尖锐，在此基础上，社会住房制度的构建与完善引起了广泛而持续的关注。当前，我国保障性住房建设相对滞后，新形势下的住房制度改革显得尤为迫切。基于历史国情以及受经济社会发展的影响，奥地利和匈牙利的社会住房制度呈现出不同的面貌与发展阶段。本研究旨在深入研究奥地利和匈牙利在人口结构、经济发展方面的特点，分析两国社会住房的特点与制度安排，以期为我国进一步优化住房保障体系、防范未来社会的各种风险提供参考。

[关键词]　社会住房；住房政策；住房保障制度；奥地利；匈牙利

党的二十大报告特别提出，"加快建立多主体供给、多渠道保障、租购并举的住房制度"[①]。租赁住房在中国住房制度上具有重要地位，其保障性租赁住房直接关系民生福祉与社会稳定。国际上普遍认为，市场是配置住房资源的高效机制，但作为"准公共品"的住房，其社会性和福利性同样重要，社会住房正是世界范围内公共住房在私有化改革中的产物。在私有化浪潮的推动下，大量的社会住房由政府或社会房东兴建或管理，以低于市场的租金提供给符合条件的低收入群体。这种"只租不卖"的模式确保了住房资源更加公平地流向低收入群体，有效保障了其基本居住需求。自2013年中国提出"一带一路"倡议以来，"一带一路"已逐步成为亚欧非多国合作的重要桥梁，通过多维度的互联互通，中国与共建国家在经济、政治等领域取得了显著合作成

作者简介：汤兆云，华侨大学政治与公共管理学院教授、博士生导师，主要从事公共政策、社会保障的教学与研究工作；周游，华侨大学政治与公共管理学院硕士研究生，主要从事社会保障研究。

① 中国政府网．习近平在中国共产党第二十次全国代表大会上的报告［EB/OL］．（2022-10-25）［2024-02-10］．https：//www.gov.cn/xinwen/2022/10/25/content_5721685.htm.

果。当前，风险社会到来致使世界面临诸多不确定性，住房问题很容易成为"一带一路"共建国家出现诸多风险的表现，而社会住房制度作为应对风险的重要保障制度之一，得到大多数"一带一路"共建国家广泛而持续的关注。与此同时，我国保障性住房建设相对滞后，在住房供给中占比偏低，在一二线大城市中大量存在部分工薪收入群体买不起商品住房的情况，新形势下的住房制度亟须适应中国式现代化建设新要求[1]。于我国，世界范围内的社会住房制度具有重要的启示意义。

不同国家的社会住房制度存在差异，但即使在公共支出有严格限制的情况下，多数欧盟国家仍在持续提供社会住房[2]。早在19世纪末，伴随着城市化发展进程与住房问题的凸显，欧洲已提出"为了所有人的住房"的口号，并首次提出社会住房（Social Housing）的概念，即为满足中低收入者住房需求的住宅规划体系。欧洲各国对社会住房没有统一的定义，Harloe（1995）指出了两个基本特征[3]——由不以营利为目的的房东所提供、根据人们的需要进行行政分配——深刻解释了社会住房的内核。当前，欧洲各国普遍面临的挑战极其相似，经济危机、住房金融化和城市新自由主义深刻形塑了公民的住房需求，在乡村剩余劳动力被源源不断推向城市、大城市地区经济适用房供应日益紧张的趋势下，公民对住房不平等和新社会住房供应的关注不断增加并掀起了广泛的住房运动，这在中欧地区尤甚。中欧一些国家已然实施了一系列政策工具，帮助社会房东进入私有化程度较高的房地产环境，尤其在奥地利这一高度发达的资本主义国家，涌现出了一批创新的经营模式，进而发展公私部门伙伴关系、实现社会住房供应商多元化，以及在城市复兴的背景下打造融合社区。而在匈牙利这样曾建立过社会主义制度的国家，历经过一段房产国有化的历史，而在社会主义时期结束后，社会主义公共住房制度瓦解，私有化显著降低了公有住房的比例，政府成为新的社会房东，管理着剩余的、质量较低的住房，这些住房往往成为城市贫困和弱势群体的家园。

本研究聚焦奥地利和匈牙利两个"一带一路"共建国家，系统介绍两国人口结构现状、经济发展现状和社会住房状况和制度。"社会住房"一词在奥地利与匈牙利均没有特别的界定，但仅由政府提供的租赁住房并不能涵盖社会住房定义的全部，因此本研究描绘的重点是市政住房和社会房东所提供的非营利性质租赁住房，以避免研究对象的狭化。同时，由于社会两极分化加剧、房价上涨和劳动力迁移增加，大城市居民对可负担的租赁住房的需求更大，本研究试图聚焦于奥地利和匈牙利两国首都的社会住房状况及制度安排，比较和借鉴两个国家及其首都地区的住房政策和实践经验，以期为我国进一步优化住房保障体系提供借鉴，发掘多种隐蔽于当前社会的风险。

---

① 中国政府网. 新一轮保障性住房建设启动，保障谁？怎么保？谁来建？[EB/OL]. (2023-12-20)[2024-02-05]. https://www.gov.cn/zhengce/202312/content_6921511.htm.

② Gibb K, Whitehead C. Towards the more effective use of housing finance and subsidy [J]. Housing Studies, 2007, 22 (2): 183-200.

③ Harloe M. The people's home [M]. Oxford: Basil Blackwell, 1995.

一、奥地利、匈牙利的历史背景概述

奥地利、匈牙利两国于中欧地区毗邻，除邻近的地缘关系外，两国更有着深厚的历史渊源。自18世纪始，今匈牙利的全境由奥地利（当时的哈布斯堡王朝）统治，匈牙利不享有独立自治权。1867年，为缓和愈发汹涌的独立浪潮，哈布斯堡王朝颁布法令，使奥地利帝国正式改组为二元君主制奥匈帝国。奥匈帝国时期，整体上经济、政治、文化得到全面发展，垄断资本和金融资本快速注入当时社会成分，但在国内民族矛盾、国外陆权冲突不断加剧之下，伴随着萨拉热窝的一声枪响，第一次世界大战暴发。

1918年第一次世界大战结束，奥匈帝国瓦解，奥地利和匈牙利自此步入不同的发展轨道。两国同被视为战败国，奥地利签署的《圣日耳曼条约》宣告奥匈帝国正式解体，奥地利承认匈牙利、捷克斯洛伐克、波兰和南斯拉夫王国的独立；匈牙利签署的《特里亚农条约》也使其丧失了72％的领土和64％的人口[①]。奥匈帝国瓦解后，奥地利共和国成立。以农业为主的匈牙利受资本主义经济冲击，垄断资本和金融资本快速注入社会成分，造成农民的乡村失地和城市游移，这成为社会阶级分化与断裂的矛盾所在。1918年10月，贫下中农爆发起义，掀起了匈牙利秋玫瑰革命，1919年3月匈牙利苏维埃共和国成立。奥地利、匈牙利战败后面临着领土缩水、人口锐减的经济发展难题，社会动乱、全球性经济危机纷沓而至，内忧外患下逐渐步入"法西斯化"的道路。

1938年，奥地利在领土扩张运动中被德国兼并，匈牙利也在第二次世界大战中被德国占领，两国均在这场战争中损失惨重。1945年战败后，奥地利与历史达成全面和解，积极构筑稳健型的政治经济体制，对外采取中立政策，注重国民高水平技术教育，将经济重心由工业转型为高抵御性的服务业，并全面建设福利国家，在降低贫困率与犯罪率方面取得积极成就，并掀起了广泛的社会住房运动。匈牙利获得解放后，1949年8月20日宣布成立匈牙利人民共和国并颁布宪法，实行经济开放政策，但其难以延续以农业为基础的经济模式，难以通过向工业化的邻国出口粮食获取利润（部分原因是拉丁美洲种植园承担了这一角色）[②]，因而匈牙利的土地所有者更多将生产性投资转向金融投资，即工业和城市房地产。随着城市化进程的加速，匈牙利城市与农村之间产生了尖锐的不平衡发展，民众的住房公平抗议活动不断出现，政府必须在有限的财政能力内考虑社会住房建设问题，近年来也实施了相应举措以控制这一局面。

---

① 中国大百科全书（第三版）. 奥匈帝国/哈布斯堡王朝/巴黎和会［EB/OL］.（2022-12-06）［2024-06-27］. https：//www.zgbk.com/.

② Baer W, Love J L. Liberalization and its consequences：A comparative perspective on Latin America and Eastern Europe［M］. Cheltenham：Edward Elgar Publishing，2000.

二、奥地利、匈牙利的人口结构现状

在探讨奥地利和匈牙利的社会住房时，不可避免地需要考虑其人口结构问题。人口结构反映了人口总体内部在自然、社会、经济等多个方面不同质的规定性的数量比例关系，若用全面而综合的框架体系探讨其对社会住房的影响，则过于宏大而没有必要。人口发展和家庭规模直观反映了住房需求，因此本研究聚焦于阐释奥地利、匈牙利人口发展和家庭规模对住房与社会住房需求的影响。

（一）人口发展

未来人口动态变化会带来住房需求的改变，继而影响社会住房政策的制定。较大的人口体量将对住房供应构成负担，这种住房负担可能导致房价上涨、租金提升以及住房条件恶化（尤其在城市地区）。在欧洲，出生平衡并不会对人口数量产生过大影响，人口总数的增长很大程度上取决于国内或邻国的繁荣程度、政治稳定性以及移民趋势，也正是这些因素促进了奥地利和匈牙利人口总数的变化（见图1）。20世纪60年代，奥地利人口基数较小，1960年为704.8万人，2023年上升到913.2万人，增速较快；而匈牙利人口基数较大，1960年为998.4万人，2023年则降到959.2万人，总体显著下降。

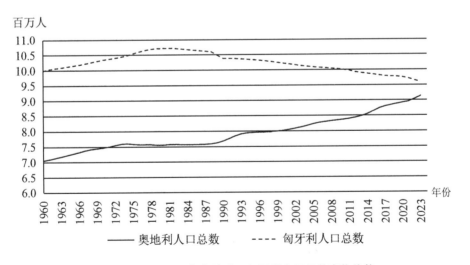

图1　1960—2023年奥地利、匈牙利人口总数变化趋势

（数据来源：世界银行，https://data.worldbank.org/indicator/SP.POP.TOTL）

当前，奥地利人口数量持续增长，2022年全国904.2万人口之中，从业人口有449.1万人，退休人口有198.1万人。与世界范围内诸多国家一样，奥地利面临出生率低、人口老龄化、后备劳动力缺乏的问题。20世纪70年代开始，奥地利的总和生育率已难以维持在2.1的世代更替水平上，人口再生产驱动不足，奥地利已采取多重政策鼓励生育，如每年计划的"家庭负担均衡基金"用于支付家庭补贴、育儿津贴、父母育儿假福利等[1]。2000年以来，奥地利的总和生育率基本稳定在1.4左右，未有较大变动。同时，较大的居住吸引力、积极的移民政策为奥地利带来了稳定的劳动力，1990年、2005年和2015年分别迎来了一次小型移民潮。根据奥地利统计局的预测，短期内该国人口将以每年近1‰的速度持续增长，到21世纪末十年，该趋势才会恢复到长期平均水平[2]。

人口稳步增长的形势下，租赁部门的住房负担问题历来是奥地利当地政治讨论的焦点。奥地利人口密度持续增长，从1980年的91人/平方千米上升到2021年的109人/平方千米[3]。20世纪末，奥地利政府已经向加大市场化的态度转变[4]，住房金融化程度加深，尤其在2012年全球性金融危机后，住房的投资属性愈发明显，导致了非同寻常的住房短缺，地价和房价面临巨大的上涨压力，这在人口密度较高的大城市表现得尤为明显，超过20%的人口集中于维也纳及其周边地区。以首都维也纳为例，维也纳住房均价达到4500欧元/平方米，内城高档住房的峰值甚至高达17000~30000欧元/平方米[5]。维也纳房地产业不断发展，将房产价格与土地价格进一步推高，2000—2010年，潜在非营利住房土地开发的平均价格从575欧元/平方米增加到961欧元/平方米；2015年，未投资地区的平均地价达到600欧元/平方米，好地段的平均地价高达1200欧元/平方米，投资地区的平均地价达2000欧元/平方米。与此同时，社会房东投资的私人租赁住房一直存在吸引力，尽管租金上涨水平持续受到监管，但在金融危机、质量要求、通货膨胀等因素影响下，租金上涨的趋势也势不可挡。2001年至2010年，维也纳每平方米的私人租赁住房价格上涨了153%，从1.025欧元上涨到2.598欧元（根据通货膨胀进行校正），平均租金上涨了67%（相比之下，维也纳市区平均租金上涨了37%）[6]。

从20世纪80年代开始，匈牙利人口受到出生率、死亡率和移民的共同影响，总体显著减少，自然增长率在1980年经历0.1‰的轻微增长后，便呈现长期、持续性的负增长态势。事实上，匈牙利"低—高—低"的人口增长模式无论是在传统社会还是现代社会都十分罕见，2000—2020年，匈牙利粗出生率维持在8.8‰~9.9‰，而粗死亡率为12.8‰~14.6‰，自然增长率为-3.1‰左右。2021年疫情期间，死亡率更高达16.2‰，自然增长率降至-6.4‰[7]。死亡率高的一大主流解释是工业病导致的癌症

---

[1] Joint Research Centre Data [DB/OL]. https://data.jrc.ec.europa.eu/dataset.
[2] 奥地利统计局 [DB/OL]. https://www.statistik.at.
[3] 世界银行 [DB/OL]. https://data.worldbank.org/indicator/SP.POP.TOTL.
[4] Novy A, Redak V, Jäger J, et al. The end of Red Vienna: Recent ruptures and continuities in urban governance [J]. European Urban Regional Studies, 2001, 8 (2): 131-144.
[5] Kadi J. Recommodifying housing in formerly "Red" Vienna? [J]. Housing, Theory and Society, 2015, 32 (3): 247-265.
[6] Mayer K, Fitz A, Ritter K. Boden für alle [M]. Zürich: Park Books, 2020.
[7] 匈牙利统计局 [DB/OL]. https://www.ksh.hu/.

高发。匈牙利的人均寿命为 75.9 岁，世界排第 55 位，癌症发病率为 727.2/10 万人（相当于每 10 万人中约有 727 人患病），世界排第 4 位①。根据 William Russell 报告，根据癌症、心脏病、肺病、肾病等疾病指标，匈牙利危及生命的疾病死亡率居于全球第 2 位②，政府投入的医疗建设未能得到明显回报。相比于居高不下的死亡率，匈牙利的总和生育率稳中渐增，2000—2010 年基本稳定在 1.2 左右，2011 年后受益于积极的家庭扩张政策③（包括大额"妈妈贷款"以及多子化补助等内容），2021 年总和生育率稳步增长至 1.6 的水平。在移民方面，匈牙利移民人数整体较少，值得注意的是，2022 年受俄乌冲突和积极移民政策的影响，匈牙利吸纳了 61.6 万移民，达到历史峰值。

在人口数量不断减少的大趋势下，匈牙利的人口密度自 20 世纪 80 年代达到 118 人/平方千米的峰值后持续下跌，2021 年为 104 人/平方千米，尽管如此，受通货膨胀预期带来的需求增长、建筑成本上升、建筑量不足的影响，匈牙利的住房成本和房地产价格也在持续上涨。在 21 世纪前 20 年，匈牙利的住房成本平均每年增长 14%，新建筑和转售房地产价格也以大致相同的速率变得愈发昂贵，自 2015 年来，该国的房价上涨了 2.5 倍（欧盟平均水平为 1.5 倍）④，尽管房地产市场普遍呈现价格上涨的趋势，但匈牙利仍是欧盟中房地产价格较低的国家之一，房地产市场仍具有较大的增值潜力。2019 年之后，疫情导致旅游业停滞，并且对居民消费能力造成普遍压力，带来了房价的暂时下降，体现在布达佩斯的租金平均下降了 10% 以上，市中心地区下降达 17%。2024 年，匈牙利大城市群内的房地产市场出现了复苏的迹象，房价平均上涨 8%。

（二）家庭规模

除了人口发展，家庭规模对住房需求也产生巨大影响，更小的家庭规模往往意味着需要更多的住房。家庭规模的变化主要源于预期寿命的延长、出生率的下降、离婚率的上升以及家庭偏好的转变等多重人口因素，老龄化和养老产业发展对此也有一定的影响。2023 年，奥、匈两国 65 岁以上人口均占本国人口的 20% 以上，65 岁以上的老年人可选择长期护理中心、福利院等多样化的适老化住所，相比起需要居住于目前住所、对抚养子女空间有硬性要求的夫妇而言，老年人所需住房空间相对更小。综合而言，受这些因素共同影响，当前奥地利和匈牙利的家庭规模缩小趋势明显，住房需求不断增长。

---

① Döbrössy L. Cancer mortality in Central-eastern Europe: Facts behind the figures [J]. The Lancet Oncology, 2002, 3 (6): 374-381.
② William Russell. Countries with the highest mortality rates [EB/OL]. (2020-01-01) [2024-06-30]. https://www.william-russell.com/global-life-insurance/global-mortality-index/.
③ 对外投资合作国别（地区）指南（匈牙利）[DB/OL]. http://fec.mofcom.gov.cn/article/gbdqzn/.
④ Kozyreva E. Hungary real estate prices: Average cost of Hangarian houses [EB/OL]. (2024-05-21) [2024-06-30]. https://imigrant-hungary.com/en/blog/how-much-is-real-estate-in-hungary/.

奥地利统计局的数据显示，21世纪初的近20年里，奥地利每户人口数在2.5人及以下（见表1），意味着人口数量大约是住房总量的两倍，截至2021年，有895.6万人居住在401.6万户家庭中①，预计到2050年将有963万人居住在450万户家庭中。观察奥地利目前的住房情况，可以发现公寓楼的分布相对稀疏。这种现象在一定程度上可以追溯到第二次世界大战后大规模的住宅建设运动。当时，许多旧有的建筑被拆除，取而代之的是新建的住宅，它们在旧貌换新颜后，形成了今天稀疏的公寓楼布局。

表1 1860—2015年奥地利每户人口数

年份	每户人口数/人	年份	每户人口数/人
1860年	4.8	1971年	2.9
1869年	5.0	1981年	2.7
1890年	4.8	1991年	2.6
1900年	4.6	1995年	2.5
1910年	4.5	2000年	2.5
1923年	4.1	2005年	2.4
1934年	3.6	2010年	2.3
1951年	3.1	2015年	2.2
1961年	3.0	—	—

（资料来源：奥地利统计局，https://www.statistik.at）

匈牙利的住房格局和家庭结构在过去几十年里同样发生了显著的变化。统计数据显示，从1990年到2024年，匈牙利人口数量从1037.4万人减少到958.4万人，而家庭数量从385.3万户增加到458.7万户。按照平均每户人口数计算，1990年匈牙利户均人口数为2.7人，而到了2023年，这一数字已经下降到2.1人②，具体见表2。

表2 1990—2024年匈牙利每户人口数

年份	每户人口数/人	年份	每户人口数/人
1990年	2.7	2012年	2.3
2000年	2.5	2014年	2.2
2002年	2.5	2016年	2.2
2004年	2.4	2018年	2.2
2006年	2.4	2020年	2.2
2008年	2.4	2022年	2.1
2010年	2.3	2023年	2.1

（数据来源：匈牙利统计局，https://www.ksh.hu/）

---

① 奥地利统计局[DB/OL]. https://www.statistik.at.
② 匈牙利统计局[DB/OL]. https://www.ksh.hu/.

三、奥地利、匈牙利的经济发展现状

住房作为国民生活的必需品,与各国宏观经济发展状况紧密联系。在经济繁荣时期,政府拥有更多的财政资源,对市政提供社会住房采取放宽政策;良好的经济发展状况也将成为房地产市场繁荣兴盛的重要力量,投资者会加大对社会住房的资源投入;同时经济增长也将带来居民收入水平的提高,促进住房供应的结构性变革。在经济萧条时期,政府的财政压力增大,会限制市政对社会住房的提供,甚至需要调整政策以适应新形势的变化;不良的经济发展状况也会抑制房地产市场的活力,投资者会减少对社会住房的资源投入;同时经济增长放缓会降低居民收入水平,加剧社会住房供需矛盾,对居民生活和社会稳定造成不利影响。近年来,归因于全球经济大环境的变化,奥地利和匈牙利的 GDP 增长率呈现相似之变化;而两国的国内生产总值缓慢增长,奥地利 GDP 总量大约是匈牙利的 2.5 倍(见图 2)。

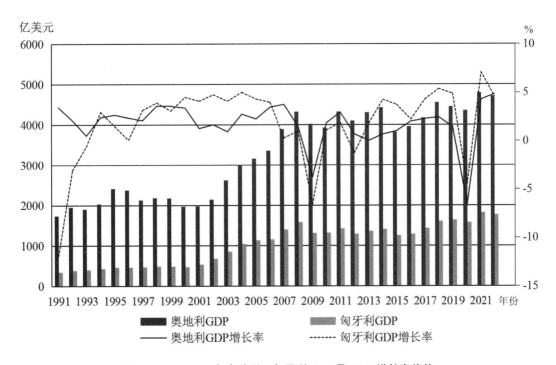

图 2 1991—2022 年奥地利、匈牙利 GDP 及 GDP 增长率趋势

(数据来源:CEIC 数据库,https://www.ceicdata.com.cn/zh-hans/austria/social-gini-coefficient-annual/gini-coefficient)

奥地利属经济发达国家,人均国内生产总值在欧洲位居前列,2022 年 GDP 实际增长率为 4.8%。与其他发达经济体相比,奥地利服务业、工业占比相对较高,对 GDP 的贡献率分别为 69.1% 和 29.8%[①],这种经济结构被认为具有较强的抵御危机的

---

① IMF 数据库 [DB/OL]. https://www.imf.org/en/Countries.

能力，在经济萧条期间维持了较稳定的经济发展状况。同时，奥地利社会保障制度健全，贫富差距不大（2020年基尼系数为0.3）[1]，住宅区几乎没有贫困人口，也几乎没有边缘群体。总的来说，得益于抗风险的经济结构，以及稳定的政治社会体系，奥地利社会经济运转良好，充分提供高质量的社会住房，其住房保障模式倡导公民普遍地享有住房福利。当前，奥地利社会住房与其他租赁住房形成统一的住房租赁市场，社会住房占据住房存量的四分之一左右，远高于欧洲平均水平。

匈牙利属中等发达国家，经济发展水平位居中东欧地区前列[2]。近年来，匈牙利服务业在GDP中占比较大，农业占比逐渐下降。根据匈牙利统计局数据，2022年，匈牙利农业增加值、工业增加值和服务业增加值占GDP比重分别为3.7%、22.2%和74.1%，消费是拉动经济增长的主要因素。20世纪80年代、21世纪10年代两次较为严重的债务危机，进一步放大了外部冲击（分别是社会主义阵营的瓦解和全球金融危机），匈牙利的经济发展水平受到一定影响，并激化了一些以住房平等和减少租金为口号的住房运动。而21世纪以来，匈牙利政府选择把提高就业率作为重中之重，着重建设包容性经济[3]，2000—2010年，匈牙利面临贫困和社会排斥风险的社会群体比例下降幅度最大；2010—2020年，匈牙利就业人数增加了80万人左右，达到了欧盟平均水平。根据每人每天6.85美元的国际贫困线标准（适用于中高收入国家），匈牙利2010年、2012年（受全球性金融危机影响）、2021年的贫困人口比例分别为5%、12%和2%，贫困差距分别为1.0%、1.9%、0.9%，总体发展向好[4]。按国际比较，匈牙利的不平等保持在中等水平。只有大范围的经济增长才能带来生活和福利水平的提高，当前，匈牙利已通过了一些新住房政策，包括提供有针对性的补贴来支持住房供给，加强中央银行的消费者权益保护，制定新规章以确保抵押贷款市场的公平性和竞争性。

四、奥地利、匈牙利的社会住房状况和制度

（一）奥地利、匈牙利的社会住房状况

1. 奥地利的社会住房状况

奥地利强调公民具有居住权、政府肩负着保障公民住房福利的责任，其住房保

---

[1] CEIC 数据库 [DB/OL]. https://www.ceicdata.com.cn/zh-hans/austria/social-gini-coefficient-annual/gini-coefficient.

[2] 中华人民共和国商务部. 匈牙利宏观经济概览 [EB/OL]. (2021-03-30) [2024-06-30]. http://hu.mofcom.gov.cn/article/ddgk/202103/20210303048672.shtml.

[3] Virág B. Economics 10×10: Lessons from the last ten decades of Hungarian economic history [J]. Polgári Szemle, 2020 (16): 194-211.

[4] 世界银行 [DB/OL]. https://data.worldbank.org/indicator/SP.POP.TOTL.

障模式紧密围绕这一职责展开。政府对住房市场的宏观调控表现出直接、全面和深入的特点，以确保社会弱势群体的住房需求得到满足。值得注意的是，奥地利社会住房的很大比例由私营部门提供，这在欧洲并不普遍，然而这种模式在经济、社会和环境层面均产生了物有所值的社会回报，并在繁荣—萧条时期展现出相当的稳定性。

奥地利社会住房的供应类型主要有两种：市政住房（Municipal Housing，MH）和有限利润住房（Limited-Profit Housing，LPH）。市政住房作为市政当局主导提供的租赁住房，遵循《租赁法则》的要求，致力于维护房屋占有的安全性和租金水平的合理控制。市政住房面向低收入和中收入家庭，租金低廉且稳定，尽管公共机构负责管理这些房源，但资格标准相对宽松，许多维也纳人都符合条件，与我国公共租赁住房的运作理念相似。有限利润住房是由投资者在非营利原则下提供的出租和自住住房，受《有限利润住房法》的严格规范，通过限制投资者的商业活动范围和利润份额分配，设置严格的成本核算原则，确保其非营利性质①。有限利润住房主要服务于中高收入家庭，租金低于市场水平。第二次世界大战后，为解决战后恶劣的居住条件，奥地利开始大幅兴建公共住房，供需矛盾缓解后继而利用市场作用大力推进公共住房私有化，造就了当前经济发展阶段下奥地利庞大的租赁市场。2019年，奥地利总体住房存量为395.0万套（见图3）。其中，业主自住房147.7万套（占37%），市场住房116.5万套（占29%），社会住房93.0万套（占24%）。在社会住房里，由非营利或限制营利的机构管理的有限利润住房65.6万套（占17%），市政当局提供的市政住房27.4万套（占7%）。

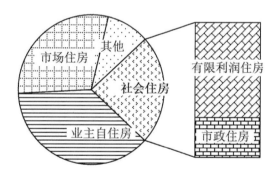

图 3　奥地利总体住房存量比例

（数据来源：《欧洲住房状况报告》，https://www.housingeurope.eu/resource-101/social-housing-in-europe）

在20世纪的大部分时间里，奥地利的主要住房政策是市政住房兴建和租金规制。而在第二次世界大战后，有限利润住房的重要性提升，并引发了一系列的变化。人口的不断增加，家庭规模的不断缩小，产生了不断增长的住房需求，给奥地利住房市场带来了巨大压力。与此同时，在加大市场化的变革下，市政住房建设逐渐减少，住房

---

① WIFO-Austrian Institute of Economic Research. Ökonomische Wirkungen des gemeinnützigen Wohnbaus [R]. Wien，Austria：WIFO，2021.

供应移交给私人部门。从 2011 年至 2021 年的变化可知（见图 4），公共机构拥有的主要租赁公寓在所有住房中的份额下降了近 5 个百分点，而私人部门的份额上升了 4.2 个百分点，在其他类别中，变化则不那么明显①。

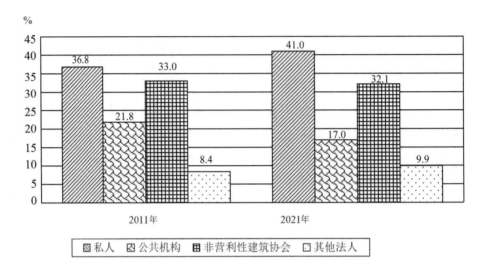

图 4　2011 年和 2021 年奥地利所有建筑中住房所有权的比例
（数据来源：奥地利统计局，https://www.statistik.at）

2. 匈牙利的社会住房状况

匈牙利社会住房的供应受《住房法》的规制，且其对于社会住房并没有统一的定义，只是把社会住房描述为由市政府拥有的出租单元，并根据社会标准进行分配。在后社会主义的发展历程中，匈牙利形成了结合自由主义和社会民主主义的混合制度，其政策制定者并没有遵循一个"总体规划"，相反，住房政策是在直面某些特定社会问题的过程中逐渐形成的，也即"摸着石头过河"。

与许多欧洲国家一样，匈牙利住房的私有化进程在 20 世纪 90 年代前就已开始，但大规模的私有化是从 1990 年开始的，当时大约 23% 的住房存量是社会住房，这些住房由国家补贴并以少于市场租金的价格出租；而当前，社会住房仅占 4%（包括市政住房和住房合作社住房），88% 的匈牙利家庭拥有自住房，其余的基本都是私人租赁（市场租金租赁和"免费租赁"），如图 5 所示。与欧洲其他国家相比，这种极端的住房结构是 1990 年后大规模私有化的结果，以及过去 20 余年缺乏社会住房计划所致。此外，还有少数单位建设与社会服务有关的住房（社会护理住房、庇护所、庇护住房和临时住房），但由于缺乏资金，这些项目的实施相对滞后。

---

① Novy A, Redak V, Jäger J, et al. The end of Red Vienna: Recent ruptures and continuities in urban governance [J]. European Urban Regional Studies, 2001, 8 (2): 131-144.

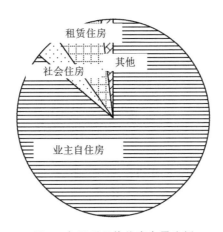

图 5　匈牙利总体住房存量比例

（数据来源：匈牙利统计局，https://www.ksh.hu/）

区位上，社会住房主要集中在匈牙利的城市中，69%的存量位于布达佩斯和其他一些大城市，农村几乎没有。根据匈牙利《住房法》的规定，地方政府有权设置租金，可以自行决定分配住房的程序（无论是采用等候名单，还是对空置房进行招标的方法），并决定维护住房的形式。大多数市政会根据地方条例，并结合公寓状况、公寓位置和建筑设施等因素，为每个公寓单独确定租金。公共住房的租金远低于私人部门，通常只占私人部门租金的20%~40%。在人口超过10万人的大城市里，地方政府拥有58%的公共住房，只有20%的公共住房位于人口少于5万人的城镇。然而，在住房存量私有化之下，留在政府手里的大多是一些破旧的住房，这些住房集中在城市的最贫困地区，并由低收入家庭居住，这样的住房分配系统也变相导致了弱势家庭的居住隔离。

（二）奥地利、匈牙利的社会住房制度

1. 奥地利的社会住房制度

（1）租金规制。

奥地利的租金规制和租户保护制度是在第一次世界大战期间建立的。当时大部分家庭居住在由私人开发商出于投机目的的建造的住房中，25平方米的住宅中往往挤了六七个人，有时还把空间转租给白天的住客，以实现利润最大化，这一私人住房模式导致了社会动荡。作为回应，奥匈帝国颁布了三项租户保护法令，奠定了第一代租金规制和长期租赁合同的基础。第一次世界大战结束及奥匈帝国解体后，严峻的住房短缺促使"红色维也纳"运动兴起，人们开始在大城市周边的空地上自建房屋。对此，当时的奥地利执政党（社会民主党）征用大量的棚屋以安置无家可归者，并颁布了新的《租赁法》（Mietengesetz），将租金分为基本租金、维护租金、行政和服务费及税费四个部分。但通货膨胀导致基本租金锐减，引起房东们的不满。在租金规制下，地价下降至战前的10%，租户减免下来的资金也以"住房税"的形式流入政府口袋，用于资

助公共住房建设。第二次世界大战后，住房政策重点转向战后迫切的重建需求，社会住房在整体住房存量中发挥了重要作用[1]。而1954年实施的一项"租金冻结政策"（Zinsstoppgesetz）为租户提供了相当高水平的保护，却降低了租赁住房对房东的吸引力[2]。

往后的《租赁法》不断更新换代，1967年奥地利恢复了新合同租金的自由谈判权，1981年后设立了四类租金规制体系，允许租金逐步增加至接近当前温和市场水平，以激励住房的维护。维也纳也于1984年设立了住房基金，面向"弱势"居住区推动"温和城市更新"[3]，补贴私有住房翻新成本。1993年的《租赁法》标志着租金控制进一步走向去管制化。从那时起，租房合同有了时间限制（最少三年），并引入了租金基准系统，即将住房单元与虚拟的标准住房进行比较，综合比较房子的好坏和地理位置，如果"优于"标准住房，租金就允许高一些。

奥地利的租金规制经历了一段从出台到逐步放松的过程，直至现在，仍然是一项重要的住房政策。但受既往租金规制的影响，奥地利相当部分的住房也仍受租金规制影响，平均租金接近补贴住房的水平，比例高于欧洲的许多国家或城市。

（2）住房补贴和土地政策。

为控制租金增长，奥地利政府采取住房补贴和土地政策的组合策略。这两类政策相互补充、相互促进。住房补贴直接减轻居民的经济负担，使得更多人能够负担得起适宜的住房，在一定程度上缓解了住房市场的供需矛盾；土地政策则从源头上调控土地供应，确保土地资源的合理利用和可持续发展。维也纳作为奥地利的经济、文化中心，面临着土地供应紧张、住房需求高涨的双重挑战，在住房补贴和土地政策方面的做法具有很高的参考价值。

在维也纳市政住房中，租金水平并不受家庭收入影响，而是基于参考住房面积标准确定的。在奥地利，住房补贴由市政住房的专门部门管理，补贴的估算基于参考住房面积标准（单身50平方米，夫妻70平方米，每增加一人多15平方米）。2010年，住房补贴用户达到峰值67615人，预算为1亿欧元，平均每人每年住房补贴约为1500欧元。到2019年，受惠者减少至39655人，预算为5950万欧元。

在土地有限且昂贵的情况下，公共部门的土地控制是确保房价稳定的关键，公共土地购置是一种重要战略工具。根据法律规定，有限利润住房协会可以申请市政当局提供的补贴计划，以优惠价格获取这些土地并用于住宅开发，补贴性住房的土地成本不得超过188欧元/平方米，仅为城市土地市场价格的1/10～1/3。维也纳市政采用公共土地购置的方式，提前购买郊区绿地，为低收入人群提供住房用地，这在降低价格

---

[1] Förster W, Menking W. The Vienna model 2: Housing for the city of the 21st century [M]. Berlin: JOVIS, 2024.

[2] Kadi J. Recommodifying housing in formerly "Red" Vienna? [J]. Housing Theory and Society, 2015 (32): 247-265.

[3] City of Vienna. Gentle Urban Renewal [EB/OL]. [2024-03-10]. https://socialhousing.wien/best-practice/gentle-urban-renewal.

的同时也防止了土地投机。公共土地购置尽管不能大幅减少土地利用,但能让公共机构以更低的价格去建设社会住房,其有效性在长期实践中得到了证实。近期,维也纳开始关注私人土地上的经济适用房问题。2020 年,维也纳开始实施 IZ 计划①,这是维持市政对土地控制的一项关键政策,对补贴住房政策的应用至关重要。为提供补贴住房的土地、防止有限利润住房协会的地价飙升,这个计划设立了一个新的"补贴住房"分区,即对于面积超过 5000 平方米的新改划区域,其中约 2/3 的单元必须保留给补贴住房。

(3) 市政住房和有限利润住房的融合发展。

市政住房在住房总量中的比例不高,但它长期以来成为奥地利社会住房政策的核心,尤其是城市地区。早在 19 世纪,维也纳城市周边的扩张区已经建设了约 6.4 万套市政住房,往后在第二次世界大战后的重建工程中又增建了大量市政住房,至 1981 年,已建成约 20 万套市政住房。然而,1995 年以后,受到欧盟限制措施的影响,市政住房建设放缓,直至 2004 年仅新建 2 万套市政住房。

在奥地利,为构建经济可行且租金可负担的住房,住房补贴被视为一种公共投资,有限利润住房的租金受到严格的制约。自 20 世纪 70 年代以来,奥地利城市住房政策发生转变,由公共住房变为"社会市场"提供,鼓励公私合作建房。当前,有限利润住房部门由合作社、法团和有限责任公司组成,它们联合组成一个伞式组织——奥地利社会住房协会联合会(GBV),管理着约 100 万套住房,占奥地利年度住房建设总量的近 30%。这些协会被视为"住房政策的延伸臂膀",在严格的法律框架下运作,通过大量兴建住房稳定租金水平,以此确保其非营利属性的纯粹性。在法律和政策约束下,为得到政府补贴和廉价土地,协会必须遵守法定的租金上限(控制在成本租金水平)②,并保证这些住房不被商品化。公共行政部门给予这些协会全面免除企业所得税的待遇,条件是:限制商业活动并承担建设义务;限制利润(法定投资回报率上限为 3.5%);资产承诺(股本必须再投资于新建设项目);租金根据建设和维护成本估算,并限制在一定金额内;由 GBV 进行审计和核查合规性③。同时,有限利润住房的租金是严格确定的。计算租金时必须考虑建筑成本、维护成本和其他法律规定的费用,每栋建筑都会单独计算这些费用。协会还会收取一些维护资金,不同年龄建筑的费用不同,且资金不能跨建筑使用,如果筹集的资金在 20 年内未用于维护或翻新,必须退还给租户。市政府通过补贴和土地规定指导有限利润住房政策,提高其可负担性④。

---

① Verwaltungsgericht Wien. Tätigkeitsberichte [EB/OL]. [2024-03-10]. http://www.verwaltungsgericht.wien.gv.at/Content.Node/verwaltungsgericht-wien/Taetigkeitsberichte.html.

② Mundt A, Amann W. "Wiener Wohnbauinitiative": A new financing vehicle for affordable housing in Vienna, Austria [M]. Milton: Routledge, 2018.

③ Festschrift. Anlässlich des 70: Jubiläums der gemeinnützigen Bauvereinigungen [EB/OL]. [2024-02-20]. https://cms.gbv.at/oeffentlichkeitsarbeit/Publikationen.

④ Amann W, Jedelhauser J. The Austrian system of social housing finance [C]. Proceedings of the European real estate society (ERES), 2005.

通过宏观政策到微观细则的精细化制定，奥地利成功避免了有限利润住房项目的营利性导向。2008年，奥地利平均租金成本负荷为21.2%，远低于其他欧洲国家，拖欠租金的家庭比例相对较低，仅2.4%（欧盟平均9.1%），只有14%的奥地利家庭面临沉重的负担（欧盟平均28%）①。尽管维也纳的住房负担显著增长，成本负担超过其收入25%的家庭比例也有所增加，但总体而言处于可控范围。

2. 匈牙利的社会住房制度

（1）国家建设住宅。

匈牙利因其内陆地权意识与平原地形特征，在历史上，经济发展模式以传统农业为主。然而，20世纪以来，经济全球化所带来的世界市场致使粮食作物失去竞争力，匈牙利地主精英将投资转向工业和城市房地产，他们游说立法者以支持高密度的城市建设，将以前粮食出口繁荣期所累积的资本投入到建造市中心的楼宇中。这些投资在区位上向匈牙利的大城市集中，首都布达佩斯的房地产市场投机活动尤为蓬勃。随着城市投资的繁荣，无法从种地中获取利润的农民纷纷逃离农村，作为一类城市新贫民在"钢铁森林"中寻找工作，而这些群体的非正式、过度拥挤的定居点为城市发展埋下祸根，尤其在19世纪70年代，这些低于标准的生活条件引发了霍乱疫情，对此市政转向提供临时性的替代住房，建设驻扎营地。一些民间社会团体首先提出为布达佩斯的无家可归者提供庇护所的倡议，并得到了市政的支持，工人聚居区的建设计划逐步被纳入城市发展规划之中②。1906年以后，市政致力于提升基础设施建设水平以适应人口增长的新需求，为工人建设小型公寓、为无家可归者建设官方的庇护所，其中"人民之家"（Népszálló）至今仍是这一援助体系中最大的建筑③。

第一次世界大战战败后，匈牙利签署的《特里亚农条约》使其丧失了72%的领土，彼时为失地民众提供临时住房成了该国政府的迫切任务，直至20世纪20年代末，才将小型公寓计划重新提上日程。尽管如此，这段时期仍然矛盾重重。建设计划实施近十年后，一批小型公寓在城郊竣工，但工人强烈反对昂贵且拥挤的公寓住房，因此掀起了租金罢工运动④，同时从农村移居过来的城市新贫民居无定所，也高呼对通勤、床位租赁、工人宿舍和城郊定居点的需求，这与现有工人诉求存在冲突。在第二次世界大战时期，匈牙利被纳粹德国占领后，在苏联红军的帮助下得以解放全境，此后在长达40年时间里进入社会主义阵营。此时，新建社会主义住宅区成为社会主义住房体

---

① Czasny K H, Feigelfeld H, Hajek J, et al. Wohnzufriedenheit und Wohnbedingungen in Österreich im europäischen Vergleich [M]. Vienna：SRZ，2008.

② Gyáni G. Bérkaszárnya és Nyomortelep（the Tenement House and the Slum） [M]. Budapest：Magvető，1992.

③ Florea I, Gagyi A, Jacobsson K. Contemporary housing struggles：A structural field of contention approach [M]. Cham：Springer International Publishing，2022.

④ Udvarhelyi É. Az "Utca Emberétől" a "Város Mindenkiéig"：Lakhatási jogok, önszerveződés és aktivista antropológia [J]. Néprajzi Látóhatár，2010，19（2）：44-63.

系的核心。在社会主义住房建设的初期,匈牙利主要采取限制农民移居人数、国有化公寓、驱逐旧有房东以及强制分割大户型公寓等措施。自1960年起,社会主义住房建设显著加速,引发了一场规模空前的建筑热潮。至1980年,国家建造的公寓数量已超过52万套,占当时全国住房存量的15.2%,而国家拥有的住宅比例高达52.9%①。进入20世纪80年代后,公共债务剧增致使国家住房资金相应减少,匈牙利政府不得不减少国家住房建设,转向为私人和合作社的住房项目提供贷款支持。与此同时,灰色经济的合法化②激发了一系列私人和自助活动,租户协会的成立填补了政府在城市中心老旧租户建筑维护中的缺位,形成了一个复杂的非正式互助体系。

(2) 住房合作社与庇护所。

在匈牙利,住房合作社是国家住房资金短缺、国际住房建设放缓之下的产物。住房合作社制度是在20世纪60年代初建立的,由国家提供土地,国家储蓄和信托公司充当投资者和开发商。与租赁合作社把公寓出售给买家私人所有的模式不同,匈牙利的住房合作社制度建立了一个集中管理合作社房屋的系统,规制范围从单栋房屋到县级和国家级。到1989年政权更迭时,该系统包括了1200个住房合作社,拥有28万套公寓③。

即使住房合作社数量不断增加,但住房短缺并未得到遏止,从20世纪70年代开始,住房合作社已初显弊端。在匈牙利,失业增长、公用事业成本上升、工人宿舍的解散以及其他国家机构(如监狱和教养所)的关闭,导致了无家可归现象的明显增加。20世纪90年代,无家可归援助的制度化将这一问题从警察执法转移到了社会政策的范畴,但在接下来的几十年里,将无家可归定为犯罪的趋势一直在蔓延,从警察和公共空间监管者的选择性执法,到地方政府的反乞讨法规,或是以非法占用住宅为惩罚的监禁④;2010年之后,匈牙利政府将这一趋势推向极端,将无家可归定为犯罪变成了明确的国家政策⑤。这些对无家可归者的严厉政策因违反人权而受到联合国的指责,匈牙利也采取了相应措施,在布达佩斯,市政每年花费29.2万欧元用于资助无家可归者收容所,总共有31个组织为无家可归者提供服务,其中最大的是布达佩斯市政的社会政策及其机构方法中心(BMSZKI),其经营着几乎一半的庇护所,遍布该市19个地点、2500个收容位置⑥。

---

① 匈牙利统计局 [DB/OL]. https://www.ksh.hu/.
② Galasi P, Kertesi G. Second economy, competition, inflation [J]. Acta Oeconomica, 1985, 35 (3/4): 269-293.
③ LOSZ. Alliance of housing cooperatives interview [R]. Budapest, 2018.
④ Bence R, Udvarhelyi É T. The growing criminalization of homelessness in Hungary: A brief overview [J]. European Journal of Homelessness. 2013, 7 (2): 133-143.
⑤ European Commission for Democracy through Law. Fourth Amendment to the Fundamental Law of Hungary and Technical Note [R]. Strasbourg, 2013.
⑥ Hungary Daily News. Winter care for homeless under way [EB/OL]. (2016-11-02) [2024-07-01]. https://dailynewshungary.com/winter-care-homeless-way/.

（3）住房补贴。

在世纪之交，私有化之后大多数家庭都住在属于自己的房子里，社会住房和租赁住房的数量急剧下降。根据2015年的统计数据，只有9%的人口住在正式出租的房屋中①。在1998—2002年，匈牙利政府启动了首个大规模的国家援助住房贷款计划，这些补贴主要针对中上阶层家庭。然而，受制于不断增长的公共债务，该计划因公共成本高昂而无法维持，并在2004年被废除②。2005年，匈牙利出台了一项新的租金补贴计划，地方政府可以为有子女的低收入家庭申请租金补贴，政府将支付租金的30%或每月28欧元的补贴，但该计划也因多数房东未在税务机关注册而失败。

在匈牙利，经济危机之后住房贫困问题尤为突出。为了帮助有困难的债务人，政府采取了两项措施：一是暂时禁止驱逐的法令；二是启动了国家资产管理计划，目的是接管那些情况最糟糕的债务人的房产。在2012—2017年，该计划下超过36000套住房被接管，这是自1989年以来在社会住房方面最大的一笔开支。2019年，该计划在完成了它的使命后，开始将房产转卖给那些已经成为其租户的家庭，或者在租赁协议中取消了之前的驱逐保护③。

五、结论

在住房问题日益严重的当下，奥地利和匈牙利受到不同程度的影响，尤其是近年来全球经济形势发生变化，影响了各国市政对社会住房的投入、房地产市场活力以及居民收入水平，产生并激化了供需矛盾。与此同时，在人口总量持续增长、家庭规模小型化的动态发展下，奥地利和匈牙利开始重视社会住房制度的构建，并对本国社会住房配置提出了新要求。两国均重视政府在住房保障方面的责任，通过市场监管、租金规制等一系列政策工具来支持社会住房的供应和管理，以满足社会中下层群体的住房需求，但基于不同的历史与国情，两国在社会住房的构建和管理上形成了独特的机制。

奥地利在庞大的租赁市场加持下，更强调公私部门合作伙伴关系的建构，社会住房制度表现出显著的公平性、稳定性与可持续性，也表现出一定的适应不断变化的社会经济环境的能力；同时，奥地利将住房供应措施与广泛而丰富的社会安全网系统紧密结合，同时极具战略性地通过公共土地购置的方式，从根源上解决住房可负担性问题，以实现经济适用房的长期供应。

相比而言，匈牙利的社会住房事业仍处于转型期。匈牙利的地方政府及其住房合

---

① 匈牙利统计局 [DB/OL]. https://www.ksh.hu/.

② Bohle D. Post-socialist housing meets transnational finance: Foreign banks, mortgage lending, and the privatization of welfare in Hungary and Estonia [J]. Review of International Political Economy, 2014, 21 (4): 913-948.

③ Magyar Narancs. Dobra vert sereg: A devizahiteles-mentö program vége [EB/OL]. (2019-05-01) [2024-07-01]. https://magyarnarancs.hu/belpol/dobra-vert-sereg-119538.

作社是最重要的社会房东，享有广泛的自主权，而社会住房责任的分散限制了相关部门实现更高效运作的潜力，即市政部门在面对日益增长的社会住房需求时，往往受限于资源和财政的匮乏，支持贫困家庭获得住房的能力有限。同时，社会住房质量不足意味着这些住房并非为所有人开放，而是只针对社会弱势群体和低收入群体，市政当局当前更多承担着社会安全网的角色。

— 参考文献 —

[1] Gibb K，Whitehead C. Towards the more effective use of housing finance and subsidy [J]. Housing Studies，2007，22（2）：183-200.

[2] Harloe M. The people's home [M]. Oxford：Basil Blackwell，1995.

[3] Baer W，Love J L. Liberalization and its consequences：A comparative perspective on Latin America and Eastern Europe [M]. Cheltenham：Edward Elgar Publishing，2000.

[4] Novy A，Redak V，Jäger J，et al. The end of Red Vienna：Recent ruptures and continuities in urban governance [J]. European Urban Regional Studies，2001，8（2）：131-144.

[5] Kadi J. Recommodifying housing in formerly "Red" Vienna？[J]. Housing Theory and Society，2015，32（3）：247-265.

[6] Mayer K，Fitz A，Ritter K. Boden für alle [M]. Zürich：Park Books，2020.

[7] Döbrössy L. Cancer mortality in central-eastern Europe：Facts behind the figures [J]. The Lancet Oncology，2002，3（6）：374-381.

[8] Virág B. Economics 10×10：Lessons from the last ten decades of Hungarian economic history [J]. Polgári Szemle，2020（16）：194-211.

[9] Förster W，Menking W. The Vienna model 2：Housing for the city of the 21st century [M]. Berlin：JOVIS，2024.

[10] Kadi J. Recommodifying housing in formerly "Red" Vienna？[J] Housing Theory and Society，2015（32）：247-265.

[11] Mundt A，Amann W. "Wiener Wohnbauinitiative"：A new financing vehicle for affordable housing in Vienna，Austria [M]. Milton：Routledge，2018.

[12] Amann W，Jedelhauser J. The Austrian system of social housing finance [C]. Proceedings of the European real estate society（ERES），2005.

[13] Czasny K H，Feigelfeld H，Hajek J，et al. Wohnzufriedenheit und Wohnbedingungen in Österreich im europäischen Vergleich [M]. Vienna：SRZ，2008.

[14] Gyáni G. Bérkaszárnya és Nyomortelep (the Tenement House and the Slum) [M]. Budapest: Magvető, 1992.

[15] Florea I, Gagyi A, Jacobsson K, et al. Contemporary housing struggles: A structural field of contention approach [M]. Cham: Springer International Publishing, 2022.

[16] Udvarhelyi É. Az "Utca Emberétöl" a "Város Mindenkiéig": Lakhatási jogok, önszerveződés és aktivista antropológia [J]. Néprajzi Látóhatár, 2010, 19 (2): 44-63.

[17] Galasi P, Kertesi G. Second economy, competition, inflation [J]. Acta Oeconomica, 1985, 35 (3/4): 269-293.

[18] LOSZ. Alliance of housing cooperatives interview [R]. Budapest, 2018.

[19] Bence R, Udvarhelyi É T. The growing criminalization of homelessness in Hungary: A brief overview [J]. European Journal of Homelessness, 2013, 7 (2): 133-143.

[20] Bohle D. Post-socialist housing meets transnational finance: Foreign banks, mortgage lending, and the privatization of welfare in Hungary and Estonia [J]. Review of International Political Economy, 2014, 21 (4): 913-948.

"一带一路"公共产品助推东南亚贫困治理的类型学分析

陈 辉 丁嘉琳

[摘 要] 贫困问题是"一带一路"共建国家可持续发展所面临的重要挑战。中国作为"一带一路"的倡导者和推动者,致力于以相互尊重与合作共赢为核心的新型减贫体系的建构。本研究聚焦东南亚国家贫困治理,结合助推理论,提出三种贫困治理的助推模式:资源助推模式,聚焦基础设施建设以及对外直接投资;技术助推模式,涵盖科学技术等新质生产要素,以激活内生发展动力;文化助推模式,主要包含政治互信、合作共识等精神价值层面要素。通过贫困治理,促进互利共赢,为世界经济增长注入新动能。

[关键词] "一带一路";贫困治理;助推模式

贫困问题是"一带一路"共建国家可持续发展所面临的重要挑战。中国作为"一带一路"的倡导者和推动者,致力于以相互尊重与合作共赢为核心的新型减贫体系的建构,注重向"一带一路"共建国家提供公共产品。中共二十大报告指出,"共建'一带一路'成为深受欢迎的国际公共产品和国际合作平台",要"推动共建'一带一路'高质量发展"。[①]因此,本研究的研究问题在于:将"一带一路"倡议向国际社会提供的公共产品进行分类,通过不同类别的公共产品供给与多元合作的"造血式"贫困治理,助推相关国家突破发展瓶颈,激活经济发展的内生动力。

东南亚地区贫困状况复杂,呈现出地区间贫富差距大、失业问题严峻、公共服务欠缺的特点,基于这种现实情况,本研究搭建了"一带一路"公共产品帮助东南亚地区实现贫困治理的助推框架,结合具体内容,提出了"资源助推—技术助推—文化助推"三种有针对性的助推模式,锚定东南亚地区不同类型的贫困状况。"一带一路"公

基金项目:江苏高校哲学社会科学研究重大项目(2020SJZDA090);江苏省社会科学基金重大项目(22ZDA006);国家社会科学基金项目(20BZZ050)。

作者简介:陈辉,东南大学人文学院公共管理系教授、博士生导师,南京智库联盟城市治理与政策分析研究所所长,主要从事中国政府与政治、基层治理研究;丁嘉琳,南京师范大学公共管理学院研究生。

① 习近平.高举中国特色社会主义伟大旗帜 为全面建设社会主义现代化国家而团结奋斗[M].北京:人民出版社,2022.

共产品在东南亚地区的供给注重帮助落后地区建设基础设施以提升互联互通水平,传播技术与文化以助推减贫共识的建立,在经济、政治、文化等领域都取得了丰硕的成果。与此同时,由于东南亚各国特有的国情以及所处的国际环境,"一带一路"减贫合作在推进过程中也碰到了诸多阻碍,如东南亚各国对于"一带一路"倡议存在诸如合作共识淡薄、减贫主动性缺乏以及政府缺位等认知困境,跨国减贫项目存在管控不到位问题,以及全球地缘政治关系恶化引发大国利益博弈,皆会对"一带一路"公共产品助推共建国家贫困治理造成巨大风险。

助推理论认为不起眼的小事往往会影响最终行为,政策设计者的职责在于创造决策环境,从而改变被助推者的行为选择①。学界普遍认为助推是不同于强制性的法律法规与带有命令性的说服的一种干预行为,强调在保证被助推者主动性的前提下引导他们做出更好的决策②。随着国际社会复杂性与不确定性加剧,中方将减贫工作的重心聚焦于进一步优化"一带一路"公共产品供给体系的长效合作机制,激活其科技增值功效以及构建国际减贫协同治理的机制,以共商共建共享促进"一带一路"共建国家间合作,分享减贫经验,有效推动国际减贫工作的实施与社会救助,全面惠及各国民生福祉,推动共建人类命运共同体。

一、资源助推:编织互联互通网络

交通基础设施建设是中国与东南亚地区合作的重点领域,作为世界产业大国,中国与东南亚地区共建基础设施不仅是振兴当地实体经济的重要举措之一,也是推动国际产能合作的重要手段。国际上用基础设施发展指数来体现一个国家或地区基础设施行业的发展环境、发展需求、发展热度和发展成本。该指数得分越高,意味着该国或地区的基础设施行业前景越好,对企业赴该国或地区进行基础设施投资、生产经营的吸引力越大。根据《"一带一路"共建国家基础设施发展指数报告2023》,东南亚各国的基础设施发展势头良好,其基础设施发展指数在"一带一路"共建国家中持续领先,其中印度尼西亚、菲律宾位居前两名(见表1)。

表1 2023年东南亚各国基础设施发展指数

国家	得分(同比变动)	排名	国家	得分(同比变动)	排名
印度尼西亚	134(+3)	1	泰国	116(-4)	20
菲律宾	132(+3)	2	老挝	115(+2)	26
马来西亚	129(+2)	4	缅甸	111(+2)	44
越南	128(+1)	5	东帝汶	106(+2)	68

---

① 理查德·塞勒,卡斯·桑斯坦. 助推[M]. 刘宁,译. 北京:中信出版社,2018.
② 周延风,张婷. 助推理论及其应用研究述评与未来展望——行为决策改变的新思路[J]. 财经论丛,2019(10):94-103.

续表

国家	得分（同比变动）	排名	国家	得分（同比变动）	排名
柬埔寨	116（+1）	17	文莱	106（-6）	69
新加坡	116（-3）	19			

资料来源：《"一带一路"共建国家基础设施发展指数报告2023》。

近年来，东南亚各国始终积极抓住"一带一路"倡议带来的发展机遇和合作空间，先后制定了相关发展计划以进一步推动实现亚太地区的互联互通，特别是在高铁等基础设施方面搭上了中国发展的列车，"一带一路"倡议下的"高铁外交"已然成为弥补东南亚地区发展短板的一大举措。以中老铁路、中泰铁路以及雅万高速铁路为代表的线路是"一带一路"倡议实现互利共赢，帮助发展中国家摆脱贫困的路径及典范。中老铁路是中国共建"一带一路"倡议与老挝"变陆锁国为陆联国"战略的纽带，2021年，中老铁路的正式通车意味着老挝告别了过去没有火车的时代。据世界银行发布的报告，中老铁路的建成从长远来看将使老挝的整体收入提升21%，将从发展贸易和旅游业两方面吸引外国投资。与此同时，中老铁路的经济辐射效应也将影响中国与泰国在基础设施建设领域的合作，客观上将推动中泰铁路的建设进展，进一步实现未来中老泰铁路的全面贯通，东南亚各国间的互联互通以及协调发展也将上升到新的层面。印度尼西亚政府发布的《2020—2024年国家中期发展计划》也仍将基础设施建设列为优先发展项目，并计划不断扩大高速路覆盖范围，以交通促进当地的经济增长。2023年9月7日，雅万高速铁路开通运营，标志着印度尼西亚迈入高铁时代，中印尼共建"一带一路"取得重大标志性成果。

"高铁外交"之外，"一带一路"合作也在不断开拓基础设施的新兴合作领域。中国与新加坡共同推出的中新（重庆）战略性互联互通示范项目是"一带一路"框架下的重点合作项目，旨在依托中心城市重庆发挥经济引领作用，建立中国西部省市区与东南亚地区之间的合作伙伴关系，通过发挥"哑铃效应"凸显中国、新加坡两地的优势。其中，"国际陆海贸易新通道"是中新两国依托中新（重庆）战略性互联互通示范项目，通过区域联动、国际合作共同打造的具有多重经济效应的战略性通道，是为中国西部地区和东盟国家提供的公共产品和公共服务①。该项目自2015年启动以来，已有一批航空产业、信息通信、贸易物流、科技人文交流的项目落地，并逐渐拓展到农业、旅游等其他领域。中新始终坚持两方既分工又协作、同频共振的工作理念，预计到2025年打通我国西部地区与东南亚地区的战略性通道，2035年形成与亚欧大陆衔接的互联互通网络，通过双向互动促进形成共商共建共享新格局。

进入21世纪以来，经济全球化以及区域经济一体化的进程不断加速，已成为当前世界经济发展的主要趋势，快速发展的国际直接投资不仅是经济全球化的重要特征之一，亦是推动全球经济不断增长的主要动力。"一带一路"倡议的推行使得中国积累的

---

① 中国一带一路网.《中新（重庆）战略性互联互通示范项目"国际陆海贸易新通道"合作规划》正式发布［EB/OL］.（2022-06-09）［2023-02-27］. https://www.yidaiyilu.gov.cn/p/250759.html.

资金与技术可以帮助东南亚国家扭转空有廉价劳动力而基础设施匮乏的局面,满足东盟经济共同体面临的日益增长的市场需求。商务部、国家统计局和国家外汇管理局联合发布的《2022年度中国对外直接投资统计公报》显示,2022年中国对东盟的直接投资流量为186.5亿美元,占对亚洲投资总额的15%。其中,在中国对外投资存量前20位的国家(地区)中,东南亚国家共有6个,包含新加坡、印度尼西亚、越南、马来西亚、泰国和柬埔寨①。宏观来看,中国对于东盟的直接投资存量呈现逐年稳步增长的趋势,如图1所示。

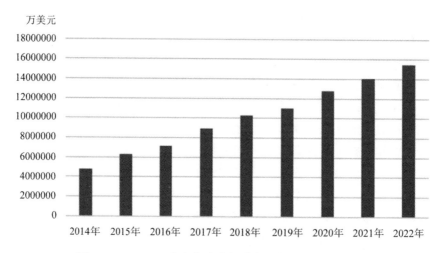

图1 2014—2022年各年末中国对东盟直接投资存量情况
(资料来源:《中国对外直接投资统计公报》(2014—2022年))

通过向东南亚地区供给基础设施、资金这类资源型公共产品,可以充分发挥双方的比较优势,实现生产要素的优化配置。在过去的十余年里,中国与东南亚地区的互联互通架构已经形成并不断完善,一系列重大基础设施项目大大提高了地区间的联通水平,这些实践都向世界表明"一带一路"这项全球性的倡议已经结出硕果,也为其他国家带去示范效应、创造经济机会,推动了国际互利共赢格局的形成。

二、技术助推:激活内生发展动力

自"一带一路"倡议提出以来,创新合作一直备受重视,中国与"一带一路"共建国家的科技合作机制不断完善,合作领域不断扩宽,合作平台和合作项目务实推进,多层次、交互式、宽领域的科技创新合作局面正在形成。② 中国主要的科技管理、咨

---

① 中华人民共和国商务部,国家统计局,国家外汇管理局.2022年度中国对外直接投资统计公报[M].北京:中国商务出版社,2023.
② 何宏艳,吴树仙,辛加余,等."一带一路"科技创新合作现状、挑战与发展方向[J].中国科学院院刊,2023(9):1315-1324.

询部门和科研机构,如科学技术部、工业和信息化部、中国科学院、国家自然科学基金委员会等积极探索并开展了诸多卓有成效的工作。截至2023年6月,中国已与80多个"一带一路"共建国家签署了政府间科技合作协定,合作领域涵盖医学、农业、海洋、能源资源、公共卫生、先进制造、高端材料、信息技术等多个重点领域,通过加强共性基础科学研究、共建联合研究平台,以及成立技术转移转化中心、海外科教中心、特色科技园区等多种途径推动"一带一路"建设,强化人才培养,以科技创新加强交流和对话,谋求共赢发展。

根据"一带一路"共建国家科技发展的具体情况,与基础研究比较扎实的国家就共同关心的重大科技领域的重大课题开展共同研究,共建联合实验室,对于推动各国科研机构建立长期稳定的伙伴关系,开展高水平联合研究,加强科技人员交流、促进技术转移,推动相关产业的发展具有重要作用。近年来,科技部支持建设了中国-柬埔寨食品工业联合实验室、中国-东盟海水养殖技术联合研究与推广中心、中国-印尼高温气冷堆联合实验室、中国-印尼生物技术联合实验室、中国-老挝可再生能源开发与利用联合实验室等联合研究平台[1]。我国还积极建立双边技术转移中心,充分发挥各地方的区位优势和发展特色,积极支持与共建国家开展技术转移中心和技术转移协作网络建设。技术转化和转移在推进"一带一路"建设中扮演着至关重要的角色,对于促进技术成果在共建国家的转移和应用具有不可或缺的意义。为了推动区域内的技术转移,达成"产、学、研"三者深度融合的目标,科技部倡议成立了"一带一路"技术转移协作网络,旨在通过开展科技伙伴计划,增强"一带一路"共建国家的科创能力,进一步推动区域经济的稳定和可持续发展。

在东南亚地区,在中国-东盟科技伙伴计划和中国-东盟技术转移中心框架下,截至2023年7月,中国与文莱、柬埔寨、印度尼西亚、老挝、马来西亚、缅甸、菲律宾、泰国、越南9个东盟国家建立了政府间双边技术转移工作机制[2],对推进建设"一带一路"科技合作网络发挥了巨大作用。在已有的科技交流协议支持下,"一带一路"共建国家不仅以文化类公共产品的供给为依托打造出"丝路之旅"等科技文化品牌,还通过共建国家的协同合作,创立了"一带一路"智库合作联盟、丝路国际智库网络和高校智库联盟等交流平台,让共建国家更便捷地了解"一带一路"的相关信息。在科技交流的成效上,中国科学院持续加大对"一带一路"建设中科技发展的重视,截至2019年4月,共投入科技经费超过18亿元,与共建国家的科技交流合作规模超过12万人次[3]。此外,中国与一些"一带一路"共建国家也已初步构建出良好的旅游合作机制,以互动协议、文化产品联盟等有效方式开展了诸多促进区域友好的文化沟通,带动区域文化关联的机制构建。无疑,这些人才培训、科技对接及旅游合作成果

---

[1] 中国一带一路网. 科技部:"一带一路"科技创新行动计划取得四方面成果[EB/OL].(2019-03-11)[2023-11-12]. https://baijiahao.baidu.com/s? id=1627709490667536399&wfr=spider&for=pc.

[2] 东创会:搭建中国和东盟科技合作的桥梁[N]. 科技日报,2023-07-28.

[3] 新华社. 科技支撑"一带一路"建设 中科院6年投入逾18亿元[EB/OL].(2019-04-19). https://www.gov.cn/xinwen/2019-04/19/content_5384549.htm.

既为"一带一路"公共产品供给提供了人才支撑,也对共建国家各类人员的文化诉求产生了积极正面的影响。

在人才交流合作上,中国与东南亚毗邻,因此东南亚成为全球最大的华人集聚地,而博大精深的中华文化于无形中影响着东南亚社会、历史、文化的方方面面,双方文化相近,血脉相连,利益相通①。随着"一带一路"建设的推进,中国与东南亚各国在文化交流领域的合作更为广泛。据统计,2015年中国-东盟互派留学生逾19万人,其中以中国赴东盟的留学生居多,约为12万人。② 2024年是中国-东盟人文交流年,也是中国-东盟教育交流周连续举办的第17年。此前交流周活动累计吸引参会嘉宾超4.6万人次,签订各类合作协议和合作备忘录1900余份。③ 未来更多有志青年将参与到地区合作中来,成为中国与东盟各国睦邻友好、薪火相传的友好使者。

在文化交融方面,旅游业作为东南亚的主导产业起到了桥梁作用,东南亚国家成为中国公民出国旅游重要目的地,双方互为主要旅游客源对象。2019年双方人员往来达6500万人次,每周往来航班近4500架次④。2023年初中国正式重开边境,马来西亚吉隆坡国际机场就接到11趟来自中国的航班抵境。携程发布的《2023年春节旅游总结报告》显示,吉隆坡、曼谷、新加坡、清迈、马尼拉、巴厘岛等成为中国旅客非常喜欢的跨国旅行目的地,均为东南亚目的地。中国与东南亚国家交通基础设施互联互通水平的提升将拉动更多的人员往来,疫后双方人员往来相较于其他国家与地区率先恢复,这说明了双方关系的密切友好。

随着数字经济的蓬勃发展,"一带一路"倡议提出至今的十余年期间,跨境电商正在重塑中国与东南亚地区间的贸易格局与文化交互形式,其承载着科技与先进人才的双重力量,不仅吸引着世界的目光,更为"一带一路"贫困治理工作带去了多层次的深远变化。电商凭借其跨越时间、空间的优势正逐渐成为东南亚经济复苏的一大引擎,据谷歌、淡马锡联合发布的《2019东南亚数字经济报告》,预计2025年东南亚地区电商市场规模将达1530亿美元。菲律宾电商规模高速发展导致实体商场空置,新加坡创新线上购物模式改善商场业绩颓势,印度尼西亚借助电商平台大力发展数字农业,种种变化表明规模日渐扩大的电子商务正在改变人们的消费模式,潜移默化地影响并改变着东南亚各国的产业销售链。中国走在数字技术领域的前列,在数字经济合作方面与东南亚保持着密切的关联,通过电商带动经济增长,在后疫情时代帮助东南亚国家实现脱贫,是中国和东南亚国家共同的愿景。针对东南亚各国发展极度不平衡的问题,

---

① 王志章,李梦竹,王静.中国与"一带一路"沿线国家合作反贫困研究[M].北京:人民出版社,2018.
② 中国新闻网.中国-东盟深化人文交流 促区域合作"全面开花"[EB/OL].(2016-06-18).https://www.chinanews.com/cul/2016/06-18/7908824.shtml.
③ 中国服务贸易指南网.中国与东盟去年双向留学人数超过17.5万人[EB/OL].(2024-08-22).http://tradeinservices.mofcom.gov.cn/article/news/gnxw/202408/167222.html.
④ 海外网.中国-东盟经贸合作取得重大成果[EB/OL].(2021-11-25).https://baijiahao.baidu.com/s?id=1717369876518224173&wfr=spider&for=pc.

未来双方应该制定更具针对性的差异化发展策略，对于老挝、缅甸、柬埔寨这类极度欠发达地区，要侧重通信网络的建设；对于较为发达的经济体，则可以重点推进大数据、5G等新兴数字领域的合作。长期以来，西方国家凭借着网络技术的优势，占据世界数字市场的主导地位，发展中国家往往处于被动弱势地位。"一带一路"倡议通过向落后地区供给数字技术产品开辟出一条新时代"数字丝绸之路"，帮助东南亚国家应对全球经济大势，通过释放数字经济活力激活贫困地区"造血"功能。

三、文化助推：形塑减贫合作共识

贫困是东南亚地区面临的严峻挑战，若单凭其自身的力量难以真正实现脱贫，且容易面临效率低、周期长的问题，因此争取国际力量共同参与贫困治理是东南亚地区的优先选择，"一带一路"倡议正与该地区的诉求相契合，这就需要完善双边机制，达成减贫合作共识。东南亚国家可依托"一带一路"减贫国际合作论坛、中国-东盟（10+1）领导人会议等高层论坛开展共商共建，通过加强政策沟通寻找贫困治理的共同点和利益的交叉点，增进相互理解与信任，最终达成政治共识，为"一带一路"建设助推贫困治理提供坚实的政治基础与引导作用。从"一带一路"倡议通过政策协调开展务实合作的角度来看，形塑减贫合作共识的具体成果可以分为四个方面：一是对接发展战略，寻求合作的最大公约数，力往一处使；二是对接发展规划，将"一带一路"蓝图与东南亚各国愿景实现机制融合，分阶段实现发展目标；三是对接机制与平台，建立顺畅的磋商渠道，搭建各机构衔接的沟通平台；四是对接具体的合作项目，在基础设施、人文交流、贸易往来等领域充分开展合作，实现共同发展。例如，2012年由泰国首次提出的澜湄合作项目，发展至今已培育出成熟的中国-东盟战略伙伴关系，该机制以减贫为导向，将互联互通、产能、跨境经济、水资源和农业减贫作为合作优先领域，① 实现了与"一带一路"倡议的对接，对推动全方位反贫困合作起到重要作用。中方始终坚持和平互信、包容互鉴、合作共赢的理念顺应了和平求发展的时代潮流，不仅符合双方共同的利益，更能将合作红利惠及低收入人群。

教育是文化理念传播的有效载体，"一带一路"框架下开展广泛的人文交流，是促进中国与东南亚地区民心相通，培育合作默契的重要举措。据统计，截至2017年，中国已与"一带一路"共建国家签署了45份教育双边多边合作协议，与24个共建国家签署了学历学位互认协议②。东南亚因为与中国地缘靠近，且都处于亚洲文化圈，这种交融互通性使得东南亚成为海外华人分布最集中的地区。借助"一带一路"国际青年论坛，我国不断加强与东南亚高校的合作，推动教学领域的互学互鉴，这对促进文

---

① 中央政府门户网站. 澜沧江-湄公河合作首次领导人会议三亚宣言（全文）[EB/OL]. (2016-03-24)[2023-05-06]. http://www.gov.cn/xinwen/2016-03/24/content_5057018.htm.
② 中国东盟报道. 为什么越来越多中国学生选择留学东南亚？[EB/OL]. (2019-07-12)[2023-05-06]. https://baijiahao.baidu.com/s?id=1638852473394064027&wfr=spider&for=pc.

化的区域间发展和民心相通具有现实意义。教育是脱贫的根本,是阻断贫困代际传递的重要一环①。通过教育传播文化理念有助于促进减贫共识潜移默化深入人心,弥补扶贫过程中基层与政府断链导致的认知缺陷,从而帮助低收入人口克服惰性,获得成就感,自觉投身减贫事业。

目前全球传统与非传统安全问题突出且呈现泛化趋势,其所具有的多样性、跨国性、全球性特征导致新的贫困带不断出现。习近平主席2014年首次提出了"共同、综合、合作、可持续"的新安全观,这一全球安全倡议顺应了目前形势多变的百年变局,契合"一带一路"倡议构建区域安全架构的愿景,为助推东南亚贫困治理提供了新方向。首先,综合考虑东南亚各国宗教文化、党政冲突等现实因素,中国在推行"一带一路"时应具有大局意识,要在系统分析制约当地经济发展的安全困境后进行政策设计,并与当地政府达成安全共识,通过构建国家间安全机制营造包容的减贫环境,为减贫工作的具体落实扫清安全威胁。其次,在全球安全倡议的框架下完善社会公共服务及社会保障制度,以有效避免赤贫人口"贫困—冲突—贫困"的恶性循环,让扶贫成果真正惠及底层贫困人口,帮助贫困地区实现生产力的发展并最终促进经济协调增长。传播、共享新安全观这一契合现实需要的区域性公共产品,可以帮助东南亚和中国克服信任赤字,着眼于解决民生问题,协调推进区域间贫困治理。

一国发展不能孤立于世界,中国要实现经济健康发展,需要树立全球视野,在消除自身贫困的同时关切别国的发展问题,助推国际减贫事业发展,这也有助于实现合作共赢。"一带一路"共建国家多是发展中国家,经济发展过程中伴随而来的贫富分化,使得贫困群体不能分享经济增长带来的福利。这需要发挥政府作用,通过颁布并落实法律法规来有效弥补市场的失灵。在减贫实践中发挥政府作用,加强政府间的合作,不断完善减贫的顶层设计。中国对其他发展中国家的援助资金中,政府财政投资占比较高,这些国际援助项目的正式实施基本由国企承担②。政府和国有企业不论是在金融投资还是在援助项目中皆居于主导地位。联合国秘书长古特雷斯曾这样评价中国的减贫成果:"中国减贫在短时期内取得重大突破与政府作用密切相关。"③ 中国对外减贫取得的成效也与该制度优势的外溢有密不可分的关系。

发挥政府力量,优化顶层设计是推动区域文化关联机制构建、建设区域协同治理环境的有效措施。顶层设计是在统筹协调各要素的基础上优化结构,从而高效实现目标。"一带一路"共建国家数量众多且情况不同,因此开展协同治理的前提就是找到合作利益契合的公约数,根据不同地区的特色产业及社会基础,围绕重点领域开展减贫工作的顶层设计。"一带一路"建设是一项宏伟的事业,需要共建国家各部门共同建

---

① 王志章,李梦竹,王静. 中国与"一带一路"沿线国家合作反贫困研究[M]. 北京:人民出版社,2018.

② 张原. "一带一路"倡议下的中国对外合作减贫——机制、挑战及应对[J]. 当代经济管理,2019(1):11-16.

③ 王建刚,包尔文,步超. 制度优,中国成了全球减贫火车头[N]. 人民日报,2017-06-26(013).

设、共同发展。共建国家要切实制定整体规划和具体实施蓝图，明晰国内各地区的功能定位、产业布局、资源整合等重大事项，加快形成区域产业协同融合、资源互补共享的良好发展格局。在"一带一路"倡议的引领下，共建国家要明确合作的重点、难点，在审慎分析各方优势及互补点的基础上找准合作扶贫的关键点，共同制定策略并统筹安排合作项目，签署合作减贫的相关条约以保证工作的规范化，在项目的落地实施过程中完善监督与跟进环节，为贫困地区居民带去福利。此外，还要建立健全反馈机制，助推减贫取得实效。中国与共建国家通过"一带一路"平台，开展国家领导人会晤、企业合作等多层对话加强国家之间的交流，深化发展双边及多边关系。通过对话促进国家间的互相尊重、互相理解，在构建战略信任的基础上携手开拓国家减贫之路，和平解决历史遗留问题，推动国家间新型合作关系的形成。

四、结论与讨论

共商共建共享在贫困治理中具有重要实践价值，通过多方参与、协调合作，实现福祉共享。贫困治理的有效运行需要秉持问题导向，因地制宜、精准施策，面向区域实际，制定更加具有针对性的减贫政策。在推进"一带一路"落地项目数量达标的同时，更应重视项目质量与可持续性，推动减贫成果向综合性、普惠性、稳定性发展，在多元协同治理的过程中不断开拓探索国际贫困治理新路径，通过"一带一路"建设携手增进各国人民福祉，构建没有贫困的人类命运共同体。

本研究以"一带一路"公共产品助推贫困治理为切入点，将行为经济学范畴的助推理论运用到贫困治理这一主题上。助推理论在本研究中的运用首先需要确定锚点，也就是东南亚地区的贫困状况，东南亚地区存在基础设施落后、社会发展水平低、科技落后与人才欠缺、缺乏减贫主动性与国际减贫共识等多样的贫困问题，针对不同的贫困状况，本研究将"一带一路"公共产品助推贫困治理的模式分为资源助推、技术助推以及文化助推三种。资源助推模式下重点聚焦基础设施建设、对外直接投资种类的"一带一路"公共产品，通过减贫项目的对外直接输出来帮助解决当地互联互通程度低、投融资水平低、失业人口多等问题，通过"小而美"民生项目的务实合作，形成"显著型助推"的效果。技术助推模式下的"一带一路"公共产品重点推进技术、教育、人才向东南亚地区的输出，通过"启动型助推"机制让落后地区的人民意识到借助"一带一路"倡议可以拥有促进减贫的知识与机会，调动其自身主观能动性进而参与到贫困治理中去。文化助推旨在从文化层面在落后地区营造有助于减贫的大环境，包括但不限于增强国际减贫合作共识、提升自身减贫主动性、构建区域内政治互信，通过一系列规范化社会准则的实践帮助贫困治理工程更好地落实。但与此同时，"一带一路"公共产品助推东南亚地区贫困治理还面临着来自区域内、区域外以及"一带一路"公共产品供给体系三方面的问题，区域内合作基础薄弱、区域外大国利益博弈、供给体系不健全等问题都将给贫困治理工作带来不小的困扰。由点及面，"一带一路"公共产品在促进国家贫困治理的过程中，应以三种贫困治理助推模式为抓手，从完善供给体系的长效合作机制、构建供给体系的风险应对机制以及创新供给体系的协同治理机制等方面进行路径优化。

在"一带一路"倡议的推动下，中国将通过"一带一路"倡议提供更多实质性的援助措施与公共产品来支持共建国家的发展，促进国际减贫合作体系的建立。中国的减贫举措为共建国家的经济发展提供了推动力，激发了贫困人口的内生动力，改善了技术设施环境，提升了公共服务水平，同时也取得了重要的生态环境保护成就。这些成就的实现主要源于中国自身在减贫工作中取得的巨大成就，以及对共建国家更加务实的减贫措施的投入。中国在国际援助体系中的角色和实力逐渐转变，进一步承担了国际责任，树立了良好的国家形象，并为全人类更好地发展提供了新的机遇。当前，可持续发展议程的实施为中国提供了挑战和机遇，中国可以充分利用这一发展契机，发挥自身在国际减贫合作领域的优势，争取在全球发展治理体系中拥有更大的话语权。同时，中国的崛起也面临来自国内外的多种限制，应进一步以助推促进"和平合作、开放包容、互学互鉴、互利共赢"的丝路精神，协调处理各种矛盾，将减贫合作作为构建全球发展治理体系的重要途径之一。

— 参考文献 —

[1] 朱云汉. 全球化的裂解与再融合［M］. 北京：中信出版社，2021.

[2] 王小林，张晓颖. 迈向2030：中国减贫与全球贫困治理［M］. 北京：社会科学文献出版社，2017.

[3] 王志章，李梦竹，王静. 中国与"一带一路"沿线国家合作反贫困研究［M］. 北京：人民出版社，2018.

[4] 汤兆云. 共建"一带一路"沿线国家社会保障研究报告（2021）［M］. 北京：中国社会出版社，2021.

[5] 阿马蒂亚·森. 贫困与饥荒［M］. 王宇，王文玉，译. 北京：商务印书馆，2001.

[6] 阿比吉特·班纳吉，埃斯特·迪弗洛. 贫穷的本质［M］. 北京：中信出版社，2018.

[7] 保罗·萨缪尔森，威廉·诺德豪斯. 经济学［M］. 北京：商务印书馆，2013.

[8] 劳埃德·雷诺兹. 微观经济学［M］. 马宾，译. 北京：商务印书馆，1982.

[9] 理查德·塞勒，卡斯·桑斯坦. 助推［M］. 刘宁，译. 北京：中信出版社，2018.

"一带一路"共建国家人口与发展政策系列

泰国生育政策发展与改革研究

纪晓光

[摘　要]　自20世纪70年代以来，泰国的生育政策经历了从计划生育到鼓励生育的政策变迁。生育政策的变化反映了泰国不同发展阶段的人口国情及治政目标。推行计划生育政策主要是为了减轻人口增长给经济发展带来的负面影响，主要措施包括完善计划生育的法律制度、明确责任主体、开展计生宣传和积极筹措经费等。鼓励生育的政策是为了提升生育率，以保障经济社会发展的可持续性，主要措施包括完善孕产假制度、严格限制堕胎行为和提升生育与婴幼儿照拂的经济支持等。

[关键词]　泰国；生育政策；计划生育；鼓励生育

泰国，全称"泰王国"，是地处中南半岛中南部的一个君主立宪制国家。泰国国土面积为51.3万平方千米，大部分地区属于热带季风气候，自然资源丰厚并拥有长达2705千米的海岸线——得天独厚的自然条件，使泰国成为东南亚的鱼米之乡。泰国是世界人口大国之一，截至2023年末，泰国人口总数为6605万人，世界排名第20位，在东南亚各国中排名第4位。然而，较大的人口基数并未减轻泰国政府及民众对于人口可持续发展的忧虑，自2000年起，泰国人口的年增长率开始进入小于1‰的时代，2021年泰国人口甚至出现负增长的情况，加之人口老龄化压力持续增加，泰国政府一直以来都将人口的可持续发展作为极为重要的问题来对待，并推出了一系列具有可操作性的鼓励生育政策。泰国与中国在地理上是和平共处的好邻居；在政治经济方面，泰国是中国在亚洲"一带一路"建设中的重要合作伙伴，两国在科技、教育、文化、卫生等多领域开展密切合作。除了互惠互利的合作关系，泰国与中国在人口方面正在面临同样的危机，比如低生育率、人口老龄化持续加重等。在这样的背景之下，研究

基金项目： 受福建省软科学项目（2023R0045）资助。

作者简介： 纪晓光，华侨大学政治与公共管理学院讲师，主要从事行政哲学、地方政府治理和生育政策研究。

和分析泰国人口政策的发展历程及变革趋势，对于当下中国人口政策的制定和推进具有较为重要的启发意义。

一、泰国人口发展的历史回溯

与很多国家一样，泰国生育政策总是受到国民经济社会发展计划的影响，并且一直是国民经济社会发展计划的重要组成部分。现代泰国建立于1851年，19世纪末期，泰国开始实行对外开放并借鉴西方国家经验进行社会改革，也正是在社会改革期间，泰国政府意识到人口之于国家社会发展的重要性。为了摸清人口底数，1909年，泰国内务部进行了第一次人口普查，当时的统计数据显示，彼时泰国人口大约为800万人，显然这一人口总量是无法为当时泰国政府的经济社会发展计划提供足够的劳动力的，时任泰国内务部部长认为，泰国理想的人口数量应该是当时人口总数的5~6倍。自此，为了增加人口数量，泰国政府开始不断改善卫生健康服务，以降低国民死亡率。第二次世界大战结束后，1946年泰国人口达到了1740万人[①]，但这一数字与泰国政府预期人口总数仍然有很大差距。为了促进人口增长，泰国开始鼓励早婚和多生育。1956年，泰国政府推出了多子女家庭津贴以鼓励生育。[②]可以说，整个20世纪50年代，泰国政府对于人口的快速增长所秉持的是自由放任的立场。在此期间，政府只允许非自愿节育家庭实施计划生育措施。

《泰国统计法》颁布后，泰国国家统计局开始接手国家的人口普查工作，并采纳联合国"在以0结尾的年份开展全国人口普查，以便为国家规划和国际比较提供数据"的建议，每十年进行一次。1960年，泰国人口总数达到2660万人，占当时世界人口总数的0.88%，总和生育率为6.25，人口年增长率为2.95%，且这一数字在此后的几年一直稳步增长，并在1963年达到历史最高点（3.04%）。快速的人口增长引起了当时泰国国内部分专家学者的关注，他们同世界银行的经济专家一道提醒泰国政府，要警惕高速人口增长可能给经济社会发展带来的负面影响。显然，这种控制人口增长的观点与前期放任人口增长的观点是不一致的。为了确定泰国人口政策走向，泰国政府在此期间召开了三次人口问题讨论会，三次会议都认为，政府应该注意人口的过速增长并应采取应对措施。相关的措施出台后，人口控制政策效果开始显现，1970年，泰国人口年增长率下降至2.85%，总和生育率下降至5.55，人口总数为3579万人。进入20世纪70年代以后，随着计划生育政策的全国推行，泰国人口增长速度再次放缓，1980年，泰国人口年增长率下降至2.16%，总和生育率下降至3.36，人口总数为4574万人。人口增长速度虽然在此时已经大幅下降，但是泰国政府并未放松对于人口增长的控制，在20世纪80年代的前五年，泰国政府着力培养计划生育工作骨干，以攻克以北部五岭区为代表的计划生育难以推进的地区；1985年以后，泰国政府又针对

[①] 李滋仁. 泰国的人口 [J]. 人口与经济, 1986 (4): 60-61.
[②] 陈宁. 泰国的人口政策与成效 [J]. 东南亚, 1999 (1): 20-22.

边远乡村推出避孕医疗服务，以求实现对于人口数量增长的再控制。1990年，根据泰国官方统计数据，泰国人口总数为5523万人，年增长率已降至1.65%，而其总和生育率则已经跌破了联合国计算的世界人口替代率2.1。进入21世纪，泰国人口的总和生育率再创新低，根据官方统计数据，2000年，泰国人口的总和生育率为1.61，年增长率为0.99%；到2010年，这些数据已经分别降至1.58和0.49%。除了总和生育率和人口增长率的持续下降，泰国人口老龄化的程度也不断加剧。统计数据显示，2010年，泰国65岁以上老年人口占比已经达到8.85%，相比2000年和1990年分别增加了2.75个百分点和4.6个百分点。

相关数据一再表明，泰国已经进入低生育率和老龄化进程持续加快的时代。为了确保国家的可持续发展，从2012年开始，泰国政府开始持续推出一系列鼓励生育政策，但是泰国人口的总和生育率仍然呈现持续走低的趋势——2015年泰国人口的总和生育率为1.47，到了2020年，这一数字已经降至1.34，历年具体数据如图1所示。受疫情影响，原定于2020年进行的泰国全国人口普查被延期至2023年，而根据泰国内务部2024年2月公布的数据，截至2023年末，泰国人口总数为6605万人，相比2022年同期减少了3.79万人。这意味着，在2023年，泰国人口的死亡率已经超过了出生率，呈现出负增长趋势。

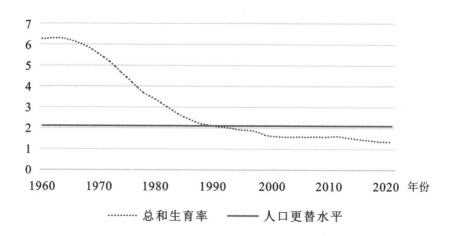

图1　泰国人口总和生育率发展变化趋势

（数据来源：快易数据，https://www.kylc.com/stats/global/yearly_per_country/g_population_fertility_perc/tha.html）

二、泰国的计划生育政策

泰国在1970年公布实施计划生育政策。在这之前的很长一段时间内，泰国政府信奉"大家庭"观念，提出"孩子越多越好"，孩子越多越能"繁荣民族"。在第二次世界大战期间，泰国政府甚至提出过建成1亿人口大国的人口目标。进入20世纪60年代后，战后的安宁生活及医疗技术等的改善，使得泰国人口在短期内迅速增长，成为当时世界上人口增长速度较快的国家之一。然而，快速增长的人口并未带来"民族繁荣"，反而导致了人口平均耕地的减少，粮食供应因此变得紧张。此外，由于出生率的快速增长，整个20世纪60年代，泰国14岁及以下少年儿童的数量开始猛增，占总人口数量的45%左右。泰国因此成为当时世界上少年儿童抚养率最高的国家。在农村地区，人口的快速膨胀增加了农户数，进而降低了人均土地量，无地农民和雇农不断增加，为了求得生存，大量农民开始盲目流入城市；在城市，就业岗位也因人口激增而变得紧张，城市失业现象日益严重。① 此外，人口的持续增长还带来了泰国水源、森林等的过度开发，引发了生态环境恶化等问题。为了解决人口增长给国家经济与社会发展带来的压力，泰国官方和民间都开始筹谋人口政策的走向问题。1969年，泰国国家经济发展委员会（1972年后为国家经济和社会发展委员会）、公共卫生部会同高等院校的人口研究机构，联合向内阁递交了一份关于人口增长对社会经济发展不利的综合报告，强烈要求政府推行以"节制生育"为目标的人口政策。在经过深刻的讨论之后，1970年3月，泰国总理府宣布"泰国开始执行一项支持自愿实行家庭生育计划的政策，以解决与人口增长有关的种种问题"。② 自此，泰国开始走上了为期约40年的计划生育之路。总的来说，泰国计划生育的推进主要包括以下几个方面的措施。

（一）制定人口规划，推进计划生育立法

1970年3月，泰国政府宣布支持自愿的计划生育政策，并将人口政策正式写入宪法。随后，泰国政府又责成当时的公共卫生部拟定五年全国计划生育规划，并将它正式列入国家社会与经济发展的第三个五年计划（1972—1976年），这在泰国历史上开启了将人口规划纳入国家经济发展计划的先河。在这一次全国计划生育规划中，泰国政府明确提出了控制人口增长的三个目标：一是到1976年底，将人口的年增长率降至2.5%；二是向所有育龄妇女，尤其是农村与边远地区的育龄妇女，介绍有关计划生育的基本知识并为她们提供充分的计划生育服务，鼓励她们采取避孕措施；三是将计划生育活动与国家妇幼卫生活动结合起来开展，以实现计划生育政策的有效推行。1975年，泰国政府制定了人口教育政策，把计划生育的家庭计划列入学校正规课程和减人识字方案。除了力争降低人口生育率外，此时的泰国政府还注意到人口地域分布对经济社会发展的影响。受资源和政策的限制，当时泰国的工业和其他经济活动主要集中在首都曼谷地区；由于缺少就业机会，相比曼谷，其他城市和地区很难吸引农村剩余劳动力的迁移，这导致了泰国人口分布不均，经济无法均衡发展。曼谷地区因大量人口聚集而出现环境恶化、住房紧张、公共服务供给不足、失业率高和治安差等问题。这些问题的存在使得泰国政府在第四个五年计划（1977—1981年）以及以后的计划制定中特别注意人口分布问题。比如第五个五年计划（1982—1986年）曾指出："任何与人口方面有联系的行动计划（如教育计划）必须同降低人口增长率、提高人口质量、

---

① 文若. 泰国人口控制与米柴[J]. 世界知识，1982（10）：11-12.
② 文若. 泰国人口控制与米柴[J]. 世界知识，1982（10）：11-12.

改善人口模式和人口居住条件的各种政策和目标相一致，并且应该是这些政策和目标的补充及反映。"泰国第六个五年计划期间（1987—1991年），政府把人口政策定为本次五年计划优先考虑的目标之一。根据该计划，泰国要在1991年时，把人口增长率从1986年的1.85%降至1.39%。为了实现人口的均衡分布，泰国政府推出了改善落后地区农业生产和教育条件，鼓励人口稠密地区低收入群体迁徙至农业区，改善人口稀疏地区公共服务供给水平和投资、就业环境等措施。除了控制人口数量和协调人口均衡分布，泰国政府还把降低死亡率和发病率作为人口政策的一个组成部分。其第六个五年规划要求到1991年婴儿死亡率降到39‰。20世纪80年代末，泰国艾滋病感染人数不断增加，泰国政府担心该病引起的死亡会导致未来人口锐减，因此于1991年成立了国家预防和控制艾滋病委员会，并由总理出任主席，启动了全面的艾滋病防控计划。①

（二）明确责任主体，持续推进政府与非政府组织在计生领域的联动

泰国计划生育工作的组织架构分为政府和非政府组织两种类型。政府层面，泰国的计划生育由直属于内阁的国家经济和社会发展委员会主管，该委员会下设人力资源规划司和人口政策与规划咨询委员会，这两个机构专门负责为内阁提供人口政策与人口规划方面的咨询服务。人口政策和规划经内阁批准后，具体人口政策的执行则由公共卫生部、内务部和大学事务部等部门执行。其中，公共卫生部的家庭保健局负责全国计划生育工作的统筹与指导，该局下设宣传教育处、培训处、保健处、政策分析评估处等部门，还有一个协调委员会和一个技术委员会，分别负责协调计划生育的实施和提供避孕技术服务与指导。②

为了有效推进地方计划生育政策的执行，泰国政府还在全国设立了4个保健中心，该中心直属家庭保健局，主要负责计划生育推进的分区、分片指导。在省（府）级层面，泰国建立了保健办公室，受家庭保健局和当地行政长官的双重领导，负责本府的计划生育工作。府内的县、区和村，也层层建立了保健中心，负责计划生育的宣传教育和避孕药具发放。这种机构设置和职能划分，使泰国的计划生育与妇幼保健紧密结合。各府的保健中心在提供计划生育服务、开展基层卫生人员培训的同时，还为妇女和儿童治疗常见病，进行健康检查，普及卫生知识，因而受到群众欢迎。③

在各级政府全力推进计划生育执行的同时，泰国政府还非常支持非政府组织参与计划生育工作，比如泰国人口与社区发展协会（PDA）、泰国加强国家人口综合和健康发展活动协会等非政府组织，在促进计划生育政策执行和提供有关服务方面都发挥着重要作用。在这些组织中，规模与影响力最大的当属泰国人口与社区发展协会。该

---

① 杭州市卫生健康委. 国际上艾滋病预防干预的成功经验[EB/OL]. (2004-12-21). http://wsjkw.hangzhou.gov.cn/art/2004/12/21/art_1671497_37101929.HTML.
② 国家计生委宣教司赴泰国考察组. 泰国计划生育工作的经验值得借鉴[J]. 人口与计划生育, 1994(2): 70-71.
③ 国家计生委宣教司赴泰国考察组. 泰国计划生育工作的经验值得借鉴[J]. 人口与计划生育, 1994(2): 70-71.

组织成立于 1974 年，成立之初只有 10 个工作人员。经过几十年的发展，截至 2018 年底，该组织雇员有 900 多人，共有 16 个分中心分布于泰国 15 个府。除了直接雇佣的工作人员，泰国人口与社区发展协会主要依靠数以万计的志愿者来完成日常工作。该组织成立的初衷是在缺乏信息和服务的地区（以农村地区为主）补充和完善泰国政府的计划生育工作，主要工作内容是发动和组织自愿避孕者、培训人员和发放避孕用具。在泰国人口与社区发展协会所做的工作中，受到广泛关注与好评的是该组织把家庭计划生育工作的推进与地区经济社会发展紧密结合在一起，使得广大农村地区在执行计划生育政策的同时，还获得了显著的经济效益。比如该组织在开展计划生育服务的同时，由基层志愿者出面，按高于市场收购价 15%~30% 的价格，向接受计划生育服务的农民收购农产品和手工业品，然后在市场上出售；从市场购买农民所需要的化肥、良种等，再以低于市场售价的价格卖给农民，这样一高一低的购销给农民带来了切切实实的利益。这种把计划生育服务与帮助农民获取经济效益相结合的做法，既起到了节制生育、控制人口增长的成效，又有助于农村地区的经济发展与社会进步，得到了广大农民群体的广泛支持。[①] 随着泰国人口与主要社会问题的变化，该组织的服务领域已从最初支持计划生育政策执行拓展到现在的生殖健康、妇女发展、预防艾滋病宣传、扶贫开发（农村腾飞项目）及非政府组织建设等多个方面，受到泰国政府、泰国人民和世界许其他国家和国际组织的赞许。

（三）拓展计划生育宣传渠道，积极进行人口教育

在泰国推行计划生育政策期间，不论是政府还是非政府组织都把宣传教育作为推进计划生育的主要任务。政府层面，泰国公共卫生部的计划生育宣传机构每年会根据开展工作的需要制定宣传规划，面向社会公开招标制作相关电视节目和宣传画、广告牌等宣传品。制作好的宣传品会经府、县、区、村层层免费发放到居民手中。泰国计划生育宣传品的制作非常注重细节，比如面对学生、工人、农民、商人等不同宣传对象，即使是同一主题、同一创意，也会根据宣传对象的不同而更换画面主人公的着装，以此来提升不同群体的认可度。在整个计划生育政策执行的过程中，泰国政府并未采取惩罚措施来推进，而是因势利导，充分利用国民的信仰、心理和社会条件等有利因素去开展宣传教育，让国民自愿接受节育。比如泰国 90% 以上的民众信仰佛教，因此政府会在佛经和僧人的手鼓上写上"人口多会降低生活水平"。僧人拿着手鼓到村庄去化缘，村民就可以看到这些宣传标语。泰国国民普遍都尊敬和崇拜国王，相关部门便会在国王生日当天在街道上搭起帐篷开展免费男性结扎，每名结扎男性可以获得 50 泰铢现金奖励或一份纪念品。此外，在美国、澳大利亚等国的国庆日，相关部门会在这些国家使馆门口开展免费男性结扎；在医院和星期日市场上开展男性结扎；用服务车

---

① 国家计生委宣教司赴泰国考察组. 泰国计划生育工作的经验值得借鉴 [J]. 人口与计划生育，1994 (2)：70-71.

到农村和山区开展男性结扎；等等。为了加强宣传，相关部门会在人口与社区发展协会总部和其他一些地方设立"免费男性结扎"的大牌子，让准备手术者先了解手术过程及原理；术后还可以参加抽奖，中奖者可以免费游览曼谷各大景区。在泰国计划生育政策执行者看来，任何新技术都有一个宣传推广的过程，否则群众不会接受；对于科学、稳妥、可靠的新技术，要想办法大力宣传、推广。

在计划生育的宣传方面，泰国各类非政府组织也积极配合政府做了大量工作。以人口与社区发展协会为例，该组织推出了很多计划生育的"周边产品"，比如印有"爸爸妈妈，两个就够了"的儿童T恤，印有"孩子多了富不了，还是攒点钱吧"的储蓄罐，内含避孕套的钥匙链，等等。此外，该组织还在专门制作发行的笔记本、打火机、圆珠笔、台历等物品上印上青春期教育和避孕节育知识。虽然该组织发行的上述具有使用价值的宣传品是收费的，但是由于不以营利为目的，只收取成本费，相比市场上其他同类产品，价格便宜很多，因而受到了国民的青睐。①

（四）积极筹措经费，加强对计划生育家庭计划的财政支持

各国计划生育政策推进实践表明，经费问题是决定相关政策成败的重要因素。自泰国计划生育政策推出以来，泰国政府共开辟出三种经费来源渠道：一是国外援助；二是政府拨款；三是民间团体捐赠。在泰国计划生育政策出台伊始，以控制人口增长为目标的家庭计划经费主要来自国外的援助。应当时泰国政府的请求，以联合国人口活动基金（1987年改名为联合国人口基金）等为代表的国际人口机构和以美国国际开发署等为代表的外国援助机构为泰国计划生育政策的执行提供了人力、物力和经费的支持。据不完全统计，在1970—1978年，联合国人口活动基金为泰国提供了超过734万美元的经费支持，用以控制人口的快速增长。② 很快这一情况便发生变化，据有关部门的统计，从20世纪80年代开始，泰国计划生育工作开展所需的经费有一半来自本国政府拨款。到了20世纪80年代末期，其计划生育经费几乎全部来自政府拨款了。此外，在计划生育工作的经费额度上，泰国政府的支持也是呈指数上升趋势的，1970年泰国用于计划生育家庭计划的支出为3390万泰铢，占政府公共开支的0.22%，到了1977年，这一数字已经提升至0.38%。到1996年，即泰国第七个五年计划结束时，泰国政府用于计划生育家庭计划的支出已经扩大到6.11亿泰铢。③

随着成效的显现，泰国政府又开始缩减相关开支。到1996年，泰国政府用于计划生育家庭计划的开支占政府公共开支的比重已经下降至0.1%，这表明泰国的计划生育家庭计划已经取得了显著成效。从相对参数来看，计划生育工作使政府的负担逐步减轻。在责任主体方面，随着经济社会的发展和收入水平的提高，泰国的家庭计划生育服务也慢慢由完全依赖政府转向越来越多地依靠私人医院、卫生院等民间部门。

---

① 高爽. 泰国计划生育及其宣传教育 [J]. 人口与计划生育，1998（3）：75-76.
② 雷捷生. 泰国人口问题与计划生育 [J]. 人口与经济，1981（6）：36-39.
③ 陈宁. 泰国的人口政策与成效 [J]. 东南亚，1999（1）：20-22.

2000年前后,泰国大约有20%实施避孕措施的人是从民间渠道获得用具和服务的,且这一比例在当时处于不断上升趋势。[①]

在多方的共同努力下,在完备服务、措施利民和有效宣传等为导向的政策推进下,泰国的计划生育家庭计划取得了显著成效,刚进入20世纪90年代,其总和生育率就开始跌破2.1的人口更替水平。泰国计划生育推进的工作成效在当时受到了国际社会的高度肯定,包括中国在内的很多国家都曾经赴泰国考察、学习其计划生育政策。

三、泰国的鼓励生育政策

随着计划生育的推进,泰国开始迎来低生育率和老龄化阶段。具体说来,1960年,泰国65岁以上老年人口总数为77.08万人,占全国人口总数的2.90%;到1970年,这一数字扩大到107.74万人,占全国人口总数的3.01%;而到1990年,亦即计划生育政策执行20周年时,泰国65岁以上老年人口规模已扩大到234.95万人,占全国人口总数的4.25%;2010年,泰国65岁以上老年人口总数为603.90万人,占全国人口总数的8.85%。相比之下,泰国儿童人口所占比重却持续下降。1960年,泰国14岁以下儿童总数为1174.54万人;1970年,泰国14岁以下儿童总数为1599.96万人;到1990年,这一数字为1657.07万人,相比20年前几乎没有太大变化;而到2010年,泰国14岁以下儿童总数已下降至1316.89万人。具体数字见表1。

表1 泰国65岁以上老年人口及14岁以下儿童人口总数及占比

年份	泰国65岁以上老年人口		泰国14岁以下儿童人口	
	总数(万人)	占比(%)	总数(万人)	占比(%)
1960年	77.08	2.90	1174.54	44.16
1970年	107.74	3.01	1599.96	44.70
1980年	154.85	3.39	1770.14	38.70
1990年	234.95	4.25	1657.07	30.00
2000年	384.74	6.10	1517.13	24.06
2010年	603.90	8.85	1316.89	19.29

(数据来源:快易数据,https://www.kylc.com/stats/global/yearly_overview/g_population_65above_perc.html)

儿童人口数量的减少与老年人口增长速度的持续加快,让泰国政府意识到如果继续施行抑制生育的家庭计划将会导致人口与社会可持续发展方面的危机。联合国数据显示,预计到2040年,泰国老年人口比重将升至33.5%,成为东盟国家中老龄化问题最严重的国家。泰国国家经济和社会发展委员会发布的人口预测报告也显示,到2040年,泰国60岁以上老年人口的比重将为32.1%,其中65岁以上老年人口比重将

---

① 陈宁.泰国的人口政策与成效[J].东南亚,1999(1):20-22.

为25%。① 低生育率对泰国主要有三重负面影响：一是劳动力减少，进而导致泰国经济增速下降；二是养老金支出将大幅增长，养老保障体系负担越来越重；三是泰国家庭福祉有面临崩溃的风险。为了应对低生育率问题，从2012年起，泰国推出了新的人口政策，主要内容关涉促进全人口的生殖健康、确保优生优育、提高已婚夫妇的生育率等。2013年，泰国开始正式施行鼓励生育政策，具体措施如下。

（一）逐渐规范生育有关假期

根据泰国《劳动保护法》，女性雇员可享受98天的产假，其中有45天为全薪产假，产假的其余天数，雇员可以选择不带薪休假，或依赖社会保险制度获得部分工作补偿。泰国《劳动保护法》等法律旨在保障雇员的工作权益，禁止雇主因雇员怀孕或休产假而解雇雇员。雇员在产假结束后，有权返回原来的职位或相当的职位。此外，雇主还需要为女性雇员提供孕产期必要的医疗保险和福利。关于孕妇加班的问题，泰国《劳动保护法》规定，孕妇不得在晚上10点至早上6点之间工作，不得加班，不得在公共休假日工作，不得从事危险或有害工种。违反这一规定，即使雇员个人同意，雇主也要受到相关法律的惩处。雇员在怀孕期间，如果能够提供医疗证明，证明其不能再从事以前的工作，而且雇主也认为这是合理的，那么雇员可以要求转到其他工作岗位上去。

除了产假，泰国《劳动保护法》还规定，女性雇员在分娩后有权获得每天至少一小时的哺乳假。在哺乳期间，雇主需要提供必要的设施，如母乳喂养室等，以保证女性雇员有足够的空间进行哺乳。

关于男性的陪产假，泰国并未制定法律要求必须执行，但是公共部门通常会为男性职工提供15天的全薪陪产假。私营部门的陪产假则根据自身情况执行，有很多公司会为男性雇员提供这样的福利，具体天数不等。

（二）严格限制堕胎行为

在泰国历史上的很长一段时间内，堕胎都是违法行为。至于不允许堕胎的原因，主要有两个。一是泰国盛行佛教，在佛教教义中，堕胎是谋害生命的不道德行为，与佛教教义相违背，所以堕胎的人会被歧视和谴责。二是由于泰国社会不接受未婚先孕，未婚先孕的女性为了规避社会舆论压力，不得不去黑诊所偷偷堕胎，而接受不规范堕胎手术的后果是孕妇的身体健康受到危害甚至患病，而国家最终还要为患者治疗这些疾病买单。根据泰国政府发布的数据，2007年泰国政府共出资123.3亿泰铢用于治疗堕胎导致的后遗症。在一些情况下，由于手术不规范等，还有不少孕妇因堕胎而死亡，这无疑会给国家人力资源的积累造成损失。综合以上因素，泰国《刑法典》（1956年

---

① 新华网.超龄工作折射泰国老龄化严重［EB/OL］.（2016-03-22）.http：//www.xinhuanet.com/world/2016-03/22/c_128820174.htm.

版）第 301 条规定，凡自行堕胎或者让他人协助堕胎的人，将会被判处 3 年以下监禁或 60000 泰铢以下罚款或二者并罚；实施堕胎手术的医生，将面临 5 年以下监禁或 14000 泰铢以下罚款或二者并罚；但第 305 条也有规定，因健康原因进行堕胎的行为不属于违法行为。

泰国《刑法典》的这一规定在 2019 年前后得到了改变，改变的起因是一名妇产女医师向宪法法庭提出诉讼，她曾在 2018 年因涉嫌非法为 4 名女子堕胎而被当地警方调查，该诉讼得到了泰国多个女性权益团体的支持。2020 年 2 月，泰国宪法法院经讨论协商并做出决议，将对《刑法典》第 301 条和第 305 条进行修正，以符合具体情况。① 2020 年 11 月中旬，泰国通过了《刑法典》关于堕胎的修正案，根据新法案，允许怀孕不超过 12 周的女性堕胎，并减轻了对非法堕胎人员的处罚——最长 6 个月监禁或不超过 10000 泰铢罚款。该法案于 2021 年 2 月 6 日起生效。2022 年 10 月，泰国又进一步放宽了女性可以堕胎的怀孕区间——怀孕 20 周以内的女性可以合法堕胎。但是这种堕胎也并不是随意的，符合条件的孕妇如有指定堕胎医院，必须通知由公共卫生部门核准的医疗机构来评估其医院，并通过会面、电话或其他方式来咨询专业医疗人员的意见。虽然相比从前，泰国的堕胎法案宽松了许多，但是由于有怀孕时间的限制和医疗机构的专业审核，还是在一定程度上保证了国民不能随意堕胎。

（三）提高生育与婴幼儿照拂津贴、补贴

在生育津贴方面，泰国的生育津贴主要来自生育保险的报销，而生育保险是泰国社会保险计划的重要组成部分。泰国的社会保险计划于 1990 年开始正式实施，由泰国劳工部专设机构负责管理。泰国生育保险覆盖范围包括受雇于拥有 1 名及以上工人公司中的雇员。自由从业者自愿参与保险。公务员和私立学校教师则各有专门的保险制度。泰国的生育保险基金来源于受保人、雇主、政府三方。泰国的社会保险缴纳基数最高限额为每月 15000 泰铢，最低为每月 1650 泰铢，社保缴纳的合并比例为 5%，其中生育保险为 1.5%。雇员要想获得生育津贴，须于接受医疗服务前 15 个月内缴纳保险费 7 个月，有权领取不超过 2 次。根据其社会保险计划的规定，生育津贴按照工资额度的 50% 支付，每次生育至多支付 90 天。显然，计划生育政策执行期间制定的上述措施是无法有效刺激当下国民的生育意愿的。为了刺激国民的生育意愿，近些年来泰国政府在减税、生育补贴等方面持续推出新政。在税收减免方面，从 2018 年 1 月 1 日起，泰国开始施行二胎减税政策。为了鼓励国民生育二胎，泰国财政部每年预支 25 亿泰铢，生育第二胎的父母可享有最高减免 18 万泰铢的赋税。

此外，泰国政府宣布从 2021 年 1 月 1 日起，将孕妇产前检查报销额度从之前的 3 次合计不超过 1000 泰铢提高到 5 次合计不超过 1500 泰铢，具体的执行情况见表 2。

---

① 搜狐网. 泰国宪法修改堕胎条例：泰国有望实现"堕胎自由"［EB/OL］.（2020-02-24）. https：//www.sohu.com/a/375452232_120302506.

表 2　泰国孕妇产检报销额度

怀孕周数	报销额度
怀孕周数≤12 周	按实际支付金额报销给付,但规定不超过 500 泰铢
12 周＜怀孕周数≤20 周	按实际支付金额给付,但规定不超过 300 泰铢
20 周＜怀孕周数≤28 周	按实际支付金额给付,但规定不超过 300 泰铢
28 周＜怀孕周数≤32 周	按实际支付金额给付,但规定不超过 200 泰铢
32 周＜怀孕周数≤40 周	按实际支付金额给付,但规定不超过 200 泰铢

另外,为了提高产妇生活品质及减轻其分娩时的财务负担,泰国的社会保险计划还将产妇分娩报销额从之前的 13000 泰铢提高了 15000 泰铢,同时对于多生家庭也取消了次数限制,即生几次报销几次,但每次不超过 15000 泰铢。参与社会保险的男性雇员的配偶在月子期可以领取男性雇员薪资额度 50% 的薪水补偿,平均天数为 90 天,最多可申请 2 次。2022 年 9 月,泰国内阁再次加码了对于国民生育津贴的补贴力度,批准了 9.336 亿泰铢预算,以对获得"第一胎生育津贴"项目的目标群体进行补贴。这里的"第一胎生育津贴"项目旨在为新生儿提供优质教养服务,政府对人均年收入低于 10 万泰铢的家庭的新生儿提供从出生至 6 岁的补贴,补贴标准为每人 600 泰铢/月,以减轻每月开支负担。

除了以上切实的政策措施之外,泰国政府相关部门还不遗余力地进行鼓励生育的宣传。比如在 2017 年,泰国公共卫生部曾提出"为国生育"的口号,鼓励适婚青年男女尽早结婚生儿育女。为了鼓励年轻人结婚,对于在情人节等节假日期间结婚登记的新人,公共卫生部门还曾赠送有关补品药物,介绍健康生育的相关知识。

四、结语

自 2013 年以来,我国的生育政策经历了从"单独二孩"到"全面两孩",再到"全面三孩"政策的转换。当前我国处于积极建构生育友好型社会配套政策体系的关键时期。一如党的二十大报告所提出那样,要优化人口发展战略,建立生育支持政策体系,降低生育、养育、教育成本。[①] 中泰两国的生育政策发展历程具有极大的相似性,在 20 世纪中叶以后都经历了较为长期的生育控制阶段,加之泰国也受中国文化影响颇深,两国国民在生育观念、生育态度上具有一定的相似性,进入 21 世纪的第二个 10 年以后,两国也几乎同时放宽了对生育的限制,转向鼓励生育。目前泰国在鼓励生育方面已经积累了一定经验,为我国建立"生育支持政策体系"提供了一定的示范。当然,泰国生育政策,尤其是鼓励生育政策也有与其国民生育需求"激励不相容"之处,

---

① 习近平. 高举中国特色社会主义伟大旗帜 为全面建设社会主义现代化国家而团结奋斗——在中国共产党第二十次全国代表大会上的报告 [R/OL]. (2022-10-25) [2024-02-18]. https://www.gov.cn/xinwen/ 2022-10/25/content_5721685.htm.

即有些政策无法起到预期的激励作用,这是我国未来在制定相关政策时需要注意和防范的。

参考文献

[1] 雷捷生. 泰国人口问题与计划生育[J]. 人口与经济,1981(6):36-39.

[2] 陈宁. 泰国的人口政策与成效[J]. 东南亚,1999(1):20-22.

[3] 高爽. 泰国计划生育及其宣传教育[J]. 人口与计划生育,1998(3):75-76.

[4] 文若. 泰国人口控制与米柴[J]. 世界知识,1982(10):11-12.

[5] 曹丽娜,黄荣清. 东盟各国的人口转变与人口政策——兼论对中国计划生育的启示[J]. 人口与发展,2015(2):101-112.

[6] 范敏. 东南亚国家人口红利兑现分析及启示[J]. 亚太经济,2016(6):16-21.

土耳其人口变动与经济社会发展

晏月平　廖佳俊

[摘　要]　土耳其共和国地跨亚、欧两洲,是世界重要的水陆交通枢纽,地理位置非常独特,在政治、经济、文化等领域均实行欧洲模式,是欧盟候选国和北约成员国,也是经济合作与发展组织(OECD)创始会员国和二十国集团(G20)的成员;土耳其拥有雄厚的工业基础,是"一带一路"建设中的重要成员国,也是世界新兴经济体之一,亦是全球发展较快的国家之一。

[关键词]　土耳其;人口结构变动;"一带一路";互利共赢

土耳其共和国(Republic of TüRkiye),通称土耳其,横跨亚、欧两洲,南临地中海,东南与叙利亚、伊拉克接壤,北临黑海,西临爱琴海,地理位置十分独特,其国土面积78.36万平方千米,其中97%位于亚洲的小亚细亚半岛,3%位于欧洲的巴尔干半岛。首都为安卡拉,土耳其语为国语,99%的居民信奉伊斯兰教[①]。海岸线长7200千米,陆地边境线长2648千米。南部沿海地区属亚热带地中海式气候,内陆为大陆型气候。

土耳其前身为奥斯曼帝国,于13世纪末建立,16世纪达到鼎盛期,20世纪初沦为英、法等国的半殖民地。1919年,凯末尔领导民族解放战争反抗侵略并取得胜利,1923年10月29日建立土耳其共和国,凯末尔当选首任总统[②]。建国后该国长期实行

基金项目:国家社科基金后期资助项目(21FRKB001)与云南省哲学社会科学规划项目(YB2023042)。

作者简介:晏月平,云南大学民族学与社会学学院教授、博士生导师,主要从事人口社会学、劳动与社会保障研究;廖佳俊,云南大学民族学与社会学学院研究生,主要从事人口社会学研究。

① 中国一带一路网.土耳其[EB/OL].(2019-06-21)[2024-03-25]. https://www.yidaiyilu.gov.cn/p/836.html.

② 中国一带一路网.土耳其[EB/OL].(2019-06-21)[2024-03-25]. https://www.yidaiyilu.gov.cn/p/836.html.

议会制,其行政区划等级为省、县、乡、村,全国共分为 81 个省①。

21 世纪以来,土耳其相继提出了三个层次的"土耳其梦",其发展也引起了世界范围的广泛关注。2015 年 11 月,习近平主席在土耳其安塔利亚会见了土耳其总统埃尔多安并强调:"中土两国应该加强战略沟通,对接发展战略。"埃尔多安也表示:"土方愿积极参加'一带一路'框架下合作,欢迎中国企业加大对土耳其基础设施等领域投资。"② 由此开启了中、土两国"一带一路"框架下的多方面合作。

一、土耳其人口概况

土耳其从 1927 年起便采用现代人口学普查方法获得完整的统计数据。自建国起,土耳其便保持着较高的人口增长速度,具有人口年龄结构相对年轻、地理分布不均等典型特征,同时也面临着诸如失业率较高等问题。

(一) 人口自然构成

1. 人口数量变化

根据土耳其统计局公布的数据,2023 年该国人口总数为 8537 万人,相较于 2022 年增加了约 9 万人。其中,男性占总人口比重为 50.1%,总量为 4273 万人;女性占总人口的 49.9%,为 4264 万人(见图 1)。从历史趋势来看,土耳其人口总数从 1960 年的 2751 万人持续增长至 2023 年的 8537 万人,1960—2020 年增幅较大,2020 年后增速趋于平缓。土耳其人口增长率整体呈现下降态势,从 1960 年的 26.7‰降至 2023 年的 1.1‰;1960 年至 2012 年整体为稳定下降期,仅 2010 年出现回升;2013 年至 2016 年为稳定期,人口增长率在 13.3‰至 13.7‰波动;2017 年后人口增长率变动幅度较大,其中又以 2020 年与 2023 年的波动最大,相较前一年分别下降了 8.4 个千分点、6.0 个千分点。

2. 人口性别结构

1960—1969 年,土耳其出生人口性别比基本保持稳定且在正常范围内,随后开始持续小幅波动增长,并于 1999 年到达峰值(1.063)(见图 2),之后便进入稳定下降阶段,2022 年已降低至 1.051。整体上,土耳其出生人口性别比一直维持在正常范围内。

---

① 外交部官网. 土耳其国家概况[EB/OL]. (2024-10-01)[2025-01-05]. https://www.fmprc.gov.cn/gjhdq_676201/gj_676203/yz_676205/1206_676956/1206x0_676958/.
② 中国政府网. 习近平会见土耳其总统埃尔多安[EB/OL]. (2015-11-15)[2024-03-25]. https://www.gov.cn/xinwen/2015-11/15/content_5012730.htm.

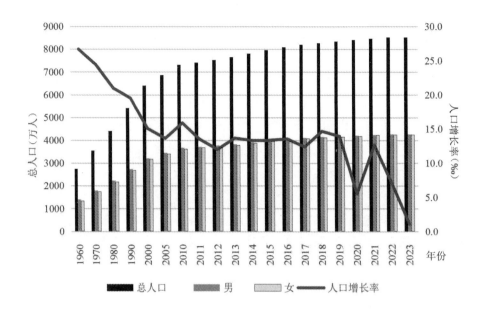

图 1　1960—2023 年土耳其人口规模与人口增长率

（数据来源：世界银行数据库，https：//www.shihang.org/zh/home；土耳其统计局，https：//www.tuik.gov.tr/）

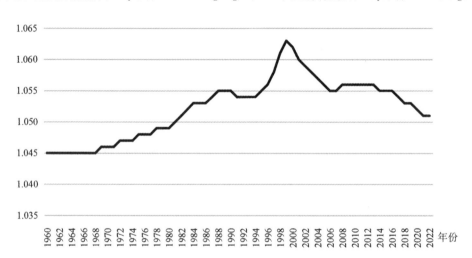

图 2　1960—2022 年土耳其出生人口性别比变动

（数据来源：世界银行数据库，https：//www.shihang.org/zh/home）

3. 人口年龄结构

土耳其统计局数据显示，1960 年该国 65 岁及以上人口占总人口比重为 4.17%，说明其人口构成非常年轻，在相当长一段时间内，该国老年人口比例变化很小，人口类型属于非常标准的"增加型"。这也与土耳其建国初期有着稳定的国内外环境以及民族经济呈现不断发展息息相关。2007 年，土耳其 65 岁及以上老年人口比重达 7.08%，标志着土耳其开始进入老龄化社会①，此后维持着老龄化速率缓慢增加态势。2023年，土耳其65岁及以上老年人口比重为10.22%。

从2007年、2023年土耳其人口年龄金字塔可以发现（见图3），由于生育率和死亡率下降，土耳其老年人口和年龄中位数均有所增加。2007年进入老龄化社会后，土耳其由于其长期较年轻的人口年龄结构，依旧保持了相对稳定的人口结构特征，但是其底部收缩的趋势也较为明显，其底部人口逐渐减少的态势值得引起重视。

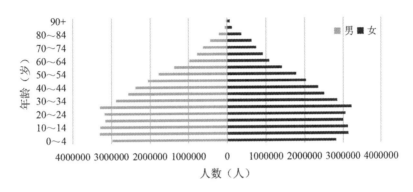

（a）2007年土耳其人口年龄金字塔

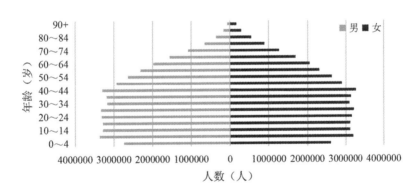

（b）2023年土耳其人口年龄金字塔

图3　2007年、2023年土耳其人口年龄金字塔

（数据来源：土耳其统计局，https://www.tuik.gov.tr/）

从图4可以看出，2007—2023年，土耳其人口年龄中位数持续提高，其间从28.3岁增加到34岁，增加了5.7岁。按性别分析年龄中位数的变动发现，其间男性年龄中位数从27.7岁增加到33.2岁，女性从28.8岁增加到34.7岁，整体上女性年龄中位数高于男性。此外，土耳其少年儿童抚养比始终高于老年抚养比，2023年，该国每100名劳动年龄人口需要抚养31.4名少年儿童与15名老年人，但二者差距在逐年缩小，这一切与老龄化程度的加深密不可分。

---

① 按照联合国标准，当一国60岁及以上人口比例超过10%或者65岁及以上人口比例超过7%，则该国被认为进入老龄化社会。

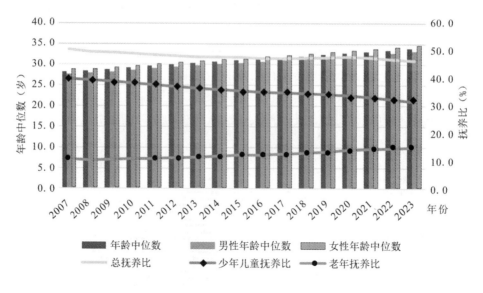

图 4　2007—2023 年土耳其人口抚养比、年龄中位数变动
（数据来源：土耳其统计局，https://www.tuik.gov.tr/）

4. 婚姻家庭状况

土耳其统计局数据显示，该国结婚率始终维持在较高水平，整体上呈现出缓慢下降态势，从 2008 年的 64.36％下降至 2023 年的 60.95％（见图 5）；但是结婚绝对人数还是保持了缓慢增长的变动趋势，从 2008 年的 3387.50 万人上升至 2023 年的 4087.65 万人。

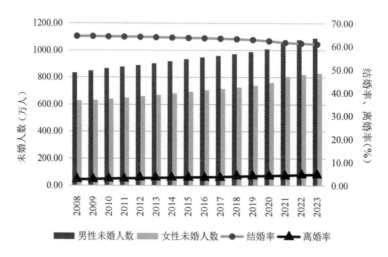

图 5　2008—2023 年土耳其分性别未婚人数、结婚率与离婚率变动
（数据来源：土耳其统计局，https://www.tuik.gov.tr/）

同时，土耳其连续维持着较低的离婚率，从 2008 年的 2.58％缓慢上升至 2023 年的 4.78％（见图 5），且绝对数量也从 2008 年的 135.92 万人上升至 2023 年的

320.52万人。此外，未婚人数在持续增长，且男性未婚人数长期多于女性，两性未婚人数差值从2008年的207.29万人增加至2023年的259.20万人。整体上，土耳其已婚人口占绝大多数，且男女比例接近。这与土耳其传统的婚姻风俗习惯密不可分，并且受到伊斯兰教和现代法律的双重影响。另外，土耳其还有着宗教婚姻以及世俗婚姻的区分，其传统婚姻制度在长期发展过程中，也不断受到现代化社会以及宗教信仰的影响，从而形成了该国独特的婚姻制度，这也在一定程度上影响了土耳其人民的婚姻选择。

从家庭规模来看，2008—2023年，土耳其家庭规模人数呈现出缓慢下降的态势（见图6），从2008年的4.0人减少至2023年的3.1人，这与其生育率持续下降趋势一致，二者密不可分。

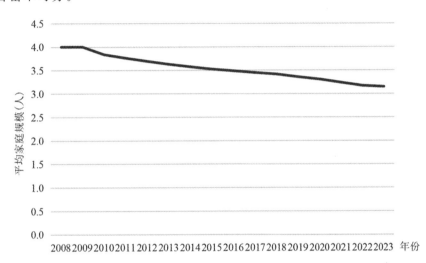

图6 2008—2023年土耳其平均家庭规模变动

（数据来源：土耳其统计局，https://www.tuik.gov.tr/）

从生育状况来看，土耳其自1960年起长期维持较高的总和生育率，但总和生育率保持着稳定下降趋势，从1961年的6.352人下降至2022年的1.882人（见图7），已低于世代更替水平。这也预示着土耳其随着人口出生率的下降，如不采取有效措施，未来也可能面临劳动力短缺的风险，家庭结构将发生较大改变，比如家庭规模持续减小、家庭功能弱化等问题。另外，从青春期生育率[①]来看，土耳其自1960年起便维持了非常高的数值，达到了152.922人，2022年仍在12.203人的高位，不过整体上呈现不断下降趋势。

(二) 人口社会结构

1. 劳动与就业人口

土耳其统计局数据显示，2007—2023年，土耳其劳动年龄人口从2301.8367万人

---

① 青春期生育率：每千名15～19岁女性生育数。

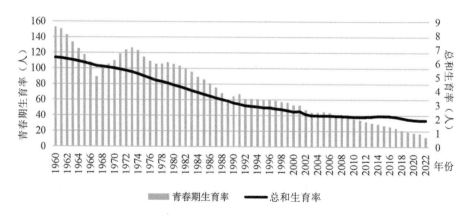

图7 1960—2022年土耳其总和生育率及青春期生育率变动

（数据来源：世界银行数据库，https://www.shihang.org/zh/home）

增长至3511.1887万人。劳动年龄人口比例整体呈现缓慢增长态势，从2007年的66.5%增长至2023年的68.3%，仅在2016年至2020年从68.0%小幅下降至67.7%，基本维持在较高比例，并且与劳动年龄人口绝对数量变化趋势一致（见图8）。

图8 2007—2023年土耳其劳动年龄人口数量与比例变动

（数据来源：世界银行数据库，https://www.shihang.org/zh/home；土耳其统计局，https://www.tuik.gov.tr/）

1990—2022年，土耳其总劳动力参与率呈现先降后升的波动态势，从1990年的59.497%降至1993年的55.058%，进入低位；随后在1993—2006年间不断波动，其间又缓慢下降至49.147%（1990年来最低值），随后又上升至2019年的57.710%，2020年下跌至54.048%后反弹，至2022年总劳动力参与率为58.314%（见图9）。另外，分性别的劳动力参与率始终与总劳动力参与率保持相似变动趋势。其间男性劳动力参与率始终高于女性，且长期高于70%，女性始终不足40%，二者差值从1990年的46.185%缩小至2022年的37.227%，说明女性劳动参与率在提升。

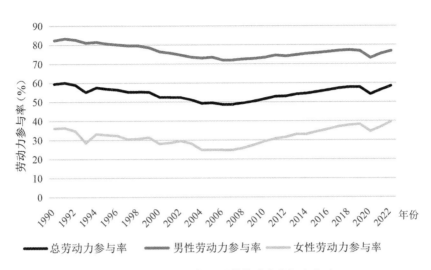

图 9　1990—2022 年土耳其劳动力参与率变动

（数据来源：世界银行数据库，https://www.shihang.org/zh/home）

1991—2023 年，该国 15 岁及以上男性就业人口比率始终高于女性，然而差值不断缩小，差值从 1991 年的 41.621% 下降至 2023 年的 34.771%。15 岁及以上总就业人口比率从 1991 年的 52.337% 下降至 2023 年的 48.222%，降幅较大。其中，15 岁及以上男性就业人口比率从 1991 年的 73.164% 下降至 2023 年的 65.697%，女性从 31.543% 降至 30.926%（见图 10）。可见，15 岁及以上男性就业人口比率相对女性降幅更大，但女性就业人口比率持续较低。

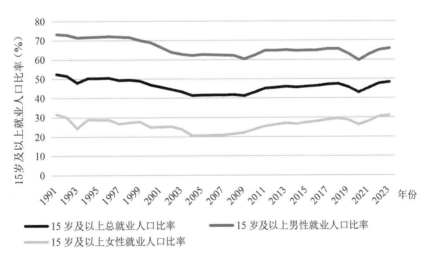

图 10　1991—2023 年土耳其 15 岁及以上就业人口比率变动

（数据来源：世界银行数据库，https://www.shihang.org/zh/home）

在失业率方面，土耳其总失业率、分性别的失业率自 1991 年以来随着国际大环境变化呈现典型的波动式变化特征。其中，总失业率在 2000—2005 年、2012—2019 年为持续增加阶段，其间增幅分别达 4.141 个百分点、4.520 个百分点（见图 11）。整体上，男性失业率变动趋势与总失业率基本一致，女性失业率总体相对更低。但自 2004

年后女性失业率高于总失业率,也高于男性失业率,并于2019年达到峰值(16.507%),同时女性失业率2023年降至12.135%。

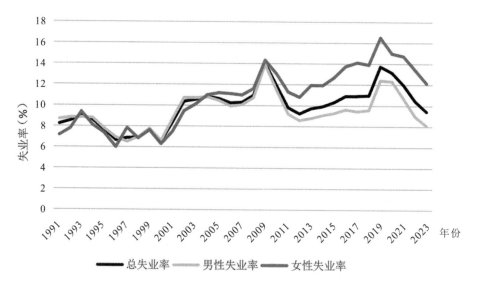

图11　1991—2023年土耳其总失业率、分性别失业率变动
(数据来源:世界银行数据库,https://www.shihang.org/zh/home)

2. 受教育情况变动

由表1可知,自2008年以来,土耳其始终保持着较为稳定的受教育发展状况,其中文盲、文盲但识字以及小学学历人口比例均在下降,2008—2022年这三类受教育程度人口比例分别下降了5.29个百分点、11.67个百分点、6.28个百分点。初等教育人口比例先升后降,于2010年到达峰值(16.36%)。而接受过初中、高中、大学、硕士、博士教育的人口比例均稳定上升,上升幅度最大的是初中学历人口,2008—2022年上升了13.11个百分点,另外,大学学历人口比例升幅也超过了10个百分点,说明该国国民受教育程度在不断提高。

表1　2008—2022年土耳其不同受教育程度人口比例(%)

年份	文盲	文盲但识字	小学	初等教育	初中	高中	大学	硕士	博士
2008年	7.67	21.44	28.14	10.3	4.35	15.52	5.46	0.39	0.11
2010年	5.78	20.34	23.75	16.36	4.73	17.20	6.90	0.55	0.17
2015年	3.75	12.34	28.12	13.22	10.31	18.43	11.83	0.91	0.24
2016年	3.48	11.39	27.76	11.89	11.88	19.23	12.50	0.94	0.24
2017年	3.24	10.96	27.08	12.04	12.22	19.35	12.81	1.23	0.28
2018年	3.01	10.59	25.01	12.08	13.30	20.23	13.34	1.35	0.28
2019年	2.74	10.51	23.75	7.67	18.05	20.84	13.86	1.46	0.29

续表

年份	文盲	文盲但识字	小学	初等教育	初中	高中	大学	硕士	博士
2020 年	2.56	10.20	22.70	7.30	18.79	21.06	14.69	1.5	0.30
2021 年	2.46	9.94	22.28	6.77	18.00	22.04	15.36	1.84	0.31
2022 年	2.38	9.77	21.86	6.59	17.46	22.77	15.88	1.93	0.32

（数据来源：土耳其统计局，https：//www.tuik.gov.tr/）

另外，土耳其中等教育和大学教育毛入学率整体呈现缓慢增长态势（见表2），中等教育毛入学率2013年以来均超过100%；同时大学教育毛入学率也较高，除了2023年外，自2017年以来均保持超过100%的水平。教育优势进一步促进了土耳其国民素质的整体提升和综合国力的增强，有利于该国增加人力资本存量，形成人才优势。

表2 2013—2023年土耳其中等教育和大学教育毛入学率（%）

年份	中等教育	大学教育
2013 年	102.2	74.9
2014 年	106.0	81.7
2015 年	107.2	88.9
2016 年	108.5	95.9
2017 年	106.1	102.0
2018 年	105.3	107.4
2019 年	104.4	109.5
2020 年	108.2	112.8
2021 年	110.2	117.8
2022 年	106.1	120.4
2023 年	109.4	98.7

（数据来源：土耳其统计局，https：//www.tuik.gov.tr/.）

3. 人口健康状况

从1960年起，土耳其人口出生预期寿命持续增长，且女性高于男性。1960年土耳其人口出生预期寿命仅为50.74岁，与世界水平的50.89岁十分接近（见图12）。到20世纪80年代，土耳其人口出生预期寿命超过了世界平均水平，2022年达78.475岁，相较于同期世界平均水平的71.949岁，差值已扩大到6.526岁，说明土耳其人口出生预期寿命增速高于世界平均水平。

1960—2022年，土耳其婴儿死亡数、分性别婴儿死亡率均呈现快速下降态势。其中，婴儿死亡数从1960年的20.23万人下降至2022年的1.02万人，其间男性婴儿死亡率从182.7‰下降至8.9‰，女性婴儿死亡率则从159.4‰降至7.6‰（见图13），并

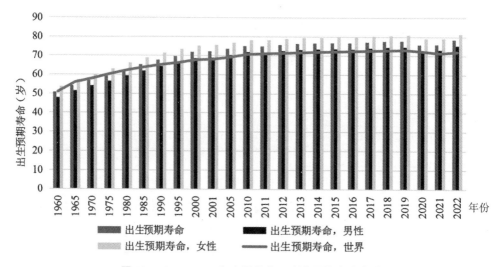

图 12　1960—2022 年土耳其人口出生预期寿命变动

（数据来源：世界银行数据库，https：//www.shihang.org/zh/home）

且男性婴儿死亡率始终高于女性婴儿，但二者差值在不断缩小。可以看出，近年来土耳其婴儿死亡率以及死亡数均已下降到极低程度，并保持常年稳定，这说明土耳其医疗卫生和人口健康水平提升较快。

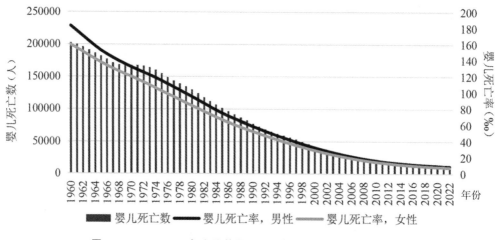

图 13　1960—2022 年土耳其婴儿死亡数及分性别的死亡率变动

（数据来源：世界银行数据库，https：//www.shihang.org/zh/home）

（三）人口迁移与分布变动

1. 人口分布情况

2023 年，土耳其人口最多的省份伊斯坦布尔居住人口（1565.5924 万人）比 2022 年减少了 25.227 万人，该省份人口数量占土耳其总人口的 18.34%（见表 3），且女性比例高于男性。除伊斯坦布尔外，人口数从高到低的省份依次是安卡拉（580.3482 万人）、伊兹密尔（447.9525 万人）、布尔萨（321.4571 万人）和安塔利亚（269.6249 万人），上述四省份人口占全国总人口比重分别为6.80%、5.25%、3.77%、3.16%，且除了安塔利亚省外，其余三省均为女性人口比例高于男性，但绝对差值不大。

表3 2023年土耳其按性别分人口数量排名前五位的省份

省份	人口数量（万人）			占总人口比例（%）		
	总人口	男性	女性	分省人口	男性	女性
伊斯坦布尔	1565.5924	780.6787	784.9137	18.34	18.27	18.41
安卡拉	580.3482	286.0361	294.3121	6.80	6.69	6.90
伊兹密尔	447.9525	222.1180	225.8345	5.25	5.20	5.30
布尔萨	321.4571	160.5941	160.8630	3.77	3.76	3.77
安塔利亚	269.6249	135.7198	133.9051	3.16	3.18	3.14

（数据来源：土耳其统计局，https://www.tuik.gov.tr/）

从表4可以看出，巴伊布尔特是土耳其人口最少的省份，2023年为86047人，其次是通杰利（89317人）、阿尔达汉（92819人）、居米什哈内（148539人）、基利斯（155179人）。可以看出，无论是人口较多还是较少的省份，其男女性别比均保持较为均衡的状态，说明土耳其总人口性别比维持稳定均衡的发展态势。

表4 2023年土耳其按性别分人口数量排名后五位的省份

省份	人口数量（人）			占总人口比例（%）		
	总人口	男性	女性	分省人口	男性	女性
巴伊布尔特	86047	43603	42444	0.10	0.10	0.10
通杰利	89317	47110	42207	0.10	0.11	0.10
阿尔达汉	92819	48239	44580	0.11	0.11	0.10
居米什哈内	148539	74581	73958	0.17	0.17	0.17
基利斯	155179	78198	76981	0.18	0.18	0.18

（数据来源：土耳其统计局，https://www.tuik.gov.tr/）

2. 国内迁移人口

土耳其国内迁移人口比例2008年为3.18%，多年来一直呈现波动发展态势。其中，2020年受疫情影响该值最低，2023年又上升到4.04%（见图14），也意味着该年全国共有345.0953万人出现了跨省（国内）迁移，其中男性跨省迁移人口占47.9%，女性占52.1%，女性跨省迁移人口数量超过男性。

2023年，伊斯坦布尔是迁入人口最多的省份，总量为41.2707万人；其次是安卡拉和伊兹密尔，迁入人口分别为23.2700万人、14.7765万人。2023年，迁入人口最少的三个省份分别是阿尔达汉、巴伊布尔特以及通杰利，总量分别为6856人、10202人、11806人，不过上述省份人口总量较小。同时，2023年伊斯坦布尔也是跨省迁出人口最多的省份，阿尔达汉跨省迁出人口最少。另外，根据土耳其统计局数据，伊斯坦布尔、安卡拉和哈塔伊跨省迁出人口分别达58.1330万人、20.8740万人、

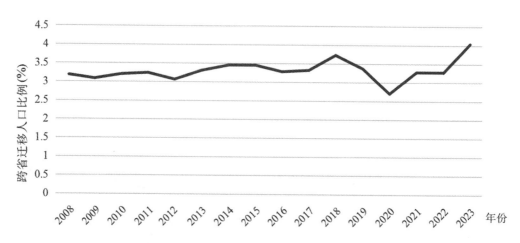

图 14　2008—2023 年跨省迁移人口比例变动

（数据来源：土耳其统计局，https://www.tuik.gov.tr/）

16.4247 万人，说明伊斯坦布尔为人口净流出省份，安卡拉为人口净流入省份。而跨省迁出人口最少的三个省份是阿尔达汉、通杰利以及基利斯，2023 年分别为 6811 人、7234 人、7604 人。

3. 国际迁移人口

土耳其统计局数据显示（见图 15），2023 年共计 31.6456 万人移民至土耳其，比 2022 年下降了 35.9%，其中男性迁入人口占 54.2%，女性占 45.8%，男性比例相较于 2022 年略有提升，女性比例则略显下降。

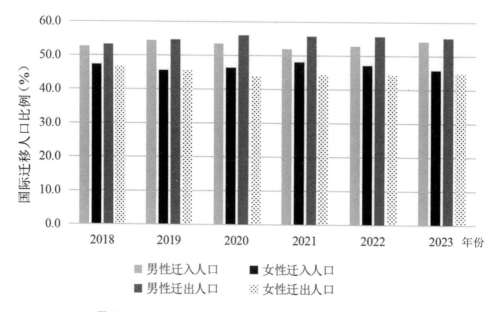

图 15　2018—2023 年土耳其分性别的国际迁移人口比例变动

（数据来源：土耳其统计局，https://www.tuik.gov.tr/）

从土耳其国际迁出人口来看，2023年达71.4579万人，相较于2022年提高了53.0%。其中，男性迁出人口比例为55.2%，女性为44.8%，相较于2022年变动不大。2018—2023年，土耳其国际迁移人口比例均保持在相对稳定区间变动。2023年土耳其国际净流入-39.8123万人，为人口净流出国家，相较于2022年净流入2.7138万人，出现了大幅减少。从国际迁移人口性别比例看，2018—2023年土耳其国际迁入与迁出人口始终呈现男性比例高于女性的变动态势。

根据世界卫生组织对青年的定义，对土耳其青年群体（15~44岁人口）国际迁移情况进行分析，2023年，20~24岁年龄组迁入移民人口最多，比例为12.7%；其次是25~29岁、15~19岁年龄组，比例分别为10.8%、10.3%。从国际迁出人口年龄分布看，25~29岁年龄组群体最多（占15.0%），其次是30~34岁、20~24岁年龄组，分别占12.9%、12.5%（见图16）。可见，国际迁入人口年龄结构更轻。

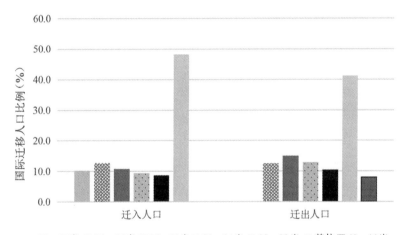

图16　2023年土耳其分年龄组国际迁移人口比例
（数据来源：土耳其统计局，https://www.tuik.gov.tr/）

土耳其统计局数据显示，分省份看，2023年伊斯坦布尔是国际迁入人口数量最多的省份，占国际迁入人口总量的29.2%，其次是安塔利亚（占9.5%）、安卡拉（占6.5%）、伊切尔（占4.9%）、布尔萨（占4.4%）。从国际迁出人口看，伊斯坦布尔迁出人口数量占总迁出人口的36.4%，比例为全国最高，其次是安塔利亚（占10%）、安卡拉（占7.1%）、伊兹密尔（占3.5%）、布尔萨（占2.6%）。伊斯坦布尔、安塔利亚、安卡拉、伊兹密尔为国际迁出人口比例超过3%的省份。

对移民群体进行国籍考察可得[①]，2023年，13.2%的外来移民群体来自俄罗斯，其次来自阿塞拜疆（占8.2%）、土库曼斯坦（占7.3%）、伊朗（占6.7%）和阿富汗（占5.9%），2023年上述国家迁入土耳其的人数分别是4.18万人、2.59万人、2.31万人、2.12万人、1.87万人。

---

① 数据来源：土耳其统计局，https://www.tuik.gov.tr/。

二、土耳其经济社会发展

(一)经济发展状况

1. 宏观经济状况

土耳其经济发展整体较好,自1960年以来始终保持着GDP总量较为稳定的增长态势,从1960年的689.4亿美元增长至2023年的12554.5亿美元①(见图17)。

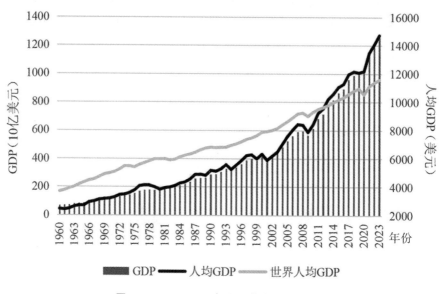

图17　1960—2023年土耳其宏观经济指标

(数据来源:世界银行数据库,https://www.shihang.org/zh/home)

尤其是20世纪80年代土耳其实行对外开放政策以来,其经济实现跨越式发展,从经济基础较为落后的传统农业国向现代化的工业国快速转变②。另外,自世界银行数据库中有记录以来,土耳其人均GDP呈波动上升趋势,但在较长一段时期内低于世界平均水平;土耳其人均GDP从1960年的2433.6美元增长至2023年的14713.6美元,于2013年超过世界平均水平以来均高于世界平均水平③。

---

① 世界银行数据库官网,GDP(2015年不变价美元)土耳其,https://data.worldbank.org.cn/indicator/NY.GDP.PCAP.CD?locations=TR&view=chart,下文美元数据均基于2015年不变价美元换算。
② 中国一带一路网. 土耳其 [EB/OL].(2019-06-21)[2024-03-25]. https://www.yidaiyilu.gov.cn/p/836.html.
③ 世界银行数据库官网. 人均GDP(2015年不变价美元)土耳其 [EB/OL]. [2024-03-25]. https://data.worldbank.org.cn/indicator/NY.GDP.PCAP.CD?locations=TR&view=chart.

2. 产业结构

土耳其产业结构以工业和服务业为主，2023年，该国一二三产业比重分别为6.2%、28.3%、65.5%（见图18），说明其第三产业对经济的贡献率尤其高，第二产业也相对较为发达。土耳其的服务业中，旅游业尤为发达，是除了出口外土耳其较大的外汇来源之一，并且土耳其的金融服务业以及信息通信业也是其经济的重要组成部分。工业方面，土耳其具有较好的产业链基础，主要有食品加工、纺织、汽车、采矿、钢铁、石油、建筑、木材和造纸等产业①，其中纺织业、汽车制造业等为关键产业。从国内生产总值看，2023年度增长4.5%；金融和保险行业增长9.0%，建筑业增长7.8%，服务业增长6.4%，其他服务活动增长4.6%，公共管理、教育、人类健康和社会工作活动增长3.8%，房地产活动增长2.7%，信息和通信活动增长1.3%，专业、行政和支持服务活动增长1.2%；工业增长0.8%，农业下降0.2%②。

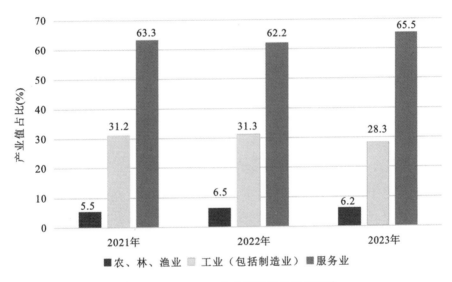

图18 2021—2023年土耳其产业结构变动

（数据来源：土耳其统计局，https://www.tuik.gov.tr/）

3. 对外贸易

自2013年以来，土耳其进口额变化率整体呈波动上升趋势，且于2022年达到近10多年来的峰值34.0%（见图19）；2023年进口额略有下降，比2022年下降了0.5%。另外，土耳其出口额变化率呈现与进口额变化率相似的曲折变化态势，其中2015年比2014年下降了9.3%，是2013年以来下降幅度最大年份，2021年增长幅度最大，增长了32.8%。此外，根据土耳其统计局一般贸易系统数据，2024年1月

---

① 中国一带一路网．土耳其［EB/OL］．(2019-06-21)［2024-03-25］．https://www.yidaiyilu.gov.cn/p/836.html．
② 数据来源：土耳其统计局，https://www.tuik.gov.tr/。

出口额为 199.91 亿美元，同比增长 3.5%；进口额为 262.18 亿美元，同比下降 22.0%。

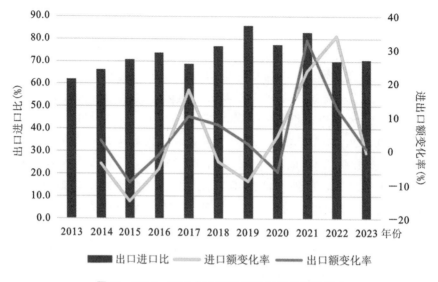

图 19　2013—2023 年土耳其进出口相关指标变动
（数据来源：土耳其统计局，https://www.tuik.gov.tr/）

（二）社会发展状况

1. 贫困状况

根据土耳其统计局的资料《收入与生活状况调查》中采用的计算贫困与生活状况的方法①，以家庭可支配收入中位数的 50% 为贫困线，2023 年土耳其贫困率为 13.9%，比 2022 年下降了 0.5 个百分点；以家庭可支配收入中位数的 60% 为贫困线，2023 年贫困率为 21.7%，较 2022 年度上升了 0.1 个百分点；以家庭可支配收入中位数的 40% 为贫困线，2023 年贫困率为 7.4%，较 2022 年度下降了 0.2 个百分点；以家庭可支配收入中位数的 70% 为贫困线，2023 年贫困率为 29.7%，较 2022 年度上升了 0.4 个百分点。从时间尺度分析，土耳其贫困率整体呈现缓慢下降态势，其间也存在轻微涨幅波动（见图 20）。

如图 21 所示，以家庭可支配收入中位数的 50% 作为贫困线来分析不同受教育程度群体的贫困状态，2023 年 27.8% 的文盲和 24.7% 的有读写能力但无学历群体处于贫困状态，上述群体中贫困人口比重较高；高中以下、高中或同等学力群体的贫困人口比重分别为 14.0% 和 7.7%；高等教育群体的贫困人口比重最低，为 3.2%。可见，土耳其学历与贫困发生率呈典型的正向关系。与 2022 年相比，2023 年只有高中或同

---

① 2023 年结果基于 2022 年数据计算。在计算收入和贫穷时，考虑到家庭的规模和组成，将家庭的收入转换为相等的家庭可支配收入，将收入低于特定线的人被定义为相对意义上的穷人，该特定线为贫困线。

等学力群体的贫困人口比重出现轻微下跌，其他受教育程度群体的贫困人口比重均出现了轻微增长。

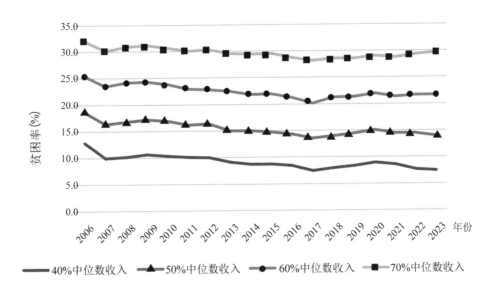

图 20　2006—2023 年按家庭可支配收入计算的贫困率

（数据来源：土耳其统计局，https://www.tuik.gov.tr/）

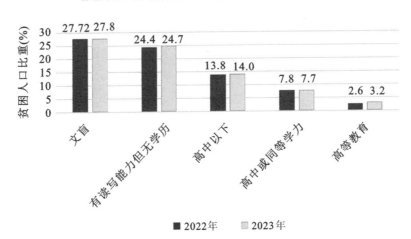

图 21　2022 年和 2023 年不同受教育程度群体的贫困人口比重变动

（数据来源：土耳其统计局，https://www.tuik.gov.tr/）

2. 社会保障与医疗状况

土耳其社会保障总支出从 2000 年的 134.96 亿土耳其里拉上升至 2023 年 26934.97 亿土耳其里拉（见图 22），且社会保障总收入始终高于总支出，从 2000 年的 170.34 亿土耳其里拉上升至 2023 年的 32192.3 亿土耳其里拉，差值也越来越大。这说明土耳其经济发展较为稳定，税收增长较快，有利于促进经济持续发展，政府信誉度也在不断提高，能够持续保障社会的发展和稳定。

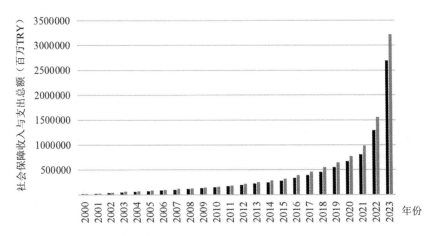

图 22　2000—2023 年土耳其社会保障收入与支出变动

（数据来源：土耳其统计局，https：//www.tuik.gov.tr/）

如表 5 所示，土耳其 2023 年社会保障支出总额为 26934.97 亿土耳其里拉，相较于 2022 年增长了 108.6%。2023 年，社会保障福利总额占社会保障支出总额的 98.2%，其中老年人支出是最多的，达 11751.90 亿土耳其里拉，其次是疾病/医疗保健支出，达 8093.43 亿土耳其里拉，分别占社会保障支出总额的 43.6%、30.0%。同时，根据土耳其统计局数据，2023 年社会保障支出总额占国内生产总值的 10.1%，社会保障福利总额出占国内生产总值的 10.0%。如果考虑到风险或需求方面的支出，社会保障福利总额中老年人支出最大，占国内生产总值的 4.4%，其次是疾病/医疗保健支出，占国内生产总值的 3.0%，以及与幸存者有关的支出，占国内生产总值的 1.0%。

表 5　2022 年与 2023 年土耳其社会保障支出明细（百万 TRY）

社会保障支出明细	2022 年	占比（%）	2023 年	占比（%）
社会保障支出总额	1291155	100.0	2693497	100.0
行政费用及其他开支	23160	1.8	48230	1.8
社会保障福利总额	1267995	98.2	2645267	98.2
疾病/医疗保健	397020	30.7	809343	30.0
残疾	42333	3.3	80023	3.0
老年人	567453	43.9	1175190	43.6
幸存者	150219	11.6	263219	9.8
家庭/孩子	83903	6.5	190465	7.1
失业	14412	1.1	24186	0.9
社会排斥	12656	1.0	102842	3.8

（数据来源：土耳其统计局，https：//www.tuik.gov.tr/）

如图 23 所示，在医疗卫生总支出方面，2013—2023 年，初期政府投入与私营部门投入保持缓慢增长态势，但后期政府投入增长速度远超私营部门，二者差值也越来越大。2023 年，土耳其医疗卫生总支出 12442.37 亿土耳其里拉，比 2022 年增长了 105.0%。其中，政府一般卫生支出达 9643.55 亿土耳其里拉，增长了 108.1%；私营部门支出为 2798.83 亿土耳其里拉，增长了 95.3%。

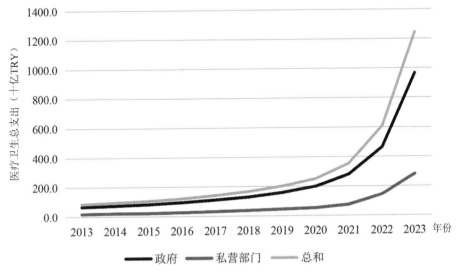

图 23　2013—2023 年土耳其分部门医疗卫生总支出变动

（数据来源：土耳其统计局，https://www.tuik.gov.tr/）

对医疗卫生总支出构成进行分析可知，2023 年，土耳其政府一般卫生支出占总支出的 77.5%，私营部门支出则占 22.5%。政府一般卫生支出包括中央政府支出、地方政府支出以及社会保障机构支出，分别占医疗卫生总支出的 34.8%、0.6%、42.1%，私营部门支出则包括家庭服务、保险公司支出以及其他支出，分别占医疗卫生总支出的 17.8%、2.5% 以及 2.2%[1]。

另外，从医疗卫生总支出分布来看（见表 6），2023 年，医院在申请购买医疗服务和产品的医疗机构中所占比例最大，为 52.5%；其次是零售和其他医疗用品供应商及流动医疗服务提供者，分别占 20.6%、10.7%。此外，2023 年人均医疗卫生支出达 14582 土耳其里拉，相比于 2022 年的 7141 土耳其里拉增长了 104.2%。2023 年土耳其医疗卫生总支出占该国国内生产总值比例为 4.7%，比 2022 年高 0.7 个百分点。2023 年，土耳其家庭自费医疗支出达 2209.14 亿土耳其里拉，占医疗卫生总支出比例为 17.8%。

表 6　2022 年、2023 年土耳其医疗卫生总支出明细（百万 TRY）

医疗卫生总支出明细	2022 年	占比（%）	2023 年	占比（%）
医疗卫生总支出	606835	100.0	1244237	100.0
经常性卫生费用	555944	91.6	1134894	91.2

---

[1]　数据来源：土耳其统计局，https://www.tuik.gov.tr/。

续表

	2022年	占比（%）	2023年	占比（%）
医院	305021	50.3	652877	52.5
护理以及住宿护理设施	3	0.0	5	0.0
流动医疗服务提供者	64444	10.6	132949	10.7
零售和其他医疗用品供应商	131527	21.7	256832	20.6
公共卫生项目提供和管理	37471	6.2	58722	4.7
公共卫生项目一般卫生管理	2281	0.4	4214	0.3
未按种类指定	15196	2.5	29296	2.4
投资	50891	8.4	109343	8.8

（数据来源：土耳其统计局，https：//www.tuik.gov.tr/）

3. 生活满意度

根据土耳其统计局生活满意度调查结果，2003—2023年土耳其民众对生活满意度评价为"快乐""一般"以及"不快乐"的人群比例波动变化，但"不快乐"人群比例整体保持在不到20%的低位，"快乐"人群比例在2020年达48.2%的低点后持续上升。2022年18岁及以上群体表示自己"快乐"的比例为49.7%，2023年继续上升了3.0个百分点，达52.7%。2022年，声称自己不快乐的人群比例为15.9%，2023年下降至13.7%，下降了2.2个百分点（见图24），说明土耳其民众对生活满意度评价为"快乐"的人群在增多，也可以说明近10年来土耳其民众生活幸福指数在提升。

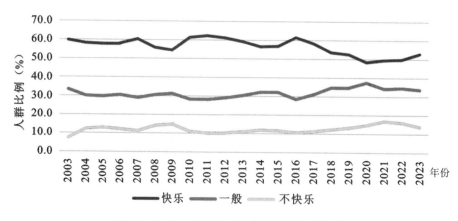

图24　2003—2023年土耳其生活满意度评价

（数据来源：土耳其统计局，https：//www.tuik.gov.tr/）

分性别角度看，2022—2023年女性"快乐"者比例比男性高，说明其生活满意度更高。认为自己快乐的男性比例从2022年的46.5%上升到2023年的50.3%，而女性比例从2022年的52.7%上升到2023年的55.1%。此外，已婚人士比未婚人士认为自己更快乐。已婚人士表示快乐的比例为56.4%，而未婚人士表示的快乐比例为

45.8%。已婚人士表示快乐的人群比例同样女性高于男性，53.2%的已婚男性和59.5%的已婚女性感到快乐。

根据图25分析2022年和2023年表示快乐的人群比例可知，18～24岁年龄组表示快乐的人群比例增长幅度最大，从2022年的47.9%上升至2023年的54.0%，增长了6.1个百分点。据观察，55岁及以上表示快乐的人群比例呈下降态势。2023年，55～64岁年龄组表示快乐的人群比例为49.7%，比2022年下降了2.8个百分点。同样，65岁及以上老年人表示快乐的人群比例从57.7%下降至56.0%，其间下降了1.7个百分点。

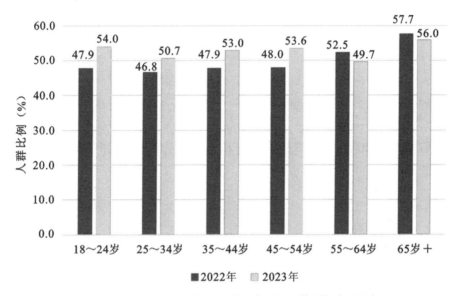

图25　2022年和2023年土耳其分年龄组"快乐"人群比例
（数据来源：土耳其统计局，https：//www.tuik.gov.tr/）

进一步对生活满意度根源进行调查可知[①]，土耳其居民认为个人快乐的主要来源是其家庭，2023年比例达69.9%，其次是子女（占15.0%）、自己（占5.4%）、配偶（占3.8%）、父母（占2.9%）和孙辈（占1.8%）。另外，健康也是土耳其居民认为影响快乐的重要因素，2023年其比例为69.5%，随后依次是爱情（占13.2%）、成功（占9.2%）、金钱（占5.3%）及工作（占2.6%）。此外，2023年对自己的未来充满希望的个人比例为67.1%，即100人中有67人对自己的未来充满希望。男性居民中对未来充满希望的占67.2%，女性居民中对未来充满希望的占67.1%。土耳其统计局在考察个人生活满意度时，设置了一个取值为0～10分的满意度区间，0分表示完全不满意，10分表示非常满意。2022年土耳其个人平均生活满意度为5.5分，2023年为5.7分，提高了0.2分。2023年，土耳其男性平均生活满意度为5.6分，女性为5.8分，均未及格。

---

① 数据来源：土耳其统计局，https：//www.tuik.gov.tr/。

三、土耳其人口与经济社会发展主要特征

（一）人口增速放缓，老龄化不断加深

土耳其自建国以来较长时间里人口呈快速增长态势，2008 年起人口增速显著放缓。1927—1980 年，全国人口总量增长了 2.34 倍，属当时世界人口增长率较高的国家之一[①]。自 2008 年起增速明显放缓，从 13.1% 下降至 2023 年的 1.1%。

此外，随着世界各国人口转变进程加快，土耳其也从建国初期典型的"增加型"人口结构于 2007 年进入老龄化社会。2007—2023 年，人口年龄中位数增加了 5.7 岁，老年抚养比持续上升，少年儿童抚养比持续下降，二者差值从 2007 年的 29.0% 缩小至 16.4%。土耳其统计局预测，2025 年土耳其 65 岁及以上人口占比将达 11%，到 2040 年将超过 16.3%，这意味着随着该国人口增速放缓，老龄化问题将愈发凸显。

（二）家庭规模缩小，生育推迟

土耳其属典型的伊斯兰教国家，99% 的居民信奉伊斯兰教，具有反对节育、反对堕胎，主张增加人口的传统，也有着早婚传统。1972 年，土耳其 19 岁前结婚女性占已婚女性的 44.2%，而土耳其改革后 16 岁结婚概率下降了 44%[②]。目前，土耳其非婚生育率持续降低，远低于 10%，青春期生育率也持续走低。研究表明，男性与女性的平均结婚年龄长期持续增大[③]，其中男性平均初婚年龄从 2001 年的 26.0 岁增长至 2023 年的 28.3 岁，女性从 2001 年的 22.7 岁增长至 2023 年的 25.7 岁，女性增幅（3.0 岁）大于男性增幅（2.3 岁）。23 年间男性平均初婚年龄始终高于女性，但二者差距从 2001 年的 3.3 岁缩小至 2023 年的 2.6 岁。另外，受教育程度更高的女性往往生育更少的孩子[④]。可以看出，土耳其已呈现出家庭规模缩小、生育推迟等特征，婚姻家庭受现代化改革因素影响较大。

（三）难民接纳比重高，国际移民与省际流动人口呈集中态势

联合国移民署《2022 年世界移民报告》显示，土耳其连续五年成为世界上最大的

[①] 何景熙. 土耳其的人口状况和人口经济问题 [J]. 人口研究，1982（6）：44-47.

[②] Kırdar M G, Dayıoğlu M, Koç İ. The effects of compulsory-schooling laws on teenage marriage and births in Turkey [J]. Journal of Human Capital, 2018, 12（4）: 640-668.

[③] Koc I, Eryurt M A, Adali T, et al. The demographic transition of Turkey: Fertility, family planning, the changes in mother and child care and under five mortality rates 1968—2008 [C]. Ankara, Turkey: Hacettepe University Institute of Population Studies, 2010.

[④] Eryurt M A, Akadlı-ergöçmen B. Ebeveyn eğitiminin doğurganlık üzerindeki etkisi [J]. Nüfusbilim Dergisi, 2008, 30（1）: 13-28.

难民收容国，有超过 360 万名难民，主要是叙利亚人。此外，2023 年，土耳其为国际人口净流出国，国外人口入该国人数与土耳其移居海外的人数差值达－39.8123 万人，且接收国际移民与输出移民最多的省份均为伊斯坦布尔。另外，省际迁入和迁出人口最多的省份仍是伊斯坦布尔，且比例均超过 30%，其余绝大多数省份省际迁移人口比例均小于 10%，省际人口迁移呈现以伊斯坦布尔为核心的流动态势。

（四）宏观经济稳步发展，以服务业为核心的高吸引力投资环境

土耳其 GDP 总量与人均 GDP 整体上不断增长，GDP 总量从 1960 年的 689.4 亿美元上升至 2023 年的 12554.5 亿美元；人均 GDP 则从 1960 年的 2433.6 美元上升至 2023 年的 14713.6 美元，且人均 GDP 于 2013 年超过世界平均水平。纵观历史，土耳其经济具有较强的恢复能力，20 世纪 80 年代初在出口导向型增长战略下土耳其经济发展取得成功，但在 1989 年、1991 年、1994 年、1999 年共经历过四次经济波动[1]，且 2008 年全球金融危机后，仅 2009 年首次负增长，之后便实现了反弹，而且加固了外向型、服务业为主、高度依赖外资的经济发展路径[2]。

受本国资源禀赋影响以及国际大环境的限制，土耳其第二产业的发展在一定程度上受到抑制，决定了土耳其难以复制"一二三"产业结构发展路径，跳过了第二产业占主要地位时期，直接步入以第三产业为主导的服务型经济形态[3]。另外，国际资本尤其是短期资本的投入在其经济发展中发挥着十分重要的作用。

土耳其投资环境日益改善，越来越受到国外投资者的青睐。近 20 年来，土耳其政治、社会总体稳定，法律制度以及政治制度成熟，经济基础较好，工、农、服务等产业门类齐全，国内市场广阔且民众消费能力较强。而且土耳其区位优势独特，与欧盟建立关税同盟，截至 2023 年已与 28 个国家和地区签订了自由贸易协定，市场自由度较高。土耳其已成为周边地区货物、服务、人员、资金、技术的重要集散地，也可成为中资企业进入周边 13 亿人口、综合 GDP 达 25.5 万亿美元、国际贸易额达 7.9 万亿美元的巨大潜在市场的重要通道[4]。

（五）高素质人力资源与低劳动力成本

一是土耳其人力资源相对丰富且优质、人口结构年轻。据中华人民共和国商务部

---

[1] Ertuğrul A, Selçuk F. A brief account of the Turkish economy, 1980—2000 [J]. Russian & East European finance and trade, 2001, 37 (6): 6-30.

[2] 邹志强，俞海杰. 理想之治与现实之困：土耳其"百年愿景"的经济成效评析 [J]. 西亚非洲，2023 (6): 74-96, 161-162.

[3] 张帅，昝涛. "一带一路"沿线国家经济发展路径研究——基于土耳其产业结构变迁的实证分析 [J]. 区域与全球发展，2020 (3): 21-37, 155.

[4] 对外投资合作国别（地区）指南编制办公室. 对外投资合作国别（地区）指南土耳其（2023 年版）[R/OL]. [2025-01-05]. https://opendata.mofcom.gov.cn/front/data/detail? id=C5E1C2CA614F1C512980B497A98BE71C.

编制的《对外投资合作国别（地区）指南土耳其（2023年版）》，2023年土耳其总最低月薪13414.50土耳其里拉，雇主总成本15762.04土耳其里拉，可见其劳动力成本相对较低。土耳其政府也一直致力于打造高素质劳动力人才，支持创新生产，鼓励可持续发展，并全力打造可持续发展的环境，以促进国际发展合作。此外，生育率的持续走低也导致父母对子女的投资增加①，促进了人力资本素质的提高。

二是土耳其劳动力素质高，政府始终关注教育投资，通过提升教育素质提升国民人力资本。土耳其宪法规定每个居民都享有受教育的权利，全民义务教育是强制性的。自2012年起，土耳其的义务教育从8年延长到12年，显著提高了高中入学率，公共教育支出比重增加，也显著提高了高等教育入学率。高等教育对于积累人力资本和提高经济总生产率具有重要意义②。土耳其受高等教育人口比例从2008年的5.96%上升至2022年的18.13%，也反映出人力资本素质的不断提高。土耳其教育文化也较为开放，绝大部分高校都以西方的模式和标准来办学，且实现了英文教学，良好的教育环境为土耳其培养了众多高素质的工程人才。

三是土耳其对医疗与健康十分重视，人口健康素质较高，且实现了从落后向领先的转变。政治改革引领的卫生改革极大地回应了民众在获得医疗服务方面的不平等以及在保障社会和谐方面需要更多社会服务的问题③。从2003年开始，土耳其政府进行了前所未有的医疗改革，在短短的十年里，土耳其的全民医保覆盖了98%的人口④。医保不仅针对土耳其公民，还包括在土耳其连续居住一年并持有居留证的外国人，其只要每月缴纳医保险金，同样可以享受土耳其的便利医疗保障⑤。土耳其人均预期寿命增速也较快，据预测，1970—2030年，土耳其人均预期寿命增速可达0.83%，增加区间为23.3~25.5岁⑥。

四、土耳其人口经济发展面临的主要问题与挑战

（一）生育率持续下降，劳动力市场竞争大

由于人口政策反复变化以及人口转变加快，土耳其生育率下降的态势难以逆转。

---

① Lee R, Mason A. Fertility, human capital, and economic growth over the demographic transition [J]. European Journal of Population, 2010, 26 (2): 159-182.

② Erdem E, Tugcu C T. Higher education and unemployment: A cointegration and causality analysis of the case of Turkey [J]. European Journal of Education, 2012, 47 (2): 299-309.

③ Baris E, Mollahaliloglu S, Aydin S. Healthcare in Turkey: From laggard to leader [J]. Bmj, 2011, 342: c7456.

④ 书云. 土耳其医保全覆盖 [N]. 新京报, 2016-09-07.

⑤ Atun R, Aydın S, Chakraborty S, et al. Universal health coverage in Turkey: Enhancement of equity [J]. The Lancet, 2013, 382 (9886): 65-99.

⑥ 涂青霞. OECD国家提高法定退休年龄政策研究——基于林德布洛姆渐进决策理论视角 [D]. 武汉：华中师范大学，2017.

20世纪60年代中期，土耳其限制生育的人口政策力图控制高生育率给家庭带来的问题[①]，在后续发展进程中，土耳其政府意识到人口增长应达到与经济发展相匹配的水平[②]。21世纪前10年是土耳其人口转型的最后阶段，也是人口政策向新生育主义转变的开端。此时，土耳其婴儿死亡率显著下降，男女出生时预期寿命也有了显著增加，总和生育率已跌破生育更替水平，2022年女性人均生育数为1.882人。较低的生育率预示着未来进入劳动力市场的人口数量也将同步下降。比如土耳其支柱产业旅游业，尽管在过去几十年中处于上升趋势，但其中高素质劳动力人才依旧十分匮乏，旅游业的未来发展必须有充足的劳动力数量与高素质人才作为保障[③]。

土耳其劳动力参与率长期处于波动状态，劳动年龄人口比重在2007—2023年始终在66.5%～68.3%范围内波动。尽管国外难民大量涌入增加了其人口总量，但也在一定程度上补充了该国劳动力供应量。然而由于难民通常缺乏正规的教育和培训，他们的技能和资质难以满足高端或技术密集型岗位的需求，这可能导致他们在劳动力市场中处于较低层次，主要从事一些低薪、低技能的工作，同时对土耳其本土工人造成压力。以叙利亚难民为例，其涌入对土耳其经济以及劳动力市场带来了深远影响，使得公共资源和基础设施供应变得紧张，医疗保健、教育以及社会福利方面的压力倍增[④]。此外，虽然一些难民在农业、制造业和服务业等部门找到了工作，但大部分难民被迫工作在非正式经济部门，也加大了就业竞争。有研究发现，在移民流入显著增加的地区，男性就业率显著降低，55～64岁年龄组更多选择退休以应对移民给劳动力市场带来的负面影响[⑤]。

(二) 人口抚养比攀升，医疗保健支出压力加大

土耳其长期以来被视为一个年轻的国家，然而其人口老龄化特征已经越来越显著，在未来，也将逐步失去年轻的人口结构[⑥]。该国总和生育率不断下降，老年人口比重缓慢上升。2023年，65岁及以上人口比重达10.22%，比2007年刚步入老龄化社会时提高了3.14个百分点，同时0～14岁人口比重在2007—2023年下降了4.96个百分点。虽然老龄化程度相对不高，目前其人口老龄化主要受底部人口收缩的影响，

---

① Akoglu T. Tourism sector in the second five year development plan of Turkey (1968—1972) [J]. The Tourist Review, 1968, 23 (3): 98-103.

② Teşkilatı D P. Altıncı beş yıllık kalkınma planı 1990—1994 [M]. Ankara: Devlet Planlama Teşkilatı, 1989.

③ Brotherton B, Woolfenden G, Himmetoğlu B. Developing human resources for Turkey's tourism industry in the 1990s [J]. Tourism Management, 1994, 15 (2): 109-116.

④ HARPUT I N. 叙利亚难民的影响和土耳其的应对措施 [D]. 长春：吉林大学，2022.

⑤ Berker A. Labor-market consequences of internal migration in Turkey [J]. Economic Development and Cultural Change, 2011, 60 (1): 197-239.

⑥ Unal C. Distribution of population aging index and potential support ratio of Turkey [J]. Hasan Ali Yücel Faculty of Education Journal, 2015, 12 (1): 321-340.

但将呈长期发展态势，加上人口抚养比的持续提高，意味着该国社会资源消耗、养老保险压力将逐年增大。

人口老龄化的影响发生在社会的所有组成部分，包括家庭结构、代际关系、商品需求、家庭护理、交通和社会保护等方面。许多发达国家和发展中国家的政策制定者也对人口老龄化将在不久的将来对医疗保健成本、生产力和老年服务需求造成的压力表示担忧①。比如土耳其社会保障支出总额从2000年的134.96亿土耳其里拉上升至2023年26934.97亿土耳其里拉；医疗卫生总支出逐年增长，2023年达12442.37亿土耳其里拉，比2022年增长了105.0%。

土耳其在经济增长、社会和人类发展，以及满足儿童、青年、妇女、残疾人和贫困人口等弱势群体的需求方面仍面临较大挑战。因此，必须采取更多举措应对日益增长的老龄化需求，特别是在推动护理服务及家庭护理服务的制度化建设，完善老年人福利保障体系，为独居或与家人共同生活的老年人提供多元化支持，提升机构护理服务的多样性和质量等方面，以满足老年群体的多样化需求。同时，应致力于提高老年人的生活质量，促进积极健康老龄化，构建完善的长期护理体系，并支持老年人更好地融入经济和社会生活，实现社会深度融合。

（三）经济结构较脆弱、发展不平衡

由于土耳其政府奉行非正统政策，需要关注国内权力斗争和该地区动荡带来的外交政策挑战，同时在保持经济稳健稳定增长方面也面临挑战，这导致该国旨在增加投资和就业的经济改革被推迟。鉴于土耳其治理机构的恶化以及当前国内政治紧张局势可能持续，预计短期内改革进展有限，这将对该国的长期增长潜力产生负面影响。

在强劲的出口需求和信贷推动的私人消费增加背景下，土耳其经济在2021年实现了较快增长，不过上述因素未来影响力可能减弱，经济增速可能放缓。政府推行的通胀政策导致里拉贬值，预计出口订单将受到全球尤其是欧洲经济疲软的影响。此外，家庭收入受到贸易条件显著下降的负面影响，导致消费者信心下降至历史低点。

通货膨胀也是土耳其经济发展的一个顽疾，土耳其货币在历史上也存在长期贬值趋势，至2022年，土耳其里拉十年间下跌近90%②。近年来，土耳其政府大力调涨最低薪资，2023年已是连续第二年调涨幅度翻倍，但高通货膨胀率以及货币贬值也导致了土耳其居民对政府加薪的无感。产业结构不均衡，也致使土耳其过度依赖外部经济。2023年土耳其的产业结构中服务业的占比为65.5%，且与旅游业深度绑定；工业占比约为30%，但基本以初级产品为主；能源进口率高达75%，另外粮食、工业品、能源等大量依赖进口。

---

① Richter J. Economic aspects of aging: Review of the literature [J]. Demographic Causes and Economic Consequences of Population Aging, Economic Studies, 1992 (3): 171-186.

② 王德宏，李诗琳. 通货膨胀、货币贬值与外贸收支——对2021年土耳其金融危机调控的案例研究 [J]. 区域国别学刊, 2023 (6): 71-95, 156.

五、思考与启示

(一) 土耳其人口经济发展对中国的启示

1. 人口政策调整与高福利生育保障

应该说,土耳其及时的人口政策调整与高福利生育保障,对有效应对中国生育率持续下降具有十分重要的借鉴意义。

土耳其作为伊斯兰国家,保持着根深蒂固的宗教生育传统,反对节育与堕胎,主张增加人口,1980年总和生育率高达5。然而随着现代化发展,其生育率出现下降趋势。1983年,土耳其政府在生育政策中明确规定,在全国范围内实行人工流产合法化。此外,政府还在全国范围推广男性绝育技术。这些举措使土耳其成为世界上第一个突破宗教影响,采用手术措施控制人口增长的伊斯兰国家[①]。

而随着土耳其逐渐摆脱传统婚姻模式,许多居民倾向于选择混合的婚姻形式[②],生育观念也逐渐改变。因此,土耳其政府进行了相适应的生育政策调整,在经过一段时间的限制生育政策后转向如今的生育主义政策[③]。2008年,土耳其政府高举"生育至上"旗帜,建议每个家庭至少要生3个孩子,关于限制人口流产以及剖宫产的相关讨论也相继提出。2015年,土耳其家庭和社会政策部实施了"保护家庭和人口动态结构的行动计划",力图使总和生育率保持在更替水平以上。各类政策性质及观点也得到了人口学家的认可[④]。

尽管土耳其实施了多种针对低生育率的家庭政策,但研究表明实现生育率的提高是非常困难的,但是土耳其与生育福利相关的举措仍值得中国借鉴与学习。2021年,土耳其宣布了一项激励生育的政策,即家庭每次生育都将获得2825.90土耳其里拉奖励。不仅如此,政府还根据胎次为家庭提供额外的儿童津贴作为抚养费,具体标准为一胎每月300土耳其里拉,二胎每月400土耳其里拉,三胎每月600土耳其里拉。此外,家庭还能额外享受近600土耳其里拉的母乳喂养津贴与生育津贴。值得一提的是,只要家庭中有任一成员参与社保,其生育的孩子即可享受这一系列补贴。土耳其在教育领域的投入同样令人瞩目。从小学到大学,公立教育实行全免费政策,确保每个公民都能享受到优质的教育资源。每个街区都设有公立幼儿园,孩子们可以免费入学,

---

① 杨清涛. 亚洲地区国家的人口政策 [J]. 人口与经济,1988 (1):49-53.
② Manglos-Weber N D, Weinreb A A. Own-Choice Marriage and Fertility in Turkey [J]. Journal of Marriage and Family, 2017, 79 (2): 372-389.
③ Yucesahin M M, Adalı T, Türkyılmaz A S. Population policies in Turkey and demographic changes on a social map [J]. Border Crossing, 2016, 6 (2): 240-266.
④ Eryurt M A, Canpolat Ş B, Koç i. Türkiye' de nüfus ve nüfus politikaları: Öngörüler ve öneriler [J]. Amme idaresi Dergisi, 2013, 46 (4): 129-156.

且每个班级的学生人数严格控制在20人以内,确保教学质量。此外,每个社区都配套有小学、初中和高中,小学和初中班级的平均人数为25人,高中班级平均人数为30人,保证了教育的普及和质量的均衡。在医疗保障方面,土耳其同样展现出高水平[①]。在公立医院生产,大人、孩子全部免费;在私立医院生产,按照医保比例报销,妻子若无医保,则用丈夫的社保也可报销,私立医院报销比例在60%以上。这一系列政策不仅提升了土耳其民众的生育意愿,也确保了每个家庭都能享受到全方位的医疗和教育保障。

土耳其的生育福利保障制度为我国完善生育支持体系提供了宝贵的经验借鉴。一是加大经济支持力度,减轻家庭育儿负担,通过优化生育福利筹资方式,建立政府、雇主和雇员三方共同筹资的机制,以确保充足、可持续的育儿津贴。二是扩大医疗保障,减轻生育负担。通过进一步优化生育制度设计、扩大生育医疗报销范围等减轻家庭生育经济负担。三是优化儿童托育及教育服务。推动以普惠性幼儿园为主导的托育体系,依托政策扶持,提供价格"亲民"的托育服务,从而在一定程度上减轻生育恐慌,并且为后续教育提供支持。四是延长义务教育年限或提供一定年限的免费教育,切实减轻育龄群体教育负担。

2. 老龄化积极应对举措

中国第七次全国人口普查数据显示,2020年60岁及以上人口数为2.64亿人,占总人口比重为18.70%;65岁及以上人口19064万人,占总人口的13.50%。与2010年相比,0~14岁、60岁及以上人口比重分别上升了1.35个百分点、5.44个百分点,而15~59岁人口比重则下降了6.79个百分点,老龄化程度持续加深。2020年我国育龄妇女总和生育率为1.3,据预测,中国人口将在约45年后减少一半[②]。可见,老龄化、低生育水平是中、土两国共同面对的人口问题。

一是积极落实社会保障投入。社会保障资金在应对老龄化问题中扮演着至关重要的角色。对于土耳其与中国等老龄化程度不断加深的国家来说,社会保障资金不仅关乎老年人的生活质量,还对整个社会的稳定和可持续发展具有深远影响。21世纪以来,包括土耳其在内的许多国家都把建立或完善社会保障制度与机制作为促进社会公平的重要内容,相关法治体系与机制相继建立和趋于完善[③]。土耳其社会保障支出总额从2000年的134.96亿土耳其里拉上升至2023年26934.97亿土耳其里拉。2023年土耳其社会保障支出总额占GDP比重约为10.1%,2023年中国该值为7.88%,中国也应稳步提高社会保障支出总额占GDP的比重。

二是适当延长退休年龄。2022年12月,土耳其总统埃尔多安宣布取消退休年龄

---

① 周一思.国外卫生体系的特色及启示[J].中国医药导报,2020(20):194-197.
② 韦艳,段重利,梅丽,等.从第七次人口普查数据看新时代中国人口发展[J].西安财经大学学报,2021(5):107-121.
③ 桂森林,唐海军.国外一些政党应对社会不公与抑制两极分化的政策方略及经验教训[J].当代世界与社会主义,2023(1):142-149.

的限制。此前，女性的退休年龄为 58 岁，男性为 60 岁。这项举措将使超过 200 万工人可以立即退休。而在健康寿命延长的条件下，中国适度延长退休年龄有利于挖掘老年人宝贵的人力资源，对实施积极人口老龄化国家战略有着重要的现实意义。

三是建立全面高效的社会统筹与个人账户相结合的养老金制度。2003 年以来，土耳其养老金政策越来越多地基于私人养老基金管理以促进个人储蓄。而受社会人口特征和养老金制度设计的影响，预计私人养老金的引入将加剧不平等。有研究证明，人们储蓄能力的差异已成为养老金不平等的根源①。此外，随着个人缴费比例的增加，国家补贴加剧了不平等分配。养老金私有化也可能损害社会团结，加剧社会不平等，但是此类私人养老金管理机制有助于激发储蓄的动机。现收现付是建立在"年轻型"人口结构，劳动年龄人口规模大、比重高或者劳动生产率高的条件下的，其在中国人口抚养比持续提高背景下难以持续，而个人账户积累制的推动也可以大幅度降低社会养老负担②。

3. 重视教育，积极提高人力资本存量

土耳其政府非常重视教育，在多个领域皆取得不错成绩。土耳其政府对教育的投入和改革为中国提供了有益的参考，同时也具有重要的借鉴意义。

一是探索义务教育阶段延长机制。土耳其宪法规定，每个土耳其公民都有接受教育的权利。3~6 岁儿童自愿接受学前教育，义务制教育共 12 年，分为三个阶段，小学和初中教育分别为 4 年，高中教育（含职业教育）同样是 4 年③。而实施免费教育或延长义务教育年限，对于中国教育发展也具有重要意义。近年来多个政协委员和人大代表的议案反映了学前教育公共资源供给扩大，以及高中义务教育普及的重要性④。

二是自下而上创造国际化环境，促进教育交流。教育交流是土耳其与中亚国家合作的主要领域，也是土耳其软实力在该地区的重要体现⑤。土耳其学校课程设置多样化，尤其重视外语教学，为学生们创造了国际化的环境，也为其国际交流打下了基础。土耳其高中教育涵盖了所有以初等教育为基础的普通、职业和技术教育机构，并提供 4 年义务教育，并且高一便会开展第二外语课程⑥。中国也应从教育体系以及课程设

---

① Babat S, Gultekin-Karakas D, Hisarciklilar M. An appraisal of Turkey's voluntary individual pension system from a perspective of pension equality [J]. Social Policy & Administration, 2021, 55 (5): 784-801.
② 蔡昉. 未来的人口红利——中国经济增长源泉的开拓 [J]. 中国人口科学, 2009 (1): 2-10, 111.
③ 冯永刚, 吕鑫源. 国外学制的历史演进、基本特征及未来展望 [J]. 基础教育参考, 2023 (9): 15-28.
④ 教育部. 对十三届全国人大三次会议第 4849 号建议的答复 [EB/OL]. (2020-10-28). http://www.moe.gov.cn/jyb_xxgk/xxgk_jyta/jyta_jijiaosi/202012/t20201202_502931.html.
⑤ 汪金国, 杨恣. 土耳其在中亚地区软实力的发展及局限 [J]. 新疆大学学报（哲学社会科学版）, 2024 (2): 62-69.
⑥ 其曼古丽·玉素甫. 土耳其历史教育与历史教科书概况 [J]. 历史教学问题, 2023 (2): 213-219.

置等角度出发,铺设国际化背景的学习以及教学环境,自下而上不断扩展高等教育国际交流与合作的内容和范围,力争多教育层次全面交流,从而实现优质教育资源共享[①],促进文化软实力输出与增强文明交流互鉴成效。

(二)中国-土耳其合作展望

土耳其地跨亚、欧两洲,位于地中海和黑海之间,是北约、二十国集团、伊斯兰合作组织、亚洲相互协作与信任措施会议、欧洲安全与合作组织、黑海经济合作组织、东南欧合作进程、突厥语国家组织等国际和地区组织成员,上海合作组织、东南亚国家联盟等组织对话伙伴国[②]。土耳其独特的地缘特征及其在世界经济体系中的地位决定了其在"一带一路"建设中有着十分重要的地位。

1. 密切开展人才合作与人员交流

一是土耳其劳动力成本较低、人力资源优质。自2010年起,土耳其高等教育毛入学率均在50%以上,其高等教育已进入普及化阶段[③]。同时,相比欧美地区的发达国家,土耳其劳动力成本较低,形成了独特的人力资源优势,这也是外国投资者在土耳其开展业务的重要原因。2023年11月28日,"科创中国·2023年'一带一路'科技创新合作——土耳其国际项目路演及合作需求发布会"在成都举办,中土双方强化近年来各领域的深入交流与合作,并希望进一步拓展四川与土耳其之间的国际科技合作与科技人才交流。通过此类合作,企业可以充分利用中国科技人才与土耳其优质人力资源进行科技创新,并且有效降低人力成本。

二是借助土耳其完整成熟的国际交流平台,促进双方深入交流学习。土耳其学生的高流动性展现了土耳其高等教育的国际化水平。2013年起,中国赴土留学人数大幅度增长。土耳其高等教育领域在学位结构、流动性与学历互认、质量保证、终身学习等方面的改革促进了其体系的不断完善[④],也吸引了越来越多国际学生赴土留学。中土双方可以搭建高水平学习平台,推动政府、企业和高校各层次人才交流,依托双方优势产业开展技术技能人才互访学习,共同培育双方人才,有效促进彼此经济发展。

总之,依托土耳其高质量技术人才与优质人力资源,能够有效地推动"一带一路"框架中人力资源合作,形成"一带一路"共建国家进行人才培养和人才合作的多层网

---

① 秦惠民,王名扬."一带一路"十周年:我国高等教育国际交流与合作的政策、成效与新格局[J].中国高等教育,2023(20):37-41.

② 外交部.土耳其国家概况[EB/OL].https://www.mfa.gov.cn/web/gjhdq_676201/gj_676203/yz_676205/1206_676956/1206x0_676958/.

③ 刘进,徐丽."一带一路"沿线国家的高等教育现状与发展趋势研究(十九)——以土耳其为例[J].世界教育信息,2019(1):34-38.

④ The National Archives. Archived Content Prime Minister's Initiative (PMI) [EB/OL]. http://webarchive.nationalarchives.gov.uk/+/http://www.dius.gov.uk/international/pmi/index.html.

络，促进人才交流、教育与培训，建立系统的人力资源管理体系，为共建国家开展合作项目提供优质人才储备。

2. 加强养老产业合作，推动"银发经济"发展

中国和土耳其都面临老龄化不断加深的趋势，双方都在思索如何推动老年经济发展、利用老年人口红利，实现健康老龄化、积极老龄化，建设和谐老龄化社会。为此，两国建立养老产业合作，可以共同探索如何走出老龄化带来的困境。

首先，加强中土养老服务管理合作以及养老保障体制借鉴。土耳其社会养老服务由卫生部、家庭和社会政策部、劳动和社会保障部三个部门负责。根据不同的标准，老年人可以选择机构养老、居家养老和社区养老三种服务方式。而中国绝大部分民办养老机构存在管理不善、服务质量水平低等问题。双方可以相互合作，探索高效管理方式，引进老龄产业管理和健康管理人才，推动养老服务领域进一步发展。此外，双方差异化的养老保障体系，个人账户累积制与现收现付制的探索与平衡提供了历史经验，有助于未来更加合理地构建养老金机制。

其次，积极开展康养与旅游合作。在"一带一路"共建国家中，土耳其的旅游业具有较强的竞争力①，其独特的风景以及人文风俗吸引着大量游客。康养旅游是老年产业中发展较快、效益较好、深受老年人欢迎的支柱产业。根据2023年土耳其统计局数据，过去20年间，去往土耳其的中国游客数量翻了20倍。为此大力发展双方老年旅游业，无疑是推动中土两国"银发经济"合作发展的重要路径。随着中国经济持续增长与双边经贸合作关系的日益深化，中国与土耳其已从单纯的贸易交往，逐渐拓展为多领域、多层次、多形式的经贸合作格局。这种合作态势为两国养老产业的进一步发展注入了新的活力，有望为两国老年人提供更加丰富多彩且优质的服务。这一合作不仅有助于促进经济交流，更能够增进两国人民间的友谊与理解，为两国关系的长远发展奠定坚实基础。

3. 加强中土经贸合作

"一带一路"倡议为土耳其参与其他共建国家基础设施项目提供了机会，中国在土耳其的投资也为土耳其企业扩大业务和增加对中国的出口提供了机会②。

一是应进一步加强中国与土耳其国际产能合作。当前，"一带一路"倡议与国际产能合作的紧密结合正释放出巨大经济潜能。国际产能合作是其中关键一环，不仅"一带一路"建设注入了强大的动力，更有助于支撑和提升其整体实施效果，推动各国的经济繁荣与发展。目前"一带一路"建设的推进步伐日益加快，这一倡议与中土两国

---

① 林晓芳，程超，方玲. "一带一路"背景下我国与沿线主要国家服务贸易竞争力的比较研究［J］. 商场现代化，2023（22）：87-89.

② Göçer D, Ergenç C. Political informality, state transition and Belt and Road Initiative: The case of Turkey's logistics sector［J］. Asia Europe Journal，2023，22：43-61.

的经济发展目标高度契合，为双方投资合作开创了崭新的发展机遇。土耳其，作为"一带一路"建设中的关键桥梁和天然合作伙伴，扮演着至关重要的角色，中国也期望与土耳其进一步加大投资合作的力度。同时，土耳其也将中国的"一带一路"建设视为自身发展的重大契机。为此，土耳其发起的旨在推动亚欧区域经济合作的"中间走廊"倡议可以更好地实现与"一带一路"倡议的有效对接，共同酝酿和实施多项具体的对接项目。这种互利共赢的合作模式，不仅有助于两国经济的共同发展，也将为区域乃至全球的繁荣稳定做出积极贡献①。

二是继续深化双边贸易合作。据中方统计，2023 年中土贸易额达 434 亿美元，同比增长 13.5%②。其中，土耳其对中国进口额为 3887138 万美元，对中国出口额为 451995 万美元③。可见，2023 年中土贸易总额中，中国对土耳其出口占据了主要地位，进口次之。这也反映了中国在土耳其市场上的主要角色和土耳其对中国商品的依赖程度。另外，从双方投资额看，中国对土投资远高于土耳其对中国的投资。2022年，中国企业对土直接投资流量为 7.5 亿美元。2022 年，土对华实际投资仅为 0.2 亿美元。2022 年，中国企业在土新签工程承包合同额达 13.1 亿美元，完成营业额 11.4 亿美元④。土耳其的主要进口商品为原油、天然气、化工产品、机械设备、钢铁等，主要出口产品是农产品、食品、纺织品、服装、金属产品、车辆及零配件等⑤。中国是土耳其的重要贸易伙伴之一，双方在各自需求产品与服务上可推进更深次的合作与发展，以实现两国在贸易、投资、金融等领域的合作取得进一步显著进展。

三是持续推动双方经济合作。随着土耳其提出的"中间走廊"倡议的推进和实施，土耳其与中国在中东地区的经济合作将更加紧密和深入。双方还可以进一步加强在能源、基础设施建设等领域的经贸合作，以推动两国经济共同发展。

总之，中国与土耳其均为重要的新兴力量、全球南方成员，在捍卫自身利益、维护公平正义方面拥有广泛的共同利益。在"百年未有之大变局"新形势下，中土建设全方位、深层次、高水平的合作关系完全符合两国和两国人民的根本利益。双方应继续加强经贸人员交往合作，切实促进双边贸易增长、加强投资紧密合作、推动地区经济共同发展、增进两国人民友谊与文化文明交流互鉴，共同推动中土战略合作关系不断迈上新台阶。

---

① 邹志强. "一带一路"背景下中国与土耳其的国际产能合作 [J]. 西北民族大学学报（哲学社会科学版），2017（6）：131-139.

② 外交部. 驻土耳其大使刘少宾接受土《经济报》专访 [EB/OL]. (2024-11-08) [2025-01-05]. https://www.mfa.gov.cn/zwbd_673032/wjzs/202411/t20241108_11523429.shtml.

③ 中国一带一路网. 互联互通数据 [DB/OL]. [2024-03-25]. https://www.yidaiyilu.gov.cn/dataChart?to=All.

④ 中华人民共和国商务部网. 中国与土耳其 2022 年双边经贸概况 [EB/OL]. (2023-02-22) [2024-03-25]. http://tr.mofcom.gov.cn/article/zxhz/202302/20230203392811.shtml.

⑤ 中国一带一路网. 土耳其 [EB/OL]. (2019-06-21) [2024-03-25]. https://www.yidaiyilu.gov.cn/p/836.html.

— 参考文献 —

[1] 何景熙. 土耳其的人口状况和人口经济问题 [J]. 人口研究, 1982 (6): 44-47.

[2] 邹志强, 俞海杰. 理想之治与现实之困: 土耳其"百年愿景"的经济成效评析 [J]. 西亚非洲, 2023 (6): 74-96, 161-162.

[3] 张帅, 昝涛. "一带一路"沿线国家经济发展路径研究——基于土耳其产业结构变迁的实证分析 [J]. 区域与全球发展, 2020 (3): 21-37, 155.

[4] 涂青霞. OECD国家提高法定退休年龄政策研究——基于林德布洛姆渐进决策理论视角 [D]. 武汉: 华中师范大学, 2017.

[5] HARPUT N I. 叙利亚难民的影响和土耳其的应对措施 [D]. 长春: 吉林大学, 2022.

[6] 王德宏, 李诗琳. 通货膨胀、货币贬值与外贸收支——对2021年土耳其金融危机调控的案例研究 [J]. 区域国别学刊, 2023 (6): 71-95, 156.

[7] 杨清涛. 亚洲地区国家的人口政策 [J]. 人口与经济, 1988 (1): 49-53.

[8] 周一思. 国外卫生体系的特色及启示 [J]. 中国医药导报, 2020 (20): 194-197.

[9] 韦艳, 段重利, 梅丽, 等. 从第七次人口普查数据看新时代中国人口发展 [J]. 西安财经大学学报, 2021 (5): 107-121.

[10] 桂森林, 唐海军. 国外一些政党应对社会不公与抑制两极分化的政策方略及经验教训 [J]. 当代世界与社会主义, 2023 (1): 142-149.

[11] 蔡昉. 未来的人口红利——中国经济增长源泉的开拓 [J]. 中国人口科学, 2009 (1): 2-10, 111.

[12] 冯永刚, 吕鑫源. 国外学制的历史演进、基本特征及未来展望 [J]. 基础教育参考, 2023 (9): 15-28.

[13] 汪金国, 杨忞. 土耳其在中亚地区软实力的发展及局限 [J]. 新疆大学学报（哲学社会科学版）, 2024 (2): 62-69.

[14] 其曼古丽·玉素甫. 土耳其历史教育与历史教科书概况 [J]. 历史教学问题, 2023 (2): 213-219.

[15] 秦惠民, 王名扬. "一带一路"十周年: 我国高等教育国际交流与合作的政策、成效与新格局 [J]. 中国高等教育, 2023 (20): 37-41.

[16] 刘进, 徐丽. "一带一路"沿线国家的高等教育现状与发展趋势研究（十九）——以土耳其为例 [J]. 世界教育信息, 2019 (1): 34-38.

[17] 林晓芳, 程超, 方玲. "一带一路"背景下我国与沿线主要国家服务贸易竞争力的比较研究 [J]. 商场现代化, 2023 (22): 87-89.

"一带一路"共建国家国际减贫合作研究
——以中国援缅甸减贫合作项目为例

田洁玫

[摘 要] 随着"一带一路"倡议的推进,国际社会越来越关注"一带一路"共建国家的国际减贫合作。本研究以中国援缅甸减贫合作项目为例,探讨了该项目的背景、概念界定和具体实施情况。缅甸作为亚洲欠发达国家,面临着严重的贫困问题,中国政府通过减贫合作项目积极支持缅甸脱贫致富,并取得了一定成效。具体案例展示了中国援缅甸减贫的具体实践,为当地居民改善了生活条件,提升了农业生产效率,增加了收入来源。"一带一路"共建国家的国际减贫合作旨在推动当地经济发展,助力贫困地区实现可持续发展目标。

[关键词] "一带一路"共建国家;国际减贫;减贫合作

自"一带一路"倡议提出以来,这一重要全球合作项目已获得全球广泛响应和积极参与。在这一背景下,"一带一路"共建国家之间的国际减贫合作逐渐受到关注。随着联合国 2030 年可持续发展议程将消除贫困列为首要目标,西方国家减贫态度发生变化,国际减贫合作面临新的挑战和机遇。

一、"一带一路"共建国家国际减贫合作研究概述

中国在消除绝对贫困方面取得了巨大成就,并通过"一带一路"倡议为全球实现可持续发展贡献中国智慧。

(一)"一带一路"共建国家国际减贫合作研究背景

中国提出的"一带一路"倡议旨在实现国家的共同发展繁荣,其中减贫合作是倡议的重要内容之一。"一带一路"共建国家国际减贫合作具有实际意义和现实作用:通

作者简介:田洁玫,管理学博士,华侨大学政治与公共管理学院讲师,主要从事社会保障研究。

过减贫合作项目,为"一带一路"共建国家提供支持,促进这些地区的社会稳定与和平发展,减少贫困带来的社会不稳定因素;积极推动国际减贫合作项目,能够展示各国在国际减贫领域的贡献,提升了"一带一路"共建国家的国际影响力;通过国际减贫合作项目积极开展国际合作,有助于增进"一带一路"共建国家间的友好关系,同时为开展更多国际合作铺平道路。

国际减贫合作项目有助于提高援助国和受援国的发展水平和繁荣程度,实现共同发展目标,为相关国家的经济和社会发展注入活力,促进共同发展繁荣。中国积极参与"一带一路"共建国家的国际减贫合作,通过援助减贫项目向"一带一路"共建国家伸出援手,体现了中国一贯秉持的国际主义和人道主义精神以及负责任的大国形象。

(二)"一带一路"共建国家国际减贫合作概念界定

1. 减贫

美国学者奥珊斯基(Orshansky)较早对贫困概念进行释义,其将农业部门作为基准,并把贫困底线确定为能够提供人类生活生存所需的食物费用的3倍,认为收入低于该贫困底线则可能产生贫困问题。其后国外研究者对净收入贫困进行界定,并指出贫困人群无法依靠自身力量减少贫困的原因可能来源于收入不平等。早期对于贫困的定义主要基于生活需求的满足程度,随着时间的推移,学界对减贫概念的认识逐渐演变并深化。中国在减贫实践中从改善贫困地区基础设施、带领贫困人口脱贫致富、推动经济共享等方面展现出独特理念。整体来看,"减贫"是一个涉及经济、社会、政治等多个领域的概念,对消除贫困现象和提高贫困人口的生活水平具有重要意义。

2. 国际减贫

联合国可持续发展目标(Sustainable Development Goals,SDGs)指出贫困是人类生活的不完整状态,必须实现在世界范围内的消除。通过农业可持续发展保障粮食安全、消除饥饿,逐步实现2030年可持续发展议程中的首要目标。国际减贫合作是指各主权国家政府为解决全球贫困问题,帮助欠发达地区摆脱贫困状态,增加贫困人口获得创造性收入的机会与能力,使其能够依靠个人力量获得生活资料、享有正常生活能力而进行的国与国之间的合作行动。中国作为重要支持者积极参与"一带一路"倡议下的国际减贫合作,完善跨国合作机制,促进信息共享和资源整合,加强贫困国家的自主参与,推动全球贫困问题的整体改善。

二、中国援缅甸减贫合作项目研究概述

中国援缅甸减贫合作项目作为"一带一路"倡议下的具体行动,是中国政府积极响应并推动这一倡议的具体体现。

(一) 缅甸的贫困状况及其特点成因

缅甸是东南亚地区的贫困国家,经济水平相对较低,贫困问题严重。大量缅甸民众生活在较低收入水平下,面临基本生活需求的压力,教育、医疗资源匮乏,缺少机会获得高质量服务。农村地区贫困严重,部分地区缺乏基础设施和公共服务设施,导致居民生活条件较差。根据联合国开发计划署的报告,2005年以前缅甸一直饱受贫困之苦,特别是在经济、健康和政治危机的影响下,贫困问题日益严重。贫困人口的数量不断增加,贫困线以下的家庭收入显著下降。从2005年到2017年,缅甸设法使贫困人口减少了近一半,但是2020年疫情暴发后,缅甸83%的家庭收入减少近一半,贫困人口比例显著上升,加剧了社会不平等和贫困现象①。

缅甸的贫困问题呈现多维度的特征,其形成原因具有复杂性和系统性。① 政治动荡:长期的政治问题和冲突导致社会动荡,阻碍了国家经济发展和贫困缓解措施的实施。② 农业制度问题:缅甸的农业生产方式相对落后,农村地区种植业低效,缺乏现代化技术和管理方式,影响农民收入水平。③ 地理条件:缅甸部分地区地理环境恶劣,自然灾害频发,例如洪涝等灾害对当地经济和生计产生了负面影响。④ 教育和医疗资源不足:缅甸教育和医疗资源分布不均,部分贫困地区的居民面临教育和医疗资源匮乏的问题,影响其发展和脱贫能力。⑤ 社会不公平:缅甸存在较大的收入差距和财富集中现象,社会阶层分化明显,贫富差距较大,贫困人口无法分享经济增长带来的福利。

(二) 缅甸政府减贫政策与治理实践

缅甸政府在减贫方面采取了一系列政策措施。其中,1989年提出的"边远地区发展计划"和2001年启动的"一体化农村发展计划"是缅甸政府早期努力改善农村地区生活状况的重要举措。此外,2011年,首届民选政府上台后更加注重减贫工作,加大了对基础设施建设、教育、卫生等方面的投入。政府还致力于改善农村基础设施、提供清洁饮用水、改善儿童营养状况、提高教育普及率以及为农民提供小额贷款等。这些政策的实施为缅甸减贫工作带来了一定的成效。

缅甸政府在减贫治理实践中也进行了积极尝试。例如,农村交通设施建设是缅甸农村发展的基本需求之一,政府致力于改善农村道路和桥梁建设,以增加农村地区与城市的联系交流。此外,政府还实施了一系列长期规划,如农村路桥建设5年短期计划和30年长期计划,以推动农村基础建设和交通便利化。政府提供教育和医疗补贴,以减轻农村居民的教育和医疗负担,提高他们的教育和健康水平,为脱贫提供基础支持。缅甸政府推出小额信贷计划,鼓励民众创业和发展生产,增加收入来源。同时,

---

① 联合国.联合国报告:缅甸经济接近崩溃[EB/OL].(2021-04-30)[2024-02-10]. https://news.un.org/zh/story/2021/04/1083302.

政府提供相关就业培训，提高农村居民的就业技能，促进就业机会增加，从而促进经济发展，提升减贫效果。在完善农村社会保障制度层面，缅甸政府尝试提高贫困人口的社会保障程度，包括失业保险、养老保险等，减轻贫困人口的生活压力，提高他们的生活质量。缅甸政府积极实施各类扶贫项目，注重社区参与，通过建立社区组织和合作机制，促进居民共同参与扶贫工作，增强社区凝聚力和自我发展能力。

（三）中国援缅甸减贫合作项目背景

中缅两国长期以来保持友好关系，中国一直在支持缅甸的发展。同时，缅甸是中国"一带一路"倡议的重要合作伙伴之一，减贫合作是双方务实合作的重要组成部分。近年来中国的减贫成就引起了缅甸等周边国家的广泛关注，特别是中国于2020年实现全面脱贫，而缅甸作为东南亚地区一个较为贫困的国家，目前仍在持续与贫困做斗争。中国提出构建人类命运共同体，倡导推动全球范围的共同发展，从而促进国际合作和共同繁荣。在这一背景下，中国积极展开减贫合作，助力周边国家实现减贫目标。

中国与缅甸在减贫领域的正式合作始于2018年2月，该项目旨在通过中方的减贫经验和技术支持，帮助缅甸改善基础设施条件、提升农村公共服务水平和增强农户自我发展能力，合作目标是支持缅甸的扶贫工作，促进缅甸经济发展并改善当地民生水平。这一合作举措深化了中缅两国的合作领域，为缅甸政府解决当地减贫问题提供了重要支持[1]。项目契合了"一带一路"倡议下中国与周边国家共同发展、共享繁荣的合作理念，彰显了中国在国际减贫领域的责任担当。

（四）中国援缅甸减贫合作项目情况

中国援缅甸减贫合作项目的历程是一个持续的合作过程，充满着合作、努力和成果。在这个历程中，中国与缅甸建立合作关系，共同制定减贫计划，分配资源，并推动项目的实现。

整个历程包括以下五个主要阶段。其一，合作协商阶段：项目启动于双方就减贫合作展开初步协商和洽谈的阶段。中国和缅甸政府协商确定合作方向、愿景和目标，商定合作方式，建立合作框架，初步制定合作计划。其二，立项和规划阶段：在确定合作意向后，双方展开项目的立项和详细规划。这一阶段涉及项目的具体内容、预算、时间表、项目团队组建等方面的规划工作，确保项目目标清晰且具体可行。其三，实施合作项目：通过立项和规划阶段的准备工作后，合作项目正式进入实施阶段。根据规划在仰光省、内比都市的达贡镇埃羌达村和莱韦镇敏彬村等地具体实施，针对各地的贫困状况和需求展开具体的减贫行动。其四，监测评估与成果展示：在合作项目实施的同时，中国和缅甸双方对项目进行监测和评估，不断调整和改进实施计划。通过

---

[1] 中华人民共和国商务部. 中国援缅甸减贫示范合作项目举行移交仪式[EB/OL]. （2021-12-30）[2024-02-10]. http://www.mofcom.gov.cn/article/zwjg/zwxw/zwxwyz/202112/20211203233162.shtml.

定期的监测和评估，确保项目按照预期目标顺利进行；同时，项目取得的成果和效益也会得到展示和宣传，向社会各界展示项目的积极影响。其五，持续发展与合作共赢：中国援缅甸减贫合作项目的历程远未终结于一次项目的实施，而是致力于实现长期的减贫目标。通过合作共赢的方式，不断推动合作项目的发展，助力缅甸减贫事业的长期可持续发展。

三、中国援缅甸减贫合作项目案例阐释

中国援缅甸减贫合作项目不仅是中国对外合作的重要举措，也为促进其他"一带一路"共建国家的减贫工作提供了模范示范。

（一）案例一：缅甸仰光省

1. 项目介绍

缅甸仰光省是缅甸境内的重要省份，具有独特的地理位置、经济和社会背景。仰光省位于缅甸南部，是缅甸最大城市仰光的所在地。该省地处伊洛瓦底江三角洲，享有丰富的土地资源和自然条件，是缅甸经济发展的中心区域。仰光市作为缅甸的商业和交通枢纽，集聚了大量的商业机会和人口，是缅甸的经济和文化中心。缅甸仰光省拥有良好的农业土地和气候条件，主要种植水稻、豆类、水果以及其他农产品。农业是当地居民的主要经济来源，但由于技术水平不高、设施缺乏以及市场落后等，农民收入较低。除农业外，该省也有一定的工业和服务业发展，但整体经济发展水平与其潜力仍存在较大差距。同时，缅甸仰光省面临着一些主要的贫困问题，如农村地区基础设施相对薄弱、医疗和教育资源不足、居民收入水平低等，同时存在贫困人口较多、生活水平不高、性别不平等等现象，整体面临发展挑战[①]。

中国选择在缅甸仰光省开展减贫合作项目主要基于以下几点考虑。其一，潜在发展机会：仰光省作为缅甸经济发展中心，有很大的发展潜力，通过减贫项目可以帮助当地居民提高生活质量，促进经济发展。其二，解决贫困问题：仰光省面临的贫困问题需要外部支持和援助，中国愿意通过提供援助减贫项目来帮助当地居民摆脱贫困，改善基本生活。

这一减贫合作项目对缅甸当地居民的重要性不言而喻。通过改善基础设施、推动农业现代化、提供教育和医疗支持等方式，项目可以有效改善居民的生活质量、增加收入来源和就业机会、促进社会公平等，为当地居民带来实实在在的好处，有助于全面推动仰光省经济社会的可持续发展。

---

① 人民网. 缅中减贫合作大有可为［EB/OL］.（2023-11-27）［2024-03-10］. https：//export. shobserver. com/baijiahao/html/315892. html.

2. 项目实施

缅甸仰光省是中国援缅甸减贫合作项目的重点区域之一，项目的设计和实施过程包含一系列减贫计划和目标的设定、资源配置和具体实施等。中国专家团队与当地政府和居民密切合作，共同推动项目进展，取得了可观的成果。

（1）减贫计划和目标设定。中国援助缅甸仰光省的减贫计划和目标包括改善当地基础设施、提高农业生产效率、发展产业、提升教育和医疗卫生水平。具体而言：改善当地基础设施，包括修复道路、建设水利设施等，提高生活质量；提高农业生产效率，主要通过促进农业现代化，引进新技术和农业生产经验，提高农产品产量和质量；发展产业，旨在增加当地居民的收入来源，改善经济状况；提升教育水平，通过改善教育设施和条件，促进人才培养；提升医疗卫生水平，包括建设医疗设施和提供医疗服务。

（2）资源配置和实施步骤。中国专家团队与当地政府合作，合理分配资源，实施项目具体步骤包括：派遣专业团队前往仰光省，进行需求评估和实地考察，制定详细的实施计划；开展基础设施建设和维护，包括道路改善、水电设施建设等；推广现代农业技术，为当地农民提供种植、管理指导；支持产业发展，引入优质种植品种和畜禽养殖模式，提高居民收入；建设学校和医疗机构，改善教育和医疗卫生条件，促进医疗服务水平提高。

（3）合作产出和效果。在中国专家团队与当地政府、居民紧密合作下，仰光省许多村庄的生活质量得到显著改善。基础设施得到修缮和建设，农业产量增加，居民收入提升；产业蓬勃发展，居民就业机会增多；教育和医疗水平普遍提高，促进了教育和健康事业的发展。项目的实施不仅有效缓解了贫困问题，也为当地经济社会的稳定和可持续发展做出积极贡献。

（二）案例二：缅甸达贡镇埃羌达村

1. 项目介绍

埃羌达村位于缅甸内比都市的达贡镇，属于缅甸伊洛瓦底江三角洲沿岸地区。这个小村庄地处偏远山区，地理环境较为恶劣，交通不便，基础设施落后。其以农业为主要经济来源，居民多从事农耕和畜牧业。由于地处边远山区，村民面临着种种贫困问题。村庄的主要经济来源是农业，种植水稻、玉米、蔬菜等农作物，同时也有少量的畜牧业。然而，受限于地理条件和基础设施，农业生产水平较低，农民收入有限。贫困问题主要表现为收入低、粮食不足、医疗资源不足、教育条件差等。由于人口较少，教育资源和医疗条件不足，居民面临着教育和健康医疗问题。缺乏有效的经济支持和基础设施建设，村民的生活质量较低，存在着较为显著的贫困现象。

中国选择在埃羌达村开展减贫合作项目的主要原因有几点。首先，考虑到埃羌达村地处边远山区，贫困程度较高，有明显的改善空间，通过减贫项目可以为当地居民带来实实在在的改善。其次，基于中国与缅甸长期的友好合作关系，中国愿意通过提供援助帮助缅甸改善贫困问题，降低贫困率，提升民生福祉。此外，埃羌达村的地理位置适中，实施援助项目容易达到目标，将对当地居民的生活产生积极的影响。

中国在埃羌达村开展减贫合作项目的重要性在于，可以帮助村民解决基本生存问题，提高生活品质，推动当地经济的发展。项目将改善农业生产水平，促进农民增收致富，提供良好的医疗和教育服务，为居民创造更好的发展环境。通过项目的实施，可以有效解决埃羌达村面临的各种贫困问题，为村民带来长远的改善，提高生活质量和社会福祉[①]。

2. 项目实施

中国援缅甸减贫合作项目在埃羌达村的设计和实施过程充满挑战和机遇。一开始，项目团队深入了解埃羌达村的情况，包括基础设施状况、居民收入水平、教育和医疗资源等方面的需求。通过与当地政府和村民进行密切合作，双方制定了一系列有针对性的减贫计划，旨在改善当地居民的生活状况。

（1）减贫计划和目标设定。中国专家团队与当地政府共同设定了减贫目标，重点关注提高村民的生活质量和减少贫困人口数量。制定目标时，团队考虑了埃羌达村的实际情况和需求，确保目标的可行性。

（2）资源配置和实施步骤。在资源配置上，中国提供了资金支持，并向埃羌达村输送了技术和专业知识。专家团队与当地政府合作，致力于推动基础设施建设、提供清洁饮水、改善医疗卫生条件、提高农业生产水平等。这种资源的有效配置确保了项目能够全面展开，同时最大限度地覆盖当地村民需求。在实施步骤上，中国专家团队与当地政府和居民紧密合作，共同推动项目的进展。团队开展培训活动，传授技能和知识，帮助居民提高自我发展能力。特别是在农村发展方面，专家们指导当地农民采用新的种植和养殖技术，提高农业产量和质量，增加农民收入。

（3）合作产出和效果。中国在埃羌达村的减贫合作项目设计和实施过程中体现了有效的合作和整体规划。在中国专家团队的专业指导和当地政府、居民的积极参与下，项目取得了显著成效，促进了当地居民生活状况的改善，为减贫事业做出重要贡献。

（三）案例三：缅甸莱韦镇敏彬村

1. 项目介绍

莱韦镇敏彬村是一个小型农耕村庄，地处较为偏远的地区。村庄被山脉环绕，地形多变，交通不便。经济主要以农业为主，种植水稻、玉米、蔬菜等农作物，同时也

---

① 云南网. 我的家乡成了形象示范村——中国经验助力缅甸减贫 [EB/OL]. (2020-01-16) [2024-02-20]. http://gongyi.yunnan.cn/system/2020/01/16/030570306.shtml.

有部分居民从事畜牧业。社会结构简单,村民大多数生活在农村地区,生活方式传统。敏彬村的主要经济来源是农耕和畜牧业,基于地理环境,这里的居民主要靠种植一些粮食作物和蔬菜来维持生计。然而,由于地处偏远,基础设施匮乏,这里农作物产量不高,农民收入有限。村庄面临许多贫困问题,主要表现为收入低、教育和医疗资源匮乏、基础设施落后等。缺乏现代的农业技术和资源,村民难以提高农业生产水平,生活水平较低,面临着贫困和生存压力。

中国选择在敏彬村开展减贫合作项目的原因有几点。首先,基于中国与缅甸的友好关系,中国愿意通过减贫项目帮助缅甸改善贫困问题,提升当地居民的生活水平。其次,敏彬村地理位置偏远,贫困现象明显,有明显的改善空间,减贫项目有望取得显著的效果。此外,中国在实施"一带一路"倡议的过程中,希望通过减贫项目帮助缅甸提高经济发展水平,推动地区间合作,同时增强中国与缅甸的友好关系。

在敏彬村开展减贫合作项目对当地居民生活的重要性在于,通过改进农业生产方式、提供技术指导、改善基础设施、提供医疗和教育资源等手段,可以帮助村民改善生存条件,增加收入来源,提高生活质量。项目的实施不仅可以解决村民面临的基本生存问题,还可以为他们创造更好的生活环境,促进可持续发展,提升整个村庄的经济水平。

2. 项目实施

中国援缅甸减贫合作项目在莱韦镇敏彬村的设计和实施过程遵循了细致的计划和步骤,旨在改善当地居民的生活质量、降低贫困程度,实现可持续发展。整个项目强调中国专家与当地政府、居民之间的紧密合作,以确保项目取得可观的效果。

(1) 减贫计划和目标设定。在莱韦镇敏彬村,中国援助的减贫计划主要侧重于提高农业产量、改善基础设施、推进教育和医疗事业。项目目标包括:通过引入现代化农业技术,提高农作物产量和质量,增加居民收入来源;改善村庄基础设施,提供清洁水源、道路修复等,提高生活品质;支持当地教育和医疗事业,提高居民的教育水平和医疗服务质量。

(2) 资源配置和实施步骤。中国专家团队与当地政府协商制定具体实施方案,包括资源配置和实施步骤。中国政府提供资金支持、技术指导和相关培训。实施步骤包括:派遣农业专家到村庄,为当地农民提供现代农业技术培训,引进高产作物种植和管理方法;改善基础设施,修缮道路、建设水源井等,提高村庄设施完善度;合作设立医疗站和学校,提供医疗服务和教育资源,改善教育和医疗条件;鼓励当地居民参与项目,增加就业机会,实现可持续发展。

(3) 合作产出和效果。通过中国专家团队与当地政府、居民的合作,莱韦镇敏彬村的生活条件得到显著改善。农民掌握了现代农业技术,农作物产量增加,收入提高;基础设施得到维护和修复,村庄生活更加便利;医疗和教育资源的改进,提高了居民的就医和学习条件。项目实现了可持续发展效果,为当地居民带来了实实在在的福祉提升,有效减少了贫困问题,助力敏彬村社会经济的发展。

四、中国援缅甸减贫合作项目案例分析

从中国援缅甸减贫合作项目中可以看到中国在缅甸的具体减贫实践和合作，这既是对缅甸减贫工作的有力支持，也是"一带一路"倡议下国际减贫合作的生动体现。

(一) 中国援缅甸减贫合作形式

中国援缅甸减贫合作的形式较为多元，体现了中国作为负责任大国积极参与全球减贫事业的决心和担当，主要包括以下方面。

(1) 地方产业扶贫。中国通过在缅甸开展产业扶贫项目，帮助当地发展产业，增加就业机会，提高农民收入。比如在农业领域，中国提供农业技术援助、优质种子和农业机械，帮助提高农产品产量和质量。在工业领域，中国引进投资，建设工业园区，带动当地工业发展，促进就业与经济增长。

(2) 基础设施建设。中国援助缅甸的减贫合作中，重视基础设施建设，例如修建道路、建设学校和医疗中心，改善当地交通、教育和医疗条件，提高居民的生活质量。

(3) 教育和医疗援助。中国通过向缅甸提供教育援助、派遣医疗队等形式，促进当地教育发展和医疗水平提升，为减贫工作奠定了坚实基础。

(4) 技术援助与人才培训。中国向缅甸提供技术援助，分享先进技术和管理经验，同时通过举办培训班、派遣专家等方式，帮助当地居民提升技能和知识水平，增加就业机会。

(5) 农村电商和农产品出口。中国支持缅甸发展农村电商平台，帮助农民将农产品销售到更广泛的市场，提高农产品价值和农民收入。同时，中国也支持缅甸农产品出口，拓宽当地农产品的销售渠道，助力农民脱贫致富。

(二) 中国援缅甸减贫合作成就

中国援缅甸减贫合作在多个领域取得了积极效果，为缅甸的减贫事业做出积极贡献，具体表现为以下方面。

(1) 减缓贫困程度。中国援助缅甸的减贫合作项目在一些地区取得了显著的贫困减缓效果，帮助当地居民增加收入来源，改善生活质量。

(2) 基础设施改善。通过基础设施建设项目，中国成功改善了缅甸部分地区的基础设施条件，如道路、学校、医疗中心等，提升了居民的生活水平。

(3) 促进产业发展。中国的产业扶贫项目在缅甸促进了当地产业的发展，创造了就业机会，带动了当地的经济增长，对减贫工作产生积极影响。

(4) 教育和医疗水平提升。通过教育和医疗援助项目，缅甸部分地区的教育水平和医疗条件得到显著提升，为当地居民的教育和健康保障提供了支持。

(5) 技术援助与人才培训。中国向缅甸提供技术援助和人才培训，帮助当地居民提升专业技能和管理水平，增加人才储备，为长远发展打下基础。

(6) 农产品出口增加。中国支持缅甸发展农产品出口，拓宽了当地农产品的销售渠道，提高了农民的收入和生活质量。

(三) 中国援缅甸减贫合作路径

中国援缅甸的减贫合作路径主要包括以下方面。

(1) 基础设施建设。中国在援助缅甸减贫过程中，注重基础设施建设，包括道路、桥梁、水利设施等，提高农村地区基础设施水平，让居民出行更便利，助推农村经济发展。

(2) 产业振兴计划。通过制定产业发展计划，中国在缅甸实施了一系列产业帮扶项目，促进当地农产品加工、畜牧业等产业发展，增加就业机会，提升农民收入。

(3) 教育技术培训。中国向缅甸提供技术援助和人才培训，培养当地人才，传授先进的农业种植技术、医疗卫生知识等，提高居民的专业技能和管理水平。

(4) 教育和医疗援助。通过教育和医疗援助项目，中国致力于提升缅甸地区的教育和医疗水平，改善基层医疗条件，提高教育资源配置效率，保障当地居民的健康和教育权益。

(5) 农业发展支持。中国支持缅甸实施农业现代化措施，包括推广高效农业技术、改良农作物品种、优化农业生产结构等，提高农产品产量和质量，增加农民收入。

(6) 社会保障构建。中国帮助缅甸建立健全的社会保障体系和扶贫政策，促进社会公平正义，保障弱势群体的基本生活需求，减少贫困人口数量。

通过以上多方面的援助与合作，中国为缅甸的减贫事业贡献了力量，推动了当地经济社会的可持续发展。

(四) 中国援缅甸减贫合作启示

中国援缅甸减贫合作的成功经验为其他"一带一路"共建国家的减贫工作提供了有益启示，主要体现在以下方面。

(1) 多元合作模式。中国在援助缅甸减贫项目中采用了多元合作模式，包括政府间合作、企业社会责任合作、民间团体协作等，为其他国家在减贫领域选择合作路径提供了范例。

(2) 注重基础设施建设。中国援助缅甸减贫项目注重基础设施建设，为农村地区提供便利条件，这显示了基础设施建设对减贫工作的重要性，为其他国家减贫合作提供了启示。

(3) 产业扶贫与农业发展。通过产业扶贫和农业发展项目，中国促进了缅甸农村经济增长，提高了农民收入水平，这为其他国家实施产业扶贫措施提供了成功经验。

（4）技术援助与人才培训。中国为缅甸提供技术援助和人才培训，为当地培养了人才，提高了他们的技能水平，这为其他国家加强技术援助和人才培养提供了启示。

（5）社会保障政策。在中国援助缅甸减贫项目中，强调建立健全的社会保障制度和扶贫政策，保障社会弱势群体的基本权益，这为其他国家进行社会扶贫提供了借鉴。

五、"一带一路"共建国家国际减贫合作研究总结

中国通过各类国际减贫合作项目不仅在减贫领域取得了成就，更展示了"一带一路"国际减贫合作的实践成果。

（一）"一带一路"共建国家国际减贫合作挑战

"一带一路"共建国家国际减贫合作面临着一系列挑战，这些挑战主要涉及减贫项目的设计实施、合作伙伴关系、可持续性和监督评估等方面。

（1）地区差异挑战。"一带一路"共建国家存在地区性特征和民情、文化的多样性，挑战在于如何针对不同地区的需求合理设计减贫计划，确保合作项目符合当地文化和社会环境。

（2）政策法规挑战。"一带一路"共建国家存在政策和法规差异，涉及劳工权益、环境保护等方面，如何在不同法律框架下推进减贫合作项目，保障项目的合规性与持续性成为挑战。

（3）合作伙伴关系挑战。不同国家和组织对减贫问题的态度和做法不尽相同，合作伙伴关系的构建和维护需要耗费大量时间和精力，如何协调各方利益、推动合作成果落地成为挑战。

（4）资源分配挑战。减贫项目需要大量资金支持，然而"一带一路"共建国家受救助程度、发展水平不均，如何公平合理地分配资源，确保资源有效利用以达到最大减贫效果成为挑战。

（5）监督评估挑战。监督机制和评估体系的建立不够健全，治理体系稍显薄弱，可能导致减贫项目出现问题，确保减贫项目持续有效发挥作用与确保项目成果可持续成为挑战。

（二）"一带一路"共建国家国际减贫合作启示

"一带一路"共建国家国际减贫合作具有重要意义和深远影响，为减贫事业提供了新的思路和机遇，也为全球贫困问题探索新的解决路径提供了启示。

（1）多边合作机制。多边合作机制可以促进信息交流、政策协调和资源共享，促进各国间的协调合作，有效整合资源，实现优势互补，提供减贫持续支持。

（2）因地差异施策。针对不同国家、不同地区贫困问题，实行因地制宜的贫困减少策略，区别对待，科学施策，注重贫困根源解决，推动可持续发展。

（3）面向需求改善。关注减贫对象的实际需求，制定有针对性的项目方案，注重提升受援国家贫困人口的基本生活水平和发展潜力，促进社会公平并提高品质。

（4）注重可持续发展。强调减贫措施的可持续性和长期效应，通过技术、教育、就业等方面的援助提高受援国家自身可持续发展能力，从根本上实现脱贫致富。

（5）加强人才合作。通过人才培训与交流项目，提高受援国家相关领域技术水平，着力培养本土人才，搭建合作平台，共同促进减贫合作的深入发展。

综上，参与国家之间只有加强合作、深入研究、不断探索，面对挑战积极应对，才能更好地推进"一带一路"共建国家的减贫合作。

— 参考文献 —

[1] 韩笑. 全球发展治理视域下的"一带一路"建设［J］. 国际观察，2018（3）：114-127.

[2] 卢光盛，熊鑫. 国际减贫合作的体系变化与中国角色［J］. 云南师范大学学报（哲学社会科学版），2020（1）：118-129.

[3] 郑雪平. "一带一路"高质量建设驱动合作国家减贫研究［J］. 社会科学，2021（9）：50-61.

[4] 李涛. 中缅命运共同体构建视域下的中缅减贫合作研究［J］. 云南大学学报（社会科学版），2023（2）：109-120.

[5] 张晓颖，王小林，陈爱丽. "一带一路"沿线国家贫困治理挑战及减贫合作启示［J］. 国际经济合作，2023（4）：33-45，92.

《"一带一路"共建国家社会保障研究报告（2025）》征稿启事

经过十多年的发展，共建"一带一路"从夯基垒台、立柱架梁到落地生根、持久发展，已成为开放包容、互利互惠、合作共赢的国际合作平台和国际社会普遍欢迎的全球公共产品。《"一带一路"共建国家社会保障研究报告》旨在系统研究和报告"一带一路"共建国家社会保障发展水平、发展成就与发展趋势，涵盖了养老保障、医疗保障、就业保障、贫困治理、慈善公益、社会福利等社会保障研究领域，重点突出学术性、现实性和国际性。《"一带一路"共建国家社会保障研究报告》详细辑录了相关国家人口、经济、社会领域统计公报和相关数据资料，以为相关研究领域提供全面、翔实、最新的资讯信息。本编辑部根据当前国际上社会保障改革实践中的热点问题和共性问题，提供一些研究选题建议（见附件一），有关专家学者也可在相关研究领域内自行确定题目。

热诚欢迎相关领域的研究专家学者不吝赐稿。一旦采用，即付薄酬。请有意投稿的专家学者在2025年4月30日前填写征稿回执单（见附件二），将选题反馈到本编辑部的邮箱ydyl@hqu.edu.cn。论文写作体例详见附件三。

本编辑部设在华侨大学政治与公共管理学院文种楼205室。

联系人：梁发超教授

联系方式：15905050467

附件一：《"一带一路"共建国家社会保障研究报告（2025）》选题建议

一、发展篇

1. "一带一路"共建国家养老保障的最新发展
2. "一带一路"共建国家医疗保障的最新发展
3. "一带一路"共建国家儿童福利的最新发展
4. "一带一路"共建国家生育政策的最新发展
5. "一带一路"共建国家慈善事业的最新发展
6. "一带一路"共建国家社会救助的最新发展
7. "一带一路"共建国家社会保障领域的财政支出状况
8. "一带一路"共建国家人口结构的动态

二、合作篇

9. "一带一路"共建国家社会保障领域的发展与合作
10. "一带一路"共建国家公共卫生政策领域合作研究

附件二：征稿回执单

论文题目	
作者	
作者单位	
联系电话	
邮箱	

附件三：论文写作体例

构建人类命运共同体中的社会保障责任——"一带一路"共建国家社会保障发展水平
（黑体小二，居中）

作者（宋体小四）（首页脚注作者简介，顶格）

摘要（空两格，楷体，五号）

关键词（空两格，楷体，五号，分号隔开）

导言（空两格，宋体，五号）

一、"一带一路"共建国家人口概况（居中，宋体四号）

正文内容：空两格，宋体五号

二、"一带一路"共建国家经济社会发展概况（居中，宋体四号）

正文内容：空两格，宋体五号

（一）经济社会发展现状分析（空两格，宋体小四，加粗）

正文内容：空两格，宋体五号

（二）经济社会发展的特点（空两格，宋体小四，加粗）

正文内容：空两格，宋体五号

（三）未来经济社会发展重点领域的预判（空两格，宋体小四，加粗）

正文内容：空两格，宋体五号

三、"一带一路"共建国家社会保障发展水平评价（居中，宋体四号）

（一）（空两格，宋体小四，加粗）

　　正文内容：空两格，宋体五号

（二）（空两格，宋体小四，加粗）

（三）（空两格，宋体小四，加粗）

四、"一带一路"共建国家社会保障发展趋势（居中，宋体四号）

（一）（空两格，宋体小四，加粗）

　　正文内容：空两格，宋体五号

（二）（空两格，宋体小四，加粗）

（三）（空两格，宋体小四，加粗）

参考文献（顶格，宋体小四，加粗）

　　例：周秋光，曾桂林．中国慈善简史［M］．北京：人民出版社，2006．

　　例：罗知，张一诺，向婷，等．大国担当与合作共赢："一带一路"倡议的政策效应评估［J］．世界经济，2024，47（12）：3-34．

注意：

1. 文章内容一般出现两级标题"一、（一）"，实在有必要时可出现三级标题"一、（一）、1."。

2. 全文内容段落设置1.2倍行距。